Gela Weigelt

Quantensprünge des menschlichen Bewusstseins

Vom Ego zum „Ich bin …"

Mit 12 Grafiken von Helmut Hirsekorn

via nova
Verlag Via Nova

Gela Weigelt

Quantensprünge des menschlichen Bewusstseins

Vom Ego zum „Ich bin ...“

Mit 12 Grafiken von Helmut Hirsekorn

Verlag Via Nova

1. Auflage 2008

Verlag Via Nova, Alte Landstraße 12, 36100 Petersberg
Telefon: (06 61) 6 29 73
Fax: (06 61) 9 67 95 60
E-Mail: info@verlag-vianova.de
Internet:
www.verlag-vianova.de

Umschlag: Helmut Hirsekorn, 30853 Langenhagen
Satz: typo-service kliem, 97647 Neustädtles
Druck und Verarbeitung: Fuldaer Verlagsanstalt, 36037 Fulda
© Alle Rechte vorbehalten
ISBN 978-3-86616-101-6

Inhaltsverzeichnis

I. Gibt es mich noch?
Fragen an die Hirnforschung

1. Nichts ist so unglaubwürdig wie die Wirklichkeit

Nothing is real
John Lennon

Das Wort Realität hat zwei Wurzeln: *res* (Ding) und *reri* (glauben, meinen, halten für). Das kann man einfach so hinnehmen, nach dem Motto: Was schert mich die Etymologie? Man kann sich davon aber auch ins Grübeln bringen lassen, nach dem Motto: Was wollen mir die Vorfahren damit eigentlich sagen? Denn offensichtlich packten sie einen Aspekt in die uns so vertraute Dinglichkeit, der uns heute völlig abhanden gekommen ist: den Glauben!

Das macht stutzig: Glauben wir nur an unsere dinglich-materielle Wirklichkeit? Dann hieße es fundamental umdenken: Unsere Wirklichkeit ist nicht das, was ist, sondern das, was wir für sie halten.

Zugegeben, das ist schon viel verlangt. Aber es kommt noch schlimmer. Denn sobald wir das Verb „glauben" geschluckt haben, stellt sich sofort die Frage: Von wem wird hier eigentlich etwas geglaubt? Klar, denken wir uns zunächst, natürlich von uns. Aber „wir", das sind ja lauter Ichs, und Ichs, das sind … das sind …?! Hmm, was ist doch gleich noch mal so ein Ich, so eine 1. Person Singular, die zu sich selbst „ich" sagt?

Die Antwort ist weiß Gott nicht einfach, aber eins ist klar, sie hat etwas mit Gedanken zu tun. Doch die befinden sich bekanntlich im Kopf, also in der Innenwelt der Ich-Sager. Und wo ist dagegen die Welt, die „Realität"? Genau, die ist draußen, außerhalb des Kopfes. Jeder Ich-Sager als Subjekt achtet peinlich genau auf diesen feinen Unterschied zwischen Innenwelt und Außenwelt. Denn kein Zweifel, wer hier etwas durcheinander bringt, über den heißt es dann ganz schnell: „Bei der oder dem tickt doch etwas nicht richtig!" Solche Etikettierungen mehr oder weniger psychiatrisierender Natur kommen dann von der Außenwelt, von den anderen Subjekten.

Andere Subjekte? Nun, das ist natürlich eine Frage der Perspektive. Für ein Ich sind das tatsächlich Objekte. Doch jedes dieser Objekte hält sich ja selbst wieder für ein Ich und deshalb für ein Subjekt. Aus der Vogelperspektive laufen auf dieser Welt also lauter Wesen herum, die sich selbst jeweils für Subjekte und alle anderen für Objekte halten. Oder schlicht: Jedes Ich empfindet sich als Ich und hält die anderen für die anderen.

„Die Hölle sind immer die anderen", bemerkte Sartre sehr treffend.

Doch kehren wir zurück zum Denken. Wir verstehen darunter jenen spezifischen Vorgang, der im Schädel eines Individuums passiert; was von außerhalb in das Innere dieses Schädels (also in das Gehirn) hineinkommt, nennen wir die Wahrnehmung der Realität oder Wirklichkeit.

Nach David Bohm gibt es eine Ähnlichkeit zwischen Gedanken- und Materiewelt – wir haben hiervon eine Ahnung; Werner Heisenberg spricht von einer Symmetrie. Wie ist es also bestellt um die Denk- und Wahrnehmungsstruktur der Homines sapientes sapientes (*sapiens* lat. *vernunftbegabt*)? Sind wir tatsächlich in doppelter Weise vernunftbegabt, so, dass wir über uns selbst reflektieren können? Können wir menschlichen Frauen und Männer erforschen, wie unsere Wahrnehmung der Welt funktioniert? Zoologisch gesehen gehört der Mensch (althochdeutsch *mannisco, der Männliche*) zur Klasse der Säugetiere und in die Ordnung Primaten, und sicherlich sind Ihnen auch schon Schlagzeilen ins Auge gefallen, die verkünden, dass wir mit den Schimpansen – oder waren es die Gorillas? – knapp 99 % unseres Genoms „teilen". Albert Einstein war der Ansicht, dass die einer Theorie zugrunde liegenden Begriffe und Grundgesetze „freie Erfindungen des menschlichen Geistes sind, die sich weder durch die Natur des menschlichen Geistes noch sonst in irgendeiner Weise a priori rechtfertigen lassen." Die hypothetische Annahme, der Glaubensartikel, dass gewisse Dinge einfach wahr seien, gehört zu den unentbehrlichen Verfahren menschlichen Erkenntnisstrebens. Da wir alle in gewisser Weise „naive Realisten" sind, glauben wir, was wir sehen. Ja, wir glauben eigentlich generell, was uns unsere Sinne, unsere Perzeption, mitteilt.

Es scheint so, als sei auch im 21. Jahrhundert unserer christlichen Zeitrechung über die Welt, über die Wirklichkeit, über die Realität letztlich nichts wirklich bewiesen, und doch wissen wir so viel. Wir wissen, dass wir galaktisch gesehen am Rande des heute bekannten Universums hausen, wir wissen, dass unsere Sonne Mars, Venus etc. als Planeten hat, und wir wissen, dass es eigentlich keine Farben „gibt", sondern nur elektromagnetische Wellen, und wir haben schon gehört, dass wir biologisch gesehen im Laufe von ca. sieben Jahren „runderneuert" werden.

Wir wissen immer mehr – aber was hilft es? Gar nichts! Im Gegenteil: Je mehr Detailwissen wir haben, umso mehr gehen uns die Gewissheiten um das Ganze verloren. Und so führt uns unser ach so tolles Wissen paradoxer-

weise in immer mehr Unwissenheit. Doch diejenigen unter uns, die von ihrem Wissen leben, werden einen Teufel tun und dies zugeben. Und auch jene, die die Erkenntnis um unser Unwissen aus eher psychologischen Gründen beunruhigt, stoßen in dasselbe Horn. Dank dieser Tarnung unserer Erkenntnisgrenzen kommen wir in die schöne Situation, dass wir viel wissen – und noch mehr glauben!

Das wäre ja an sich nicht weiter schlimm: Glauben ist kein Beinbruch, und glauben ist menschlich. Aber gerade deshalb ist es wohl auch verpönt und sollte doch bitteschön auf eigens dafür vorgesehene Bereiche des Lebens begrenzt bleiben. Und so halten wir unseren Glauben in Reservaten und geben ihnen Namen wie Religion, Tod und Teufel; dort soll er sein abgeschiedenes Leben führen, damit er nicht die wunderbaren Kreise unseres Wissens stört.

Fast jedes „seriöse" Statement beginnt deshalb mit der Floskel „Ich denke", und wagt es ein Ich-Sager zu formulieren „Ich habe so eine Ahnung …", riskiert er ernsthafte Probleme mit seinem Image.

Es scheint eine mächtige Kraft zu sein, die den Menschen dazu drängt, auf Teufel komm heraus wissen zu wollen. Wieso ist das so?

Der große deutsche Philosoph Immanuel Kant glaubte, dass z. B. das Kausalitätsdenken eine deterministische Grundanschauungsform des menschlichen Denkens sei und nicht der wirklichen Wirklichkeit entspreche.

Die Ursache muss eine Wirkung haben, und die Wirkung muss eine Ursache haben und auf diese zeitlich folgen, ja ursächlich mit dieser verknüpft sein – meint der gemeine Homo sapiens sapiens, dieses vernunftbegabte Wesen auf dem blauen Planeten Erde am Rande der Milchstraße am Rande des Kosmos.

Nach Kant ist die Kausalität ein Verstandesbegriff, mit deren Hilfe die Erscheinungswelt, die materielle Welt der Realität, geordnet und strukturierte Erfahrung erst möglich wird. Dabei stellt sich aber die Frage nach den Verknüpfungen: Handelt es sich bei der Kausalität nur um eine rein zeitliche Aufeinanderfolge zweier Ereignisse („Was macht die Zeit, wenn sie vergeht?" Albert E.) – eine Abfolge, die der Mensch lediglich als Ursache und daraus resultierende Wirkung interpretiert? Oder gibt es neben dieser zeitlich dimensionierten Kausalität (oder vielleicht überhaupt nur) eine inhaltliche im Sinne einer Energieübertragung und echten kausalen Verknüpfung (propter hoc)? Dann hätten wir es freilich nicht mit einer bloßen Abfolge auf der linearen Ebene zu tun, sondern wir müssten das Ursache-Wirkungs-Verhältnis viel komplexer, kybernetischer als ein Bedingungsgeflecht verstehen. Es gäbe dann keinen wahrnehmbaren Anfang und keine durchschaubare Beziehungsstruktur.

Wenn wir uns die ganze Wirklichkeit, das Universum, als Makrokosmos, die Menschen als Mesokosmos und die atomare bzw. subatomare Welt als Mikrokosmos vorstellen, dann scheint das kausale *post hoc* auf unser menschliches Denken zu passen wie die „Faust aufs Auge": Wir denken immer in räumlich-zeitlicher Dimension und können uns un-anschauliche Konzepte wie z. B. die Relativitätstheorie, bei der die Zeit stillstehen und rückwärts laufen kann, nicht vorstellen. Abstraktes ist nicht gerade „das Ding" der meisten Menschen – weder in der Wissenschaft noch in der Kunst noch im Alltagsleben. Wir möchten es simpel und greifbar. Sind wir so schlicht gestrickt, weil unser Gehirn nun mal am liebsten so arbeitet?

Der Homo sapiens sapiens unseres Kulturkreises macht nicht einmal einen Unterschied zwischen Geschichte als Erzählung und Geschichte als Ursache.

Kulturnatur und Naturkultur sind isomorph. Andere Kulturen denken anders. Wenn man in einer anderen Kultur verwirrt oder impotent oder fresssüchtig ist, prüft man, was man gegessen hat, was einen verzaubert hat, gegen welches Tabu man verstoßen hat oder ob man in letzter Zeit vergessen hat, den Göttern Ehrerbietung zu erweisen. Was auch immer, ein Aspekt von Kausalität schwingt fast immer mit. Aber niemals würde es in sogenannten „primitiven" Kulturen daran liegen, was einem vor vierzig Jahren mit seiner Mutter oder seinem Vater zugestoßen ist. Nur unsere westliche Kultur benutzt und strapaziert seit Sigmund F. den Mythos, dass sich individuell-psychologische Kausalität über vierzig Jahre erstreckt und die anfänglichen drei bis sechs Jahre (fast) alles weitere determinieren. So hat auch die Kulturnatur oder Naturkultur im RaumZeitKontinuum des Albert E. ihre Mythen, die als Mythen erkannt und nicht als Realität missverstanden werden sollten.

Jeder Mensch erzählt sich fortwährend seine Biographie.

Wie trügerisch das Gedächtnis ist und dass alle Erinnerung immer *jetzt* geschieht, machen sich die an den Zeitfluss glaubenden Menschen nicht oder zumindest viel zu wenig bewusst. (Immerhin hat der Historiker Johann Gustav Droysen bereits 1868 in seiner „Historik" auf dieses Problem hingewiesen, und so war es nicht mehr die Tatsachenforschung, die ihn wirklich interessierte, sondern die Vernunft historischer Erkenntnis.)

Es ist interessant zu beobachten, wie viele große Geister nach lauter „Fakten, Fakten, Fakten" am Ende doch wieder beim augenblicklichen Geist landen. So kam Max Planck dem Ideal des sich selbst reflektierenden Menschen schon ziemlich nahe, indem er sagte: „Meine Herren, als Physiker, also als Mann, der sein ganzes Leben der nüchternsten Wissenschaft, der Erforschung der Materie, diente, bin ich sicher von dem Verdacht frei, für einen Schwärmgeist gehalten zu werden. Und so sage ich Ihnen nach meinen Erforschungen des Atoms dieses: Es gibt keine Materie an sich! Alle Materie entsteht und besteht durch die Kraft, welche die Atomteilchen in Schwingung bringt und sie zum winzigsten Sonnensystem des Atoms zusammenhält …, so müssen wir hinter dieser Kraft einen bewussten, intelligenten Geist annehmen. Dieser Geist ist der Urgrund aller Materie. Nicht die sichtbare, aber vergängliche Materie ist das Reale, Wahre, Wirkliche, sondern der unsichtbare, unsterbliche Geist ist das Wahre!"

Doch nun ist es halt die materielle Welt, die wir als materielle Wirklichkeit wahrnehmen; daher sei es uns verziehen, dass wir erst einmal an sie glauben.

Wie funktioniert aber eigentlich diese Perzeption, d. h. diese Wahrnehmung, bei uns Menschen? Oder schlicht: Wie entsteht das Bild von der Welt in unseren Köpfen? Wie sehen, hören, riechen, tasten, schmecken wir die Welt?

In anderen Kulturen ist der Ich-Sinn neben diesen fünf Sinnen der sechste Sinn!

Rififi in der Wissenschaft: Wie wabern Worte durch die Luft und passen Pyramiden in unsere Köpfe?

Pyramiden sind riesige architektonische Wunderwerke; wie passen diese monumentalen Dinger in unsere kleinen Schädel?

Die Antworten sind – scheinbar – physikalisch-physiologisch gesehen einfach.

Laut Lehrbuch der Anatomie und Physiologie funktioniert das Hören folgendermaßen: Eine Schallwelle trifft auf das Trommelfell, wird dann über das Mittelohr in die Schnecke geleitet, erzeugt dort auf der Grundmembran eine Schwingung, durch die die Haarzellen des Corti-Organs bewegt werden, es entstehen elektrische Spannungen, die als Signale auf die Gehörnerven wirken und als verschlüsselte Impulse an das Gehirn geleitet werden. So weit so schlecht: Denn wie wird aus der reinen Perzeption, der sinnlich-sensorischen Wahrnehmung, Bewusstsein? Aus Schallwellen werden Worte, Sätze, Informationen, Bedeutungen.

Ähnliches passiert bei der visuellen Wahrnehmung: Unsere Sehorgane für die Welt „da draußen" sind die Augen; über den Sehnerv und die Sehbahn mit ihren Verschaltungen erreichen die auf das Auge fallenden elektromagnetischen Wellen das Sehzentrum im Hinterhauptlappen unserer Großhirnrinde. Auch in diesem Fall muss das Denkorgan aus Wellen etwas zaubern; hier ist es ein Bild.

Diesen Vorgang des begrifflich urteilenden Erfassens nennt man Apperzeption, nur durch diesen Prozess wird Bewusstsein erklärbar.

Es ist ganz typisch, dass Lehrbücher die grundlegenden Unterschiede zwischen der rein „mechanischen" Perzeption und der „weiterverarbeitenden" Apperzeption einerseits konstatieren und andererseits diese Dualität erst erschaffen. Die forschen Forscher erfinden ein Begriffspaar und meinen zugleich, diese seien quasi schon immer da gewesen. Das bedeutet aber, sie wenden einen Glaubensartikel an (in diesem Falle den Dualismus Perzeption – Apperzeption) und sind sich dessen einfach nicht bewusst!

Betrachten wir die Sache aber mit diesem kritischen Blick, müssen wir feststellen, dass alle anatomisch-physiologischen Untersuchungen das zentrale Thema Bewusstsein des Menschen überhaupt nicht berühren. Egal, wie tief wir in die Geschehnisse z. B. der visuellen Wahrnehmung eindringen, am Ende müssen wir einen „inneren Menschen" fordern bzw. konstruieren, der das Gesehene in etwas von ihm Wahrgenommenes, etwas Erlebtes, verwandelt.

Das ist die Geburtsstunde des Ich. Ich-hier-drinnen sehe die Welt-da-draußen.

Die sinnlichen Qualitäten, die ein Mensch wahrnimmt, treten im Gehirn nie als solche auf. Das Gehirn ist in völliges Schweigen eingehüllt, selbst wenn der betreffende Mensch das ohrenbetäubende Pfeifen eines Düsenantriebs vernimmt. In ähnlicher Weise ist das vom Schädel umgebene Gehirn völlig in Dunkelheit gehüllt, selbst wenn der Mensch im grellsten Sonnenlicht steht.

Unser Gehirn wird auch nicht kälter, wenn wir Schnee anfassen, und auch nicht härter, wenn wir Eisen berühren. Das Gehirn ist chemisch und physikalisch von den Gerüchen, Geräuschen, Temperaturen, Farben, vom Geschmack und von der Beschaffenheit der Dinge, die außerhalb des Schädels existieren, isoliert. Nicht ein einziges Zuckermolekül der Praline in unserem Mund gelangt von den Geschmackspapillen in die Hirnrinde, und dennoch nehmen wir die Süßigkeit des Zuckers deutlich wahr. Das Gehirngewebe nimmt nichts von der Säure einer Zitrone, die wir kosten, und nichts vom scharfen Geruch eines Stinktieres auf. Untersuchungen zur Struktur des Gehirns ergründen das Geheimnis der Wahrnehmung der Welt nicht, sondern vertiefen es. Mit Ausnahme von Nervenimpulsen geht nichts von den Sinnesorganen in das Gehirn über.

Wenn wir uns auf das Format einer Nervenzelle verkleinern könnten, was würden wir dann im Gehirn sehen? Ein Fremdenführer würde uns dann auf die verwickelten chemischen Vorgänge und elektrischen Aktivitäten an den Synapsen aufmerksam machen. Sie ermöglichen die Übertragung von Nervenimpulsen von einem Neuron auf das andere, und davon hat jeder Hirninhaber Milliarden oder gar Trillionen, je nach Lehrbuch. Ich muss gestehen, dass ich meine noch nicht gezählt habe, und kann daher nur glauben, was in den schlauen Büchern steht. Wir können den Transport von Elektronen, Wechselwirkungen zwischen Ionen und die hektische Aktivität von Enzymen in jeder Zelle sehen. Doch nirgendwo können wir den Bordeaux finden bzw. schmecken, den der Besitzer des Gehirns gerade trinkt, selbst wenn uns der Führer auf eine bestimmte Reihe elektrischer Impulse hinwiese, die mit diesen Empfindungen in Zusammenhang stehen. Auf jeder Ebene begegnen wir nur den physikalischen Korrelaten von Empfindungen, Gedanken und Gefühlen, niemals den Erfahrungen selbst. Bewusste Empfindungen unterscheiden sich in ihrer Art sehr von allen anderen Vorgängen im Neuronennetzwerk; dennoch stellen die Ereignisse im Neuronennetzwerk eine notwendige Bedingung für alle Gedanken, Erfahrungen und Gefühle dar.

Das wahrnehmende Bewusstsein lässt sich weder auf materielle Vorgänge reduzieren, noch geht sie aus ihnen im Sinne einer Emergenz hervor.

Stellen wir uns einmal ein riesiges Getreide-Feld vor, in dem Millionen oder Milliarden oder gar Trillionen einzelner Ähren von machtvollen, ständig wechselnden, in der Richtung unberechenbaren Winden hin und her geblasen werden. Das Gehirn ähnelt in gewisser Weise diesem Feld und stellt physikalisch gesehen auch eine Art Feld dar. Stellen wir uns weiter vor, die Ähren entsprächen den Neuronen. Die Energiemuster, die wir durch das Feld strömen sehen, entsprechen unseren DenkWahrnehmungen.

Die unberechenbaren Winde, die diese Gedanken und Wahrnehmungen verursachen, sind die Energie, die ständig in das Gehirn hinein und in seinem Inneren fließt. Diese Energie ist bei einer visuellen Wahrnehmung elektromagnetischer Natur und erzeugt Muster; diese Energiemuster sind die Bilder von der Welt der Wirklichkeit-da-draußen, eines Energiemusters, das sich Ich nennt.

Das wahrnehmend-denkende Ich ist Teil des Ganzen, das wir Realität nennen.

Und dieses Ich-Teil ist kein hermetisch abgeschlossenes System; es ist ein Energiemuster mit „Teilcheneigenschaften".

Ein beobachtender Organismus ist selbst Teil, Teilnehmer und Teilhaber seiner Beobachtungswelt; eine Grenze von wahrnehmendem Subjekt und wahrgenommenem Objekt ist daher nicht wirklich vorhanden, sondern, östlich ausgedrückt, *maya* und, westlich formuliert, Artefakt, also ein Kunstprodukt.

Lassen wir an dieser Stelle mit Stephen Hawking den wohl derzeit berühmtesten Physiker zu Wort kommen: „Ich kann mir nicht vorstellen, dass das Gehirn Systeme enthält, die hinreichend isoliert sind, dass objektive Reduktion von durch die Umgebung verursachter Dekohärenz unterschieden werden könnte. Wenn die Systeme so gut isoliert wären, würden sie nicht schnell genug miteinander wechselwirken, um an mentalen Prozessen teilnehmen zu können."

Wenn Sie diese Zeilen lesen, werden Sie verstehen, was Sie verstehen – und wie sollten Sie wissen, was Stephen Hawking damit gemeint hat?

Auch ich lese diese Worte und verstehe sie so, wie ich sie nun einmal verstehe. Hier denke ich und kann nicht anders! Und so lese ich heraus, dass auch Hawking an kein abgeschottetes Gehirn *glaubt* („Ich kann mir nicht *vorstellen* …"). Sein Diktum passt wunderbar in mein Denkschema. Danke, Mr. Hawking.

Und ebenfalls einen dicken Dank an Max Planck für diesen Satz:

„Eine neue wissenschaftliche Wahrheit pflegt sich nicht in der Weise durchzusetzen, dass ihre Gegner überzeugt werden und sich als belehrt erklären, sondern vielmehr dadurch, dass die Gegner allmählich aussterben."

Wie steht es so nett auf einem Button:

„Newton ist tot, Einstein ist tot, und mir ist auch schon ganz schlecht."

2. Die Neurowissenschaften und das Bewusstsein: Das Gehirn als Objekt

Die Neurowissenschaften rücken der Anatomie und Physiologie des Gehirns mit naturwissenschaftlichen Methoden zu Leibe. Doch wenn es schließlich darum geht, die Ergebnisse zu interpretieren, sind sie oftmals mit ihrem Latein am Ende. Es hilft dann alles nichts: Wenn sie weiter vorankommen wollen, müssen sich die Neurowissenschaftler das Handwerkszeug der Philosophen ausleihen. Sie müssen also epistemisch werden, d. h. über ihre eigenen Denk- und Wahrnehmungsstrukturen nachdenken.

Dasselbe passiert auch schon mal den Physikern, wenn sie die Daten ihrer Experimente sinnvoll analysieren wollen. Doch das ist natürlich kein Beinbruch, sondern vielmehr eine Sternstunde der Forschung. Denn nun werden die Schlagbäume an den Grenzen zwischen Natur- und Geisteswissenschaft angehoben und im Austausch zwischen diesen „Zünften" sowie der Philosophie, die oftmals als dritte Position gesehen wird, erscheinen die alten Unterscheidungen plötzlich als willkürliche und störende Barrieren, die es zu überwinden gilt.

Dies gilt ganz besonders angesichts der extrem ehrgeizigen Aufgabe, der sich die Neurowissenschaften stellen. Denn, ob es den Akteuren nun immer bewusst ist oder auch nicht, schon im Ansatz befinden sie sich in einem grandiosen Dilemma: Der Mensch als geistiges Wesen und Teil der Natur untersucht die Natur seines Geistes.

Wer diesen Widerspruch ignoriert, betreibt eine Verdunkelung, die den allgemeinen Erkenntnisfortschritt unnötig bremst. Gewiss, es ist bequem und verspricht raschen Erfolg, wenn Geist und Natur schön säuberlich getrennt werden. Aber solch ein Erfolg ist ein Pyrrhussieg, der uns auf ausgetretenen Wegen direkt in eine Sackgasse führt. Wenn wir dann nicht mehr weiterkommen, ist es nur ein schwacher Trost, dass wir uns dabei in prominenter Gesellschaft befinden – wie beispielsweise der jenes Bibliothekars, den die Philosophiegeschichte als einen der „Übeltäter" der Trennung von Geist und Natur ausgemacht hat. Dieser Mann hat nämlich die Werke des Aristoteles sortiert und dabei jene folgenschwere Unterscheidung zwischen den beiden großen Bereichen Physik und Philosophie (Meta-Physik) getroffen, aus der im Laufe der Zeit die Trennung in Geistes- und Naturwissenschaften hervorging.

Dieser Dualismus setzt unausgesprochen das Axiom voraus, dass es auf der einen Seite den Menschen als Geisteswesen gebe und auf der anderen die Natur als das von ihm zu untersuchende Objekt. Der Mensch *ist* aber auch Natur, er *hat* nicht nur Natur in dem Sinne, dass er ein biologisch-physikalischer *Body-mind-Organismus* ist oder einen solchen hat. Der Mensch ist vielmehr im Ganzen als ein *Wavicle-Phänomen* zu verstehen.

Wavicle? O.k., das müssen wir erklären: Hier sind wir mal wieder beim Dualismus von Welle und Teilchen, auf den die Physiker so häufig stoßen. Von ihrem Standpunkt aus hat die Natur einen Doppelcharakter, für den sie das Kunstwort „Wavicle" eingeführt haben. Denn sie beobachten ein Teilchen manchmal als ein Teilchen, ein andermal jedoch als Welle. Noch korrekter müsste man sagen, das Teilchen (oder was wir dafür halten) offenbart sich dem Beobachter mal als Welle und mal als Teilchen. Aus *Wave* (wave = Welle) und Particle wird dann die doppelte Natur des *Wavicle*. Das ist zumindest das, was sich physikalisch betrachtet über ein Teilchen – wie z.B. ein Elektron – sagen lässt. Man kann es weder theoretisch noch experimentell genau fassen, es hat also nicht eindeutig diesen oder jenen Charakter; und noch schwieriger ist es, ihm beide Charaktere „zur gleichen Zeit" zu bescheinigen. Dabei ist entscheidend, ob man die „beiden Seiten der Medaille" epistemisch, also aus der Sicht des Beobachters und damit unweigerlich auch relativ, oder ontologisch und somit absolut erfasst.

Wir halten somit fest, dass ein Teilchen letztlich nur in seinem in sich verschränkten Doppelcharakter zu begreifen ist. Diesen hat Heisenberg mit der Unschärferelation beschrieben, die besagt, dass man *entweder* die genaue Position des Teilchens *oder* dessen Geschwindigkeit messen kann.

Das passt aber überhaupt nicht in unsere Vorstellung von Natur, wenn wir sie als das Absolute verstehen. Eine solche Natur wäre durch ein ontologisches Entweder-oder gekennzeichnet, nicht aber durch ein hin und her lavierendes und damit relativierendes Sowohl-als-auch. Genau das passiert aber in der mikroskopischen Quantenwelt. In dieser Realität finden wir nur noch Wahrscheinlichkeiten von Zuständen; beide schließen sich „eigentlich" aus; eigentlich – wenn wir uns in der guten alten makroskopischen Wahrnehmungswelt des Menschen befinden. Hier dürfen und müssen wir sagen: „Du musst dich entscheiden, Kleines!" Wenn wir aber mit der einen oder der anderen Messmethode in die „mikroskopische" Quantenwelt vordringen, stellen wir fest, dass abhängig von unserer Messmethode mal das eine und mal das andere gilt. Hier würden wir mit derselben Einstellung untergehen, denn je nachdem, wie wir uns vorher entschieden haben zu messen, erhalten wir mal das eine und mal das andere Ergebnis. Die Zustände in dieser Realität sind mal dies und mal das, abhängig von der Art, wie wir hinsehen. Und weil das unsere Vorstellungskraft übersteigt, behelfen wir uns mit der Feststellung, dass es bei den Quanten ein Sowohl-als-auch gibt, das wir aber nicht zur gleichen Zeit feststellen können.

Wer bin ich? Die Frage aller Fragen – auch für Wissenschaftler
Wir stellen also fest, dass das, was wir für die Natur halten, nicht konkret und fassbar ist, sondern zwischen dualen Erscheinungsformen verschmiert. Das könnte uns ja eigentlich ziemlich kalt lassen, doch das Unangenehme ist, dass wir selbst Teil dieser sonderbar verschränkten und zerfließenden Natur sind. Das gilt für jeden Menschen, sogar für Neurowissenschaftler! Und da niemand bestreiten wird, dass sie es sind, die diese Wissenschaft betreiben (wenn auch unter Zuhilfenahme von technischen Geräten, doch das ändert nichts an dem Befund), ist logischerweise auch die Hirnforschung Teil der nichtabsoluten Natur und unterliegt damit der relativen Wahrnehmung des Beobachters. Wie forsch so ein Forscher dann auch immer an seinen Gegenstand herangeht, er bleibt doch immer ein Teil des Ganzen, das er untersucht.

Was macht aber der Forscher? Er ist, sagen wir einmal, Prof. Dr. X.Y. und schaut als 1. Person Singular dem Hirn eines Probanden beim Arbeiten zu. Und als solche 1. Person Singular zieht er dann seine Schlüsse aus seinen Beobachtungen. So weit, so gut. Nichts ist daran auszusetzen, dass ein Ich ein Objekt anguckt. Doch Halt! Erinnern wir uns noch einmal an das bisher Gesagte: Subjekte und Objekte lassen sich durch die verschränkte Natur nicht so säuberlich voneinander trennen, wie es uns in unserer Alltagserfahrung vorkommt. Im Alltag ist das ja auch kein Problem, er funktioniert ja ganz leidlich, auch wenn er nicht den neuesten wissenschaftlichen Erkenntnissen entspricht. So what?

Kritisch wird es allerdings, wenn jemand beansprucht, objektive Erkenntnisse zu gewinnen. Sobald dieser wissenschaftliche Anspruch hinzukommt, muss sich der Forscher dem aktuellen Stand der Wissenschaft beugen. Und der besagt nun einmal, dass diese Trennung nicht existiert. Und was macht Prof. Dr. X.Y.? Er springt ganz frech – hoffentlich hat es keiner gemerkt! – für einen klitzekleinen Moment hinaus in die Alltagswelt und behauptet, er sei als 1. Person Singular von seinem Forschungs„objekt" getrennt. Dann hüpft er aber auch schon wieder ganz schnell zurück ins respekteinflößende Labor, und in seinem weißen Kittel behauptet er, er hätte mit der nötigen wissenschaftlichen Objektivität gearbeitet. Er als Ich-Sager habe das Objekt objektiv untersucht.

Welch ein Schwindel! Nicht nur, dass er alle an der Nase herumführt, die an den Glaubensartikel einer objektiven Wissenschaft glauben; indem er selbst davon überzeugt ist, was er da tut, begeht er obendrein eine akademisch genehmigte schizophrene Tat: Er macht sich zur 3. Person, denn nur von dieser Warte aus kann er die Wissenschaft betreiben, die ihren eigenen Kriterien genügt! Objektiv, reliable und valide soll sie sein, die akzeptable Wissenschaft.

Objektiv meint, vom Subjekt unabhängig. Reliable bedeutet zuverlässig, und valide heißt gültig, steht also für die Übereinstimmung eines wissenschaftlichen Ergebnisses mit dem tatsächlichen Sachverhalt.

Hier beißt sich aber die Katze in den Schwanz, denn ein Wissenschaftler bleibt, egal welche Taschenspielertricks er anwendet, immer ein Ich-Subjekt (also streng genommen ein Objekt), das freilich bemüht ist, die Welt „da draußen" mit seinen Hirnmöglichkeiten zu untersuchen. *Diese* aber gehen von dem Axiom aus, „innen" sei „innen" und „außen" sei „außen": Das Objekt denkt sich als Ich, als Subjekt, das sich einbildet, es könne die Welt der Objekte da draußen mit seinem Hirn wissenschaftlich untersuchen.

Doch seit der Quantentheorie weiß auch die Welt der Wissenschaft, dass der Forscher Einfluss auf die Objekte seiner Forschung nimmt, da er waviclemäßig nicht von ihnen getrennt ist. Elektronen kennen in ihrer Wellenfunktion einfach keine Grenzen.

Da ist es schon beeindruckend, mit welcher Unverdrossenheit die forschen Neurowissenschaftler weiter „drauf los" forschen.

Recht haben sie ja auch – zumindest aus der Sicht der Arbeitsagenturen! Denn die hätten noch mehr Arbeitslose zu vermitteln, würden die wissenschaftlich eigentlich zwingenden Konsequenzen aus dem zutiefst widersprüchlichen Ansatz dieser Forschungsrichtung gezogen. Und so beobachten wir nur einmal mehr, wie weit man in den Wissenschaften mit der Kopf-in-den-Sand-Methode kommen kann. Erkenntnistheoretische Fragen werden einfach ignoriert und die hoch-herrschaftlichen Machtverhältnisse der Naturwissenschaft nicht in Frage gestellt.

Die Crux, mit der wir es hier zu tun haben, ist natürlich eine allgemeine, doch bei den Neurowissenschaften fällt sie besonders auf, da hier Gehirne Gehirne erforschen. Mit der Mär vom separaten Ich des Forschers fallen die Wissenschaftler der Halluzination zum Opfer, sie seien neutrale und überpersönliche Beobachter der Wirklichkeit. Dass dieser Wahn erschreckend weit verbreitet ist, ändert freilich nichts an der Tatsache, dass auf der Quantenebene eine unkalkulierbare Rückkoppelung zwischen Subjekt und Objekt existiert. Warum so viele der sonst doch überwiegend recht scharfsinnigen Wissenschaftler diesem Problem mit der Vogel-Strauß-Methode beizukommen hoffen, liegt auf der Hand. Denn hier geht es nicht nur um die Pfründe einer Forschungsrichtung, hier geht es um nichts weniger als das Fundament der Wissenschaft. Einsteins Spruch über Mathematik macht da nur den Anfang: Die Quantentheorie hebt die Dualität von Forscher und Erforschtem auf und bringt damit unsere gesamte Wissenschaftstheorie ins Wanken.

Aber keine Angst, wer flexibel ist, braucht nichts zu befürchten! Denn ein Gebäude, das wankt, muss nicht einstürzen – es kommt halt auf die Konstruktion an. Und genau hierin sieht die Erkenntnistheorie ihre Aufgabe. Ihr geht es nicht um Zerstörung, sondern um Reflexion, damit wir daraus lernen können und die Gebäude den Erschütterungen standhalten. Dabei setzt sie grundsätzlich auf bessere Materialien als Beton in den Köpfen und vertraut nicht auf die tönernen Füße der Wissenschaft, die da heißen: Axiome und Paradigmen. Es geht vielmehr um eine Empirie, die sich der wahren Wirklichkeit verpflichtet fühlt. Das ist ein Abenteuer und zunächst lange nicht so konkret wie eine axiomatische Wissenschaft mit ihrem „So ist es, und Schluss". Das kostet Karrieren und Forschungsgelder, aber es führt am Ende viel weiter. Dafür ist Einstein unser bester Zeuge.

Er steht am Anfang der neuen Erkenntnistheorie mit seiner Beobachtung, dass es keine sauber trennbare Dualität von geistiger und materieller Welt gibt. Energie ist gleich Masse mal Lichtgeschwindigkeit im Quadrat: $E = mc^2$.

Wenn wir diese Formel akzeptieren, dann müssen wir auch die Konsequenzen mittragen. Und eine ganz entscheidende ist: Wissenschaft kann kein Wissen schaffen, sondern nur Ideen, Gedanken über die Welt. Je mehr wir durch wissenschaftliche Forschung über unsere Welt wissen, umso mehr wankt unsere Vorstellung von Wissen im eigentlichen Sinn. Dieses Paradox führt uns immer mehr zu der Erkenntnis, dass am Ende des empirischen Forschens etwas steht, das Gedankenspielen gleicht, das nicht mit Wissen, sondern mit Vorstellungen zu tun hat, und ja, mithin mit Glauben.

Alles hatte rational angefangen, doch am Ende steht die Verwischung der Grenze zwischen Wissen und Glauben. *E (Empirie) = WG³*. Und wenn diese alte Trennung aufgehoben wird, sind wir – ohne es beabsichtigt zu haben – bei der Spiritualität gelandet. Denn Spiritualität ist genau diese Aufhebung des Gegensatzes von Wissen und Glauben. Ohne diese Trennung sind wir beim Ganzheitlichen, beim Zusammenfallen von „I" und „me", was gleichbedeutend ist mit dem Verlust unseres alten Ich, unserer Gewissheit vom freien Willen.

Plötzlich gibt es den Erfahrenden nicht mehr – doch die Erfahrung bleibt! Das ist das Entscheidende: Die Welt bleibt nicht stehen ohne die Legende vom dualen, trennbaren Ich, es kann weiterhin empirisch nach der wahren Wirklichkeit geforscht werden. Trotz aller Verlustängste der etablierten Wissenschaftler hört natürlich auch nach Einstein das Forschen nicht auf, doch es ändert seine Form. Es taucht auf als *Wissenschaft*, die erfahrbar wird, ohne einen Erfahrenden zu kennen. Damit freilich ist sie nicht mehr weit entfernt von der Religion, die eine *Glauben*schaft ist. „God has no religion", bemerkte Mahatma Gandhi. Aber Vorsicht: „Die Theologen sind wie Schweine, zieht man eins am Schwanz, so schreien sie alle." (Constantin Huygens)

Arme Neurowissenschaft! Hat sie doch all das bestätigt, hat sie doch empirisch nachgewiesen, dass es in unseren Hirnen keinen Unterschied gibt zwischen innerer und äußerer Welt; hat sie doch überzeugend dargelegt, dass unsere Selbstbilder, denen wir im Alltag noch (!) vertrauen, Konstruktionen des Denkapparates sind. Doch jetzt, vor dem nächsten Schritt, wird es ihr mulmig und sie zieht sich zurück in den elfenbeinernen Turm – ein völlig antiquiertes Gebäude, das die alte, überhebliche Dualität von Forscher und Probanden am Leben hält: Was für das Objekt der Forschung gilt, gilt natürlich nicht für Prof. Dr. X.Y., der axiomatisch behauptet, sich fein säuberlich vom Untersuchten zu unterscheiden. Er ignoriert, dass der Proband genauso nur in seinem Hirn existiert, wie ja nach seiner eigenen Feststellung für den Probanden die Welt nur in dessen Hirn besteht und letztlich alles „eine Soße" ist. Prof. Dr. X.Y. misst also mit zweierlei Maß, denn er will natürlich seine Privilegien, sein Renommee und seine C4-Stelle behalten und darf sich deshalb nicht mit dem armen, kleinen Probanden gemein machen. Daher der Griff in die Trickkiste der 3. Person Singular. So trifft er Aussagen, die angeblich objektiv und also vom Probanden getrennt sind. Das bedeutet aber nichts anderes, als dass ein ganz normaler, eitler Hirnbesitzer und Ich-Sager versucht, in der Alltagswelt, die an ein Innen und Außen glaubt, gut dazustehen.

Nun sind wir aber gar nicht so und gönnen dem Professor seine Kohle. Er handelt nicht besser oder schlechter als jeder von uns, der versucht, sein

Schäfchen ins Trockene zu bringen. Das Problem liegt nämlich ganz woanders: Unser imaginärer Professor hat Angst, Angst vor dem Verlust seiner Pfründe. Und Angst war schon immer ein schlechter Ratgeber – das gilt freilich auch für die Wissenschaften.

In unserem Fall geschieht etwas, das geradezu tödlich ist für den Fortschritt unserer Erkenntnisse: Es werden nicht die richtigen Fragen gestellt! (Dabei sind Fragen laut Albert E. wichtiger als Antworten.) Die Menschen interessieren sich zwar dafür, aber in der Neurowissenschaft fehlt der ernsthafte Wille, das folgende Rätsel zu lösen: Wer zum T•••• hat dieses Gefühl, ein Ich zu sein, wenn es das Ich gar nicht gibt?

Es schließt sich hier eine Menge weiterer Fragen an: Was ist das Gehirn überhaupt? Und wer ist das eigentlich, der da forscht, wenn es weder ein Ich noch einen freien Willen gibt? Müssen wir vielleicht sogar fragen: „Was ist das eigentlich, das da forscht?"

Aber Vorsicht, bevor jetzt die Spekulationen ins Kraut schießen! Denn wir können nicht einfach Thesen in die Welt setzen, die es dann zu überprüfen gälte. Die Versuchung ist groß, aber wir wollen doch nicht den Fehler des eitlen und wahrscheinlich verbeamteten Prof. Dr. X.Y. machen und uns eine Antwort anmaßen – sonst wären wir von dieser weiter entfernt denn je. Wir müssen es uns vielmehr wirklich hinter die Ohren schreiben: Die Frage „Wer bin ich?" kann nicht von dem beantwortet werden, der diese Frage stellt.

Wie aber sollen dann in Zukunft noch wissenschaftliche Aussagen über das Ich getroffen werden? – Machen wir doch mal einen Versuch:

Materie ist nicht Materie

Um den vorliegenden Erkenntnissen der Quantentheorie Rechnung zu tragen, müssten die Neurowissenschaftler ihren eigenen Geist als „Objekt" in die Forschung mit einbeziehen, was aber Wissenschaft als solche ad absurdum führen würde. Solange der Forscher sich für ein Subjekt hält, ist er sich nicht bewusst, dass er selbst nur ein Phänomen ist, ein Konstrukt des *Bodymind*-Organismus, eine Reflexion des einen, absoluten Bewusstseins. Es gibt auf der Mikroebene der materiellen Welt nur eine Art „Potenzial", das sich zu Materie (also zum Teilchenaspekt) verdichten kann, aber Materie ist nicht *Materie*.

Keine Substanz weit und breit, nur Leere.

Teilchenphysiker finden statt Teilchen nur Felder, und diese Felder sind verschränkt, so verschmiert, dass es letztlich nur Sinn macht, von einem einzigen Feld zu sprechen, und aus diesem absoluten Feld geht die gesamte Illusion der materiellen Welt hervor.

Neurowissenschaftliche Erkenntnisse

Zugegeben, wir haben bisher kaum ein gutes Haar an der etablierten wissenschaftlichen Forschung gelassen. Aber warum? Etwa weil wir glauben, dass sie keine Ergebnisse hervorbringen kann? Nein, sondern weil hier die Ansicht vertreten wird, dass aufgrund der durchsichtigen Blockadehaltung vieler Wissenschaftler das gefährdet ist, was uns in Wirklichkeit ganz besonders am Herzen liegt: der Erkenntnisfortschritt. Und das, obwohl die neuesten Erkenntnisse so weit gehen, dass ein Durchbruch zum Greifen nahe scheint. Sehen wir uns daher einmal an, was da – zum großen Teil mit „unseren" Steuergeldern – ans Tageslicht befördert wurde:

Body-mind: *Die neurowissenschaftliche Variante der Körper-Seele-Geist-Thematik der Philosophie*

Das dreigliedrige System Körper-Seele-Geist der Philosophie taucht in den Neurowissenschaften in Gestalt des *Body-mind*-Dualismus auf. Hier wird die Frage gestellt, wie neuronale Prozesse im Gehirn Bewusstsein hervorbringen. Unter Zuhilfenahme modernster Methoden wie der PET (Positronen-Emissions-Tomographie) oder der fNMR (funktionelle Kernspintomographie) untersuchen Hirnforscher die neuronalen Aktivitäten in den Gehirnen ihrer Klienten. Dabei können Vorstellungen mit den Aktivitätsmustern verglichen und überprüft werden, also ob gleiche Vorstellungen immer gleiche Muster zeigen.

Dabei ist die entscheidende Frage hinter all diesen Messungen, ob die „sichtbaren" Hirnaktivitäten mit dem identisch sind, was wir als Gedanken bzw. Bewusstsein empfinden. Oder wenn sie schon nicht dasselbe sind, vielleicht gibt es doch eine unmittelbare Verkettung? Dann müssten wir präziser formulieren: Wie *entstehen* aus „objektiven" neuronalen Prozessen, die wir mit technischen Mitteln nachweisen können, subjektive Qualia, das Gefühl also, ich hätte diesen oder jenen Gedanken?

Doch fragen wir so, dann haben wir uns schon wieder das Problem mit dem Ich eingehandelt. Es müsste also an dieser Stelle bereits klar sein, wer dieser Wahrnehmer von Gedanken eigentlich ist.

Aber – wie wir ja schon wissen – denkt sich das Hirn sein Ich selber, ohne dass es einen eigenen Platz für dieses Konstrukt gäbe. Das ganze Gehirn, all seine Aktivitäten zusammen, ergeben das Ich und damit doch wohl auch den Bestimmer über die Gedanken. – Oder doch nicht?! Ist das Ich etwa mehr als die Summe der Hirnaktivitäten? Ist es eine übergeordnete Instanz, welche die Aktivitäten initiiert, die wir als unsere Gedanken kennen?

Es gibt also zwei Möglichkeiten: Entweder ist das Individuum als Hirnbesitzer hilf- und willenlos seinen eigenen neuronalen Hirnprozessen ausgeliefert. Dann erübrigen sich alle weiteren Fragen, ja, es gibt nicht einmal jenen Prof. Dr. X.Y., der aus freien Stücken solche Fragen stellen könnte. Oder das Ich entsteht doch als eigenständige Entität aus der Summe der Hirnaktivitäten heraus nach dem Motto: Das Ganze ist mehr als die Summe seiner Teile. Dann kommen wir aber mit der klassischen Messmethode kein bisschen weiter. So oder so, die axiomatischen Neurowissenschaften drehen sich immer im Kreis.

Dieses Wissen sollten wir stets im Hinterkopf behalten, wenn wir uns jetzt weiter in den Dschungel der aktuellen Forschung begeben. Nur mit dieser Einschränkung macht der folgende Überblick Sinn:

Da ist z. B. der *neurobiologische Reduktionismus*, der davon ausgeht, dass Geist bzw. Bewusstsein neurobiologische Zustände sind. Psychische Phänomene sind dann nichts anderes als ein bestimmtes Feuern von Nervenzellen. Diese aktiven Zellen sind aber ihrerseits aus Molekülen und Atomen aufgebaut, so dass ganz am Anfang der Erklärungskette des Bewusstseins die Atome stehen. Auf ihre Eigenschaften geht der Geist letztlich zurück.

Manche Vertreter dieses Reduktionismus meinen, dass der Geist voll und ganz auf Wechselwirkungen zwischen Nervenzellen und deren Molekülen zurückzuführen ist. Wären die Eigenschaften der Neuronen und deren gegenseitige Beeinflussung bekannt, so könnten wir den Geist erklären. Die Schwäche dieser Theorie ist aber, dass an einzelnen Neuronen nichts Geistiges zu entdecken ist – außer man betrachtete sie aus dem Blickwinkel der Wavicles, doch das kommt den Vertretern des Reduktionismus leider nicht in den Sinn. Geist ist für sie ein globaler Aktivitätszustand, der zwar auf Atome zurückgeht, sich jedoch nicht auf Teilchen reduzieren lässt.

Dabei könnte sich genau hier ein Ausweg auftun: Wer nicht blind ist für die Welleneigenschaften der Teilchen, wird automatisch an dieser Stelle ansetzen und erstaunt feststellen, wie viele neue und wirklich viel versprechende Thesen auf diesem Pfad winken.

Bewusstsein entsteht nämlich nur, wenn das Gehirn und der Organismus in gewisser Weise mit der Umwelt interagieren und diese Interaktion bewertet wird. Innerhalb des geschlossenen Systems, das dem Reduktionismus zugrunde liegt, geht es jedenfalls nicht weiter. Die Neuronen und ihre Funktion sind zwar notwendig für das Entstehen von Geist und Gehirn, reichen aber nicht aus.

Diese Erkenntnis kann auch der so genannte *emergenztheoretische Materialismus* für sich beanspruchen. Seine Grundthese lautet, dass mentale Phänomene als Systemeigenschaft zwar aus neuronalen Prozessen entstehen, jedoch mit chemischen, physikalischen und physiologischen Phänomenen der Nervenzellen nicht hinreichend erfasst sind. Eine derartige Begrenzung könne nicht ausreichen, da Geistiges unvorhersagbar entsteht. Diese Schule vertritt daher die Ansicht, dass Bewusstsein zwar von den Systemen erzeugt werde, dabei aber weder ontologisch noch nomologisch auf diese zurückzuführen sei; zwar komme der Geist nicht ohne dieselben aus, es passiere aber mehr als einfach nur ein kausaler Prozess auf derselben Ebene; vielmehr entstehe durch neu auftauchende Qualitäten eine höhere Seinsstufe.

Die Schwäche eines solchen emergenztheoretischen Standpunktes liegt darin, dass er zwar wissenschaftlich beginnt, am Ende aber die Grenzen rationaler Kausalität sprengt. Er lässt vielmehr neuartige Systemeigenschaften auftreten, die mystisch sind und somit auch den gesamten Ansatz zu etwas Mystischem machen. – Oder aber er ist schlicht trivial, denn Neurowissenschaftler beobachten ständig, dass bestimmte Prozesse in der wahrnehmbaren Welt grundsätzlich nicht vorhergesagt oder abgeleitet werden können.

Am Übergang zwischen – salopp gesprochen – Materie und Geist befinden wir uns also wissenschaftlich in der Klemme. Da hat es schon einen gewissen Reiz, wie sich der *Epiphänomenalismus* aus der Affäre zu ziehen versucht. Dieser entwickelt die Idee, dass subjektive Bewusstseinsprozesse an gewisse neuronale Prozesse gekoppelt sind. Das Erleben ist demzufolge nur so eine Art Trittbrettfahrer des eigentlich Ablaufenden, eben ein Epi-Phänomen. Relevant ist aber nur das, was kausal wirkt, und das sind halt nur die neuronalen Prozesse. Zwar baut auf ihnen unser Erleben auf, doch weil dieses ja nichts Eigenständiges ist, kann man es getrost vernachlässigen. Für den Ablauf der Gehirnprozesse spielt es jedenfalls keine Rolle, denn das Epiphänomen hat ja per definitionem keine Auswirkung auf das zugrunde liegende Ereignis. Was aber nicht wirkt, könne auch nicht von der Naturwissenschaft erfasst werden.

Glücklich, wer so denken kann! Es hat doch immer wieder etwas Verlockendes, sich argumentativ im Kreis zu drehen, da dann alles, was einem nicht passt, aus der eigenen kleinen Welt herausdefiniert wird. Erleben ist nicht relevant, weil es nicht relevant ist. Punkt. Doch für jeden, der sich wissenschaftlich fortbewegen will, heißt es an dieser Stelle: „Genug abgehangen in der Endlosschleife und hinein in die Empirie!" Denn natürlich bildet die Erlebniskomponente einen nicht abzutrennenden Teil mancher Gehirnprozesse. Ohne sie ist komplexes adaptives menschliches Verhalten überhaupt nicht vorstellbar.

Damit sind wir aber wieder auf den steinigen Pfaden der Wahrheitssuche. Denn wir müssen uns eingestehen, dass wir hier vor einem Hindernis stehen, das wir derzeit mit naturwissenschaftlichen Erkenntnissen noch nicht oder nie überwinden können. Denn nach wie vor ist das phänomenale Erleben, philosophisch das Qualia-Problem, nicht erklärt.

Was wir aber haben, sind Anhaltspunkte. Beispielsweise den, dass es eine Art privilegiertes Erleben gibt, nämlich dasjenige aus der Ich-Perspektive. Neurologisch gesehen handelt es sich dabei um bewusste Hirnprozesse (im Unterschied zu den unbewussten). Das sind Zustände, bei denen im Gehirn neue Netzwerke gebildet werden, um neue Gedanken denken zu können oder neue Probleme zu lösen.

Viele Neurowissenschaftler behaupten, dass das Gehirn das subjektive Erleben nutzt, um diese Prozesse zu kennzeichnen, so dass sie später unterschieden werden können. Sie erleichtern oder ermöglichen demzufolge überhaupt erst eine Differenzierung zwischen unterschiedlichen Modalitäten und Qualitäten, zwischen Ich und Nicht-Ich, zwischen Vorher, Jetzt und Nachher, zwischen gewollten Handlungen und Reflexen. Dabei hängt das subjektive Erleben zum Teil, ebenso wie die Konstruktion des Ich, welches sie erlebt, von historischen und soziokulturellen Faktoren ab. Warum wir etwas genau so und nicht anders empfinden, erklärt sich mit Konventionen der Gesellschaft und Übereinkünften des Gehirns mit sich selbst.

Kommen wir nun – gerüstet mit diesem Vorwissen – zu den Hirnforschern und ihren Versuchen, den Geist zu erklären: Viele von ihnen sehen ihn als einen physikalischen Zustand, allerdings nicht reduktionistisch. Dieser *Physikalismus* hält die eigene Disziplin nicht für den Mittelpunkt der Welt und fordert deshalb auch nicht, dass alle Phänomene und Gesetzmäßigkeiten, die sich in anderen Fachbereichen erkennen lassen, auf Phänomene und Gesetzmäßigkeiten der heutigen Physik zurückzuführen seien. Nach Ansicht dieser Hirnforscher ist ja selbst das bestehende Theoriegebäude der Physik nicht reduktionistisch. Dieses bestehe aus Bereichstheorien, die nicht von einer einzigen Theorie abgeleitet werden können. Als gemeinsame Klammer zwischen diesen verschiedenen Bereichen geht man von einem einheitlichen Wirkungszusammenhang der Natur aus, so eigengesetzlich alles im Einzelnen auch sei mag. Dies erfordert, dass die Bereiche zumindest miteinander kompatibel sind. Weitere Beziehungen, also Wechselwirkungen und Korrelationen der Phänomene, sind darüber hinaus durchaus erwünscht. Es gibt also einen Kanon an heute bekannten, gültigen Naturgesetzen; was sich dem entzieht und diesen Gesetzen widerspricht, gilt dann als nicht physikalisch.

Dieses Urteil traf traditionell den „Gegenentwurf" zu dieser Welt, nämlich denjenigen des Geistes. Nun wird aber glücklicherweise die Welt der Physik als offene, nicht abgeschlossene Welt gesehen, und so ist es möglich, neue Phänomene oder Gesetzmäßigkeiten zu entdecken und diese in das Weltbild zu integrieren, auch wenn dieses dabei revidiert werden muss. Und das ist die Chance für den Geist (bzw. das Bewusstsein). Dieses Phänomen kann nämlich durchaus als physikalischer Zustand gesehen werden.

Tun wir das, dann können wir folgende Befunde festhalten:
1. Es gibt eine enge Parallelität zwischen neuronalen Hirnaktivitäten und kognitiven Prozessen.
2. Man kann diejenigen Hirnprozesse, die von Bewusstsein begleitet sind, auf verschiedene Weisen darstellen.
3. Die Mechanismen, die zu Bewusstseinszuständen führen, sind im Großen und Ganzen bekannt und physiologisch-pharmakologisch beeinflussbar.

Bewusstsein kann also einerseits als ein Zustand angesehen werden, der mit physikalischen Methoden zu erfassen ist und in sehr großen interagierenden Neuronenverbänden auftritt. Andererseits wird dieser Zustand als etwas gänzlich anderes erlebt. Auch wenn Bewusstsein ein physikalischer Prozess ist, können wir ihn nicht auf die Systemkomponenten (sprich: die Nervenzellen des Gehirns) reduzieren. Diese Nichtreduzierbarkeit gibt es auch bei vielen anderen physikalischen Zuständen. Das braucht uns also nicht weiter zu beunruhigen: Bewusstsein kann seine eigenen Gesetze haben, es kann autonom sein – oder auch nicht. Wichtig ist nur, dass dessen Gesetze mit den bekannten physikalischen Gesetzen verträglich sind. Um dies zu überprüfen, müssen Neurowissenschaftler angeblich zeigen, welche Teile des Gehirns wie aktiv sein müssen, damit bestimmte geistige Zustände beim Menschen auftreten.

Bewusstsein als 1.-Person-Singular-Perspektive
Einen wirklichen Zugang zum Bewusstsein als mentalem Zustand scheint es nur aus der 1.-Person-Singular-Perspektive heraus zu geben. Wir müssten demzufolge formulieren: Nur ein Ich spürt seinen Geist und kann sagen: „Ja, ich bin bei Bewusstsein." Das ficht aber die Neurowissenschaftler nicht an. Sie beobachten die Aktivität des Gehirns und beurteilen anhand dessen Strömen, ob jemand bei Bewusstsein ist oder ein Bewusstsein hat. Das bedeutet nichts weniger, als dass das Bewusstsein zum Begleit-Zustand degradiert wird, den ein Mensch hat und der rein theoretisch-sprachlich wiedergegeben werden kann. Solche neurologischen Bewusstseinszustände sind:
1. Wahrnehmung von Vorgängen in der Umwelt und im eigenen Körper
2. mentale Zustände wie Denken, Vorstellen, Erinnern
3. Emotionen
4. Erleben von Ich-Identität
5. Erleben des eigenen Körpers
6. Autorschaft der Gedanken und Handlungen
7. Erleben des Ich in Raum und Zeit inklusive biographischer Aspekte
8. Erleben von Realität im Gegensatz zu Traum, Idee, Vorstellung.

Aufmerksamkeit

Die Zustände 1–3 stellen das dauernde Aktualbewusstsein und 4–8 das Hintergrundbewusstsein dar. Gemeinsam bilden sie den sogenannten Strom des Bewusstseins, der zu fließen scheint wie die Zeit (bzw. wie in der Zeit) und der nur bei Bewusstlosigkeit und im traumlosen Tiefschlaf unterbrochen wird.

Diese Zustände können freilich in unterschiedlicher Intensität auftreten. Manchmal erreichen sie eine solche Qualität, dass das Ich sich dieser Vorgänge bewusst wird. Diesen Grad der Fokussierung nennen wir Aufmerksamkeit.

Hierin liegt der Schlüssel zum Bewusstsein. Durch die Aufmerksamkeit weiß das Ich von diesen Zuständen – so die gängige Meinung. Wenn wir hingegen auf etwas keine Aufmerksamkeit richten, haben wir auch keinen Zugang dazu – es ist uns nicht bewusst (in dem Sinne, dass wir nichts davon wissen).

Mit einem flachen Bewusstsein ist es uns möglich, viele Dinge nebeneinander, aber ohne große Tiefe zu verfolgen. So können wir z. B. beim Autofahren Musik hören und die Landschaft wahrnehmen. Passiert dabei aber etwas Auffälliges oder Neues, werden Musik und Umwelt ausgeblendet und der Fokus richtet sich auf den Verkehr. Oder aber wir sind so vertieft in ein Buch, dass wir das Klingen des Telefons nicht hören.

Bewusstes und nicht bewusstes Handeln sind also zweierlei Dinge, auch wenn man es uns von außen nicht anmerkt. Und beides hat Vor- und Nachteile, so dass es darauf ankommt, es richtig einzusetzen. Bewusstsein ist nötig, um etwas Neues zu lernen, also im Gehirn neue Bahnen zu verknüpfen. Das gilt z. B., wenn ein Kind laufen oder Fahrrad fahren lernt. Sobald der Bewegungsablauf jedoch „sitzt", verändert sich die Lage. Das Bewusstsein – gerade noch das richtige Mittel zum Zweck – wird plötzlich zum Bremsklotz. Denn nun geht es ja schon ganz nebenbei, eben nicht bewusst, und wer dann trotzdem über den Bewegungsablauf nachdenkt, dem passiert es ganz schnell, dass er durcheinander kommt und – wenn er ein Kind ist – sogar auf die Nase fliegt.

So ein kleiner Unfall kann dann zu einer weiteren Veränderung führen: Vielleicht fühlt man sich hellwach – im Unterschied zu dem Zustand, in dem man nur normal bewusst und aufmerksam ist; und etwas später döst man vielleicht nur so vor sich hin. Man kann sich also auch in einem Dämmerzustand befinden, tagträumen oder in eine Absence fallen.

Die Medizin kennt noch weitere Zustände bei psychischen Erkrankungen, verschiedene Zustände der Bewusstlosigkeit bei Krankheit, nach Unfällen oder unter Narkose.

Orte des Bewusstseins: Alles hat seinen Platz und alles ist an seinem Platz

Und wo findet das alles statt? Die Hirnforschung nennt hier primär den assoziativen Cortex. Die einzelnen Teile der Großhirnrinde tragen, unabhängig von ihren sensorischen Eingängen und Verbindungen zu subcorticalen limbischen Zentren, zum Entstehen von Bewusstsein bei. So lässt sich besonders bei Patienten mit Ausfällen in einzelnen Arealen beobachten, dass nur Teile des Bewusstseins zerstört werden. Anschauliche Beispiele hierfür haben Oliver Sacks („Der Mann, der seine Frau mit dem Hut verwechselte") und Paul Broks („Ich denke, also bin ich tot") in ihren Büchern geschildert.

Interessant am Rande ist noch die Tatsache, dass das Gehirn, obwohl es nur 2 % der Körpermasse ausmacht, doch 20 % der Stoffwechselenergie benötigt. Dies erklärt beispielsweise, weshalb Menschen mit niedrigem Blutzucker und Sauerstoffmangel unter Konzentrations- und Wahrnehmungsschwierigkeiten leiden.

Abschließend sei bemerkt, dass nach Ansicht vieler Neurowissenschaftler das Bewusstsein klar definierten physiologischen Bedingungen unterliegt, die durch einen hohen Energie- und Stoffwechselumsatz charakterisiert sind, und dass es ein makrophysikalischer Zustand ist.

Das Ich in der Neurowissenschaft

Will man dem Geist oder dem Bewusstsein auf die Spur kommen, stolpert man früher oder später (und zwar eher früher) über das Ich. Es scheint die Spinne im Netz unserer Gedanken zu sein, das Zentrum der Selbst-Reflexion, und muss – abhängig vom Menschenbild – auch immer wieder als Zentrum der Seele herhalten. Es ist der Mittelpunkt meiner und Ihrer mentalen, emotionalen und willentlichen Akte – glauben wir zumindest, und das zumeist felsenfest. Doch ganz so weit scheint es mit dieser Überzeugung doch nicht her zu sein, denn die Seele bzw. die Zustände Geist/Bewusstsein sind Gegenstand unzähliger Erörterungen. Es besteht offensichtlich immenser Diskussionsbedarf – und die Sache ist wohl doch nicht ganz so klar. Übrigens auch nicht, ob Geist und Bewusstsein dasselbe sind oder für unterschiedliche Zustände herhalten müssen.

Wer in diese Materie tiefer einsteigt, stellt rasch fest, wie schwer es ist, das Ich dingfest zu machen. Man sucht nach einem Ort oder einer Substanz, der man es zuordnen könnte, und erhält dabei mehr Fragen als Antworten. So rücken beispielsweise die Neurowissenschaften immer mehr von der alten These aus der Philosophie ab, dass das Ich etwas Gegebenes sei. Vielmehr wird es jetzt zunehmend als etwas Abgeleitetes gesehen. In der Psychoanalyse hingegen ist das Ich die Instanz, die zwischen den Trieben des Es und den Ansprüchen des Über-Ich vermittelt. Anders hingegen die traditionelle Auffassung in unserer Kultur, nach der zwei Grundannahmen zu gelten haben: Nämlich dass das Ich als Subjekt geistiger und emotionaler Zustände der Kern des menschlichen Ich-Wesens und zugleich der Verursacher von Gedanken, Wille und Handlungen ist.

Auch für die Neurowissenschaftler hängt das Ich eng mit dem Bewusstsein zusammen: Beide entwickeln sich vergleichbar, werden dabei aber nicht als identisch angesehen. Denn das Ich stellt, wie schon Hume feststellte, ein Bündel von unterschiedlichen Zuständen dar. Diese sind

1. das Körper-Ich, d. h. ich stecke in einem, meinem Körper bzw. bin mein Körper;
2. das Raum-Zeit-Ich, d. h. ich und mein Bewusstsein befinden sich jetzt gerade hier in Raum und Zeit und nicht woanders zu einer anderen Zeit;
3. das Perspektiven-Ich, d. h. ich erfahre mich als den Mittelpunkt, als das Zentrum der Welt;
4. das Subjekt-Ich, d. h. ich habe den Ich-Eindruck, ich habe meine Ideen, Gefühle, Wahrnehmungen oder abgekürzt: Meine Gedanken sind meine Gedanken;
5. das Autor-Ich, d. h. ich bin der Verursacher und Kontrolleur meiner Gedanken und Handlungen;
6. autobiographisches Ich, d. h. ich bin überzeugt, dass ich der bin, der ich mein Leben lang schon war und bis zu meinem Tod bleiben werde;
7. das Selbst-Reflexions-Ich, d. h. ich habe die Möglichkeit, über mich und die Welt nachzudenken;

Über die Funktion des Ich ist viel diskutiert worden, und zwar zunächst unter den Philosophen. Doch dann bekamen sie Konkurrenz von den Neurowissenschaftlern, die heute weitgehend die Definitionsgewalt übernommen haben. (Feindliche Übernahmen gibt es in Wirtschaft *und* Wissenschaft.) So sind es nun nicht mehr die Berufsdenker, sondern die Nervenärzte, von denen wir uns sagen lassen, wo es mit dem Ich langgeht.

„Die weiche Masse im Kopf des Menschen ist nicht mehr zum Denken geeignet als ein Klumpen Talg oder eine Schüssel Weichkäse", schrieb der Philosoph Henry Moore im 17. Jahrhundert. Sollte er heute wieder Recht bekommen – freilich ganz anders, als er sich das seinerzeit vermutlich gedacht hatte?

Experimente, die die Diskussion beflügeln

Neurowissenschaftler denken, analysieren und interpretieren nicht aus dem „hohlen Bauch" heraus wie die Philosophen, nein, sie verstehen sich als Naturwissenschaftler und experimentieren. Einige der auf diese Weise erworbenen Forschungsergebnisse sind so bahnbrechend, dass sie es verdienen, hier aufgeführt zu werden:

1. **Benjam Libet**: Der Dualist Benjamin Libet wollte 1983 mit seinen Experimenten die Existenz der Willensfreiheit wissenschaftlich objektiv nachweisen. Libet bat Versuchspersonen, innerhalb einer gegebenen Zeit spontan den Entschluss zu fassen, einen Finger der rechten Hand zu beugen. Ein Determinist würde argumentieren, dass *vor* dem Bewusstwerden eines Willensaktes unbewusste Hirnvorgänge auftreten, und ein Dualist und Indeterminist, wie Libet es war, das Gegenteil. Man weiß, dass vor jeder Bewegung das Gehirn ein so genanntes Bewegungsbereitschaftspotential aufbaut. Was war zu erwarten? Würde der Zeitpunkt der bewussten Entscheidung dem Beginn des Bereitschaftspotentials *voraus*gehen, wäre der empirische Beweis der Willensfreiheit erbracht, sofern man einen zeitlichen Aspekt in diesem Fall als Beweis „durchgehen" ließe. Fiele der „freie Entschluss" mit dem Aufbau des Bereitschaftspotenzials instantan, also ohne Zeitverzögerung, zusammen, dann wäre nichts gewonnen und nichts verloren.

Erfolgte das Bewusstsein für den „freien Entschluss", den Finger der rechten Hand zu beugen, *nach* dem willentlich nicht steuerbaren Aufbau des Bereitschaftspotentials, dann wären erhebliche Zweifel an der Existenz des „freien menschlichen Willens" legitim.

Das Axiom liegt hier im tief verwurzelten Gefühl des Menschen, dass er in einem Zeitfluss lebt. Die Zeit scheint zu vergehen und die Uhren bestätigen das auch, dafür sind sie ja schließlich auch gemacht.

Die Libet-Experimente und auch alle weiteren später von anderen Forschern durchgeführten Experimente brachten alle das gleiche Ergebnis: Der Aufbau des Bereitschaftspotentials geht dem vom Ich wahrgenommenen Willensentschluss voraus. Es passiert also unwillentlich etwas im Gehirn des Hirnbesitzers, was dieser dann als seinen freien Willen wahrnimmt bzw. interpretiert. *Wir wollen, was wir tun?*

Libet selber hielt sich bei der Interpretation seiner Daten immer zurück, und so heißt sein neues Buch auch „Mind Time" – sehr klug, da Libet selber zeigen konnte, dass ein Sinnesreiz erst mit einer Verzögerung zwischen 300 Millisekunden bis zu einer Sekunde bewusst wird. Das Ich erlebt sozusagen immer nur die Vergangenheit oder, weitergehend argumentiert: Zeit wird vom Ich-Bewusstsein als Wahrnehmungsfolie kreiert, da dem menschlichen Bewusstsein Perzeptionen nicht ohne den Raum-Zeit-Aspekt bewusst werden, auch dem forschenden Neurowissenschaftler nicht, denn er sitzt im selben Boot.

2. **Pascual-Leone:** „Er bat die Versuchspersonen, wahlweise entweder die linke oder die rechte Hand zu bewegen. In der Gehirntätigkeit spiegelte sich dieses Geschehen sehr prägnant wider, denn bei der Bewegung der rechten Hand und der vorhergehenden bewussten Entscheidung dazu werden besonders Regionen in der linken Gehirnhemisphäre aktiv, während es bei der linken Hand solche in der rechten Hemisphäre sind. Waren die Testpersonen von außen völlig unbeeinflusst, zeigte sich, dass Rechtshänder generell ihre rechte Hand etwas öfter bewegten als ihre linke, und zwar etwa im Verhältnis 6 : 4. Dann aber beeinflusste Pascual-Leone seine Probanden, indem er manchmal ihre rechte und manchmal ihre linke Gehirnhälfte durch magnetische Felder von außen stimulierte. Die Patienten waren sich dieser Manipulation nicht bewusst, reagierten aber stark darauf. Wurde z. B. bei Rechtshändern die rechte Gehirnhälfte magnetisch beeinflusst, kehrte sich das 6 : 4 Verhältnis ihrer rechten und linken Handbewegungen mehr als um und wurde zu 2 : 8! *Dennoch hatten die Probanden subjektiv das Gefühl, sich völlig frei und unbeeinflusst entschieden zu haben.*" Paturi, 2005, S. 283 (Hervorhebung: G.W.).

3. **Roger Sperry:** Sperry ist er Pionier der *Split-brain*-Forschung, die einige überraschende Befunde zum Verhältnis zwischen dem Gehirn und „seinem" Ich-Bewusstsein erbracht hat.

Das menschliche Gehirn hat zwei Hälften, also eine rechte und eine linke Hemisphäre, die für unterschiedliche Aspekte unseres Denkens und Verhaltens „zuständig" sind. Recht populär (aber doch nicht unproblematisch) ist die Erkenntnis, dass das linke Hirn eher analytisch-rational und das rechte eher emotional-intuitiv arbeitet. Das Ganze nennt man dann „hemisphärische Spezialisierung" (und irgendwie klingt das nach Himmelsmusik).

Doch jetzt zu den Fakten: Die beiden Hemisphären kommunizieren durch ein breites Band aus Nervengewebe, dem *Corpus callosum*. Diese Verbindung durchtrennte Sperry bei Patienten, die z. B. an Epilepsie litten.

Als die Testpersonen nach dem Eingriff Informationen nur für ihre linke Hirnhälfte präsentiert bekamen, konnten sie ganz normal sprechen. Doch als sie Informationen für die rechte Hirnhälfte bekamen, schienen sie sich dessen gar nicht bewusst zu sein. Und bald nahmen die Experimente einen regelrecht bizarren Charakter an: Die *Split-brain*-Patienten begannen, das so genannte *Alien-hand*-Syndrom zu entwickeln. Die beiden Hirnhälften eines Individuums verfolgten unterschiedliche Handlungsstrategien. So schloss beispielsweise die rechte Hand die Knöpfe einer

Bluse, während die linke Hand sie wieder öffnete, oder die linke Hand legte ein Kleidungsstück in den Koffer, worauf die rechte Hand es wieder herausnahm.

Diese experimentelle Erfahrung der Forscher, dass das Durchtrennen des Gehirns zu einer Spaltung der Handlungsfähigkeit eines Individuums führen kann, hat enorme Auswirkungen auf unser Verständnis vom Ich. Zwei Hirnhälften, die separat arbeiten, bringen scheinbar zwei Individuen in einem Körper mit einem Hirn hervor.

„Alles, was wir sehen können, weist darauf hin, dass die Chirurgie Menschen mit zwei separaten Geisthälften hinterließ. Das bedeutet, zwei separate Bewusstseinssphären", schreibt ein sehr nachdenklich gewordener Sperry.

Denken wir daran: Das Gehirn eines Menschen ist das komplexeste uns bekannte Netzwerk; dagegen ist das World Wide Web ein Neandertaler. Das menschliche Hirn mit seiner Matrix von hundert Milliarden Neuronen lässt das Internet wie ein jämmerliches, kleines Spinnennetz aussehen. Mit jedem Neuron, das mit ca. 50 000 weiteren Neuronen verbunden ist, ergibt das eine Summe von astronomischen hundert Trillionen Verbindungen. Und Merkwürdiges passiert dem Ich-Sager und Hirn-Benutzer, wenn diese seine Trillionen (können Sie sich Trillionen vorstellen?) getrennt werden.

4. **V.S. Ramachandran:** V.S.R. erzählt in seinem Buch die Geschichte eines Patienten namens Arthur, der eine schwere Hirnverletzung bei einem Autounfall erlitten hatte und seither glaubte, seine Eltern seien Betrüger. Alles, was seine Eltern unternahmen, wurde für ihn nur zum Beweis: Meine Eltern sind Betrüger!

Eine derartige Einbildung heißt in der Literatur *Capgras*-Syndrom und wird in Psychiatriefachbüchern meistens psychoanalytisch-freudianisch interpretiert. „Die Psychoanalyse ist die Krankheit, für deren Therapie sie sich hält", bemerkte einst Karl Kraus sehr spitzfindig. Ramachandran jedoch interpretierte das *Capgras*-Syndrom folgendermaßen: Die Verbindung zwischen dem visuellen Zentrum und einem der emotionalen Zentren sei geschädigt, meinte der Neurologe indischer Abstammung.

Wie dem auch sei, quer durch die neurologische Literatur zieht sich wie ein roter Faden die „Erkenntnis" einer Lokalisationstheorie. Ihr zufolge hält man es für evident, dass bei einer Schädigung bestimmter Teile des Gehirns (Raumaspekt) bestimmbare Fähigkeiten der betroffenen Menschen verloren gehen.

Habe ich eine Verletzung oder eine andere Funktionsstörung in einem bestimmten Bereich des Gehirns, können z.B. die Fähigkeiten verloren gehen

- andere wiederzuerkennen
- über Sprache zu verfügen
- mein ganzes Gesicht zu sehen
- etwas Neues zu erleben, zu erlernen
- Wirklichkeit und Traum zu unterscheiden
- Ich-Realität und Konsens-Realität auseinanderzuhalten.

Und doch gibt es immer wieder entgegengesetzte Berichte von Menschen mit nur einer Hemisphäre, die dennoch keine Defizite haben, oder Fälle starker Schädigungen in einem bestimmten Bereich, ohne dass bestimmte Ausfälle zu beklagen wären.

5. **Prozac:** Ausnahmsweise kein Nachname eines männlichen Neurowissenschaftlers, sondern der Name eines Medikaments, genauer gesagt eines Antidepressivums. Das ist besonders wichtig, weil die Krankheit oder der Bewusstseinszustand, der allgemein Depression genannt wird, die Volksseuche Nr. 1 aller Völker zu werden scheint.

Immer mehr Menschen klagen weltweit über Symptome, die ein geübter Psychiater sofort dem Formenkreis „Depression" zuordnet:
1. Leere
2. Interesse- und Sinnlosigkeits-Bewusstsein
3. Schlafstörungen
4. Körpermassestörungen (rapide Zu- bzw. Abnahme von Gewicht)
5. Hoffnungslosigkeit ohne Zeitgefühl und Zukunftsperspektive
6. De-Personalisation.

Prozac (auf dem deutschen Markt: Fluctin) bewirkt u. U. viele Veränderungen:
- Einige Menschen fühlen sich nicht mehr so antriebsarm;
- andere Menschen werden so „hibbelig", dass sie handlungsärmer sind als zuvor;
- einige erleben sich wieder als die „alte" Person;
- andere empfinden sich als von sich entfremdet;
- einige Menschen schlafen wieder besser, gleiten in die Tiefschlafphase;
- andere Menschen schlafen noch viel schlechter, erreichen kaum noch die Tiefschlafphase und drohen „durchzudrehen".

Egal ob Valium, Koks oder Prozac, pharmakologische Eingriffe in das Gehirn bewirken veränderte Bewusstseinszustände des Ich.

Was dabei gerne übersehen wird: Es geht hierbei um nichts anderes als ziemlich willkürliche Veränderungen der Ich-Bewusstseinszustände, die in ihren medizinischen Formen salonfähig, in anderen jedoch verpönt oder gar kriminalisiert sind. Es klingt zwar nicht so schön, ergibt jedoch dasselbe: Auch 2 – 3 Flaschen Wein bewirken ähnliche Effekte, genauso wie Cannabis, hormoneller Irrsinn (Verliebtsein) oder Tantra. Diese empirische Erfahrung ist weder selten noch in ihrer Existenz als solche anzuzweifeln.

Wenn es aber so ist, wenn also eine einfache Veränderung der Chemie unseres Gehirns eine solch dramatische Veränderung des Ich hervorrufen kann, wer ist dann dieses Ich?

Ist es wirklich nur eine Abstraktion eines *Body-mind*-Organismus?

Realität und Wirklichkeit in den Neurowissenschaften

Unsere Empfindungswelt existiert auf drei Ebenen: der Außenwelt, der Körperwelt und der Welt unserer mentalen Zustände. Alle drei bilden das Bewusstsein. Körper- und Außenwelt erscheinen uns deutlich getrennt. Die Körperwelt und die mentalen Zustände eines Ich, also die *Body-mind*-Aspekte des Bewusstseins, sind für Homo sapiens sapiens, wie das bereits erwähnte Körper-Geist-Problem zeigte, nicht so klar zu trennen. Gedanken ordnen wir eher dem Kopf zu, Gefühle scheinen eher im Herzen beheimatet zu sein.

Descartes vermutete das Epizentrum des Ich in der Zirbeldrüse. Dort geschehe der Übergang vom Körperlichen zum Geist und umgekehrt. In dieser Drüse im Gehirn überführen laut René D. die Lebensgeister die physikalischen Impulse der Nervenbahnen in den Geist.

Wo vermuten Sie Ihr Epizentrum?

Bei Exemplaren des Homo sapiens sapiens, die von hormonellem Irrsinn geplagt werden, verortet man es zumindest temporär nicht im Hirn, denn wenn der Verstand hormonell bedingt in die Hose rutscht …

Zu frech, ICH weiß.

3. Ich denke was, was du nicht denkst

Talkshow bei Sabine Christiansen. Als Gast ist u.a. auch der damalige Außenminister Joschka Fischer anwesend. Im Laufe des Gesprächs sagt die Moderatorin: „Es gibt Stimmen, die sagen …" – „Sie hören Stimmen, Frau Christiansen?", fragt Joschka Fischer mit professionell gespieltem Erstaunen.

Sonia M. wird am Heiligen Abend des Jahres 2005 in die Psychiatrie der Medizinischen Hochschule Hannover gebracht. Begleitet wird sie von ihrem

Partner, der verzweifelt hofft, dass sich dort der rettende und Heilung bringende Ort befindet.

Sonia hört Stimmen. Diese Stimmen suggerieren ihr, sie solle sich töten, da sie „überflüssig" sei. Einen moderaten Suizidversuch hat Sonia bereits hinter sich, und der nächste, so befürchtet ihr Freund, könnte wirklich tödlich sein. Alle Anzeichen sprechen dafür, denn die Stimmen bedrängen Sonia immer mehr. Oft hockt sie über Stunden verwirrt und gequält und in sich zusammengesunken in der Zimmerecke und hält die Arme über den Ohren verschränkt.

Hören wir nicht auch unablässig unsere plappernde Gedankenstimme in unseren Köpfen?

Wir identifizieren sie als unsere lautlose Stimme.

„Soll ich heute ins Fitnessstudio gehen oder lieber joggen?"

„Habe ich an die Überweisung für das neue Abo gedacht?"

„Wieso fährt der Herr Gunia aus der Nr. 12 jetzt ein Cabrio, wo er doch seit Monaten arbeitslos ist? Erzählte jedenfalls Frau Rausch aus der 14."

Unentwegt geht es so. Wo ist der Off-Knopf? Wir finden ihn nicht, aber gottlob beunruhigt uns unsere Stimme nicht, wir sind an sie gewöhnt, seit wir uns denkend erinnern können. Kein Grund zur Panik also, oder doch?

Heute Nacht wurde ich wach, als die Stimme mich über meine Sorgen mit dem Vermieter unterrichtete. Eigentlich wollte ich partout schlafen, aber meine Hirnstimme ließ mich nicht.

Bin ich etwa nicht Herrin meiner Gedanken?

Sind es überhaupt meine Gedanken, oder höre ich etwa Stimmen und gehöre in die Psychiatrie? Wahrscheinlich, denn gestern hatte ich ein Déjà-vu. Ich sah am 11. 3. 06 die 19.00-Nachrichten im ZDF, und mir war ganz klar, dass ich all diese Meldungen schon kannte und auch in dieser Form erlebt hatte: Georg W. Bush sagt jenes, ein Flugzeugabsturz in Dubai, der rätselhafte Tod eines vor dem Kriegverbrechertribunal in Den Haag Angeklagten.

Doch ich konnte sie nicht schon einmal erlebt haben, diese topaktuellen Nachrichten, denn auch ein Milosevic stirbt nur einmal.

Aber warum war der Eindruck, dies alles früher schon einmal erlebt zu haben, von einer derartigen Evidenz? Wenn ich Venedig besuche und denke, ich war schon einmal hier, ist das nicht so beunruhigend wie ein datiertes Déjà-vu.

Wie immer haben die Neurowissenschaftler eine Erklärung auf Lager:

„Nach einer neueren Hypothese erzeugt der parahippocampale Cortex während eines Déjà-vu ein Vertrautheitsgefühl, obwohl der Hippocampus keine konkrete Erinnerung liefern kann." Aus naturwissenschaftlicher

Sicht ist die Ursache eines physischen Phänomens stets ein physisches Phänomen.

Mit meinem parahippocampalen Cortex und meinem Hippocampus scheint also etwas nicht in Ordnung zu sein – oder etwa gar mit mir? Sollte ich mit meinem Hippocampus im Kopf auf den Campus der Medizinischen Hochschule Hannover fahren und mich durchchecken lassen?

Oder die neuere Hypothese der forschen Forscher – da nur die neuere und nicht die neueste – ignorieren und mehr meiner hauseigenen Hypothese vertrauen, dass das Gehirn ein Receiver von und für Gedanken ist? Meine Receivertheorie ist mir vertrauter als das unberechtigt erstellte Vertrautheitsgefühl meines parahippocampalen Cortex. Einfach kein Verlass auf dieses Teil.

Meine Gedanken und Hypothesen gehören mir – oder zumindest zu mir. Ich denke was, was Sie nicht denken. Oder?

Ich und Sie, wir stufen unsere Gedanken jeweils als unsere Ich-Gedanken ein. Sich seine Gedanken, Gefühle und Handlungen als eigene bewusst zu machen ist eine mentale Ich-Leistung meines Selbst-Bewusstseins. So einfach scheint alles zu sein.

Dieses mein Selbst-Bewusstsein mengt sich allen bewussten Vorgängen als Erlebnisqualität, als Qualia, bei.

Bei Sonia M. wird Schizophrenie diagnostiziert. Sie erhält diesen Stempel, weil sie die Stimmen, die sie hört, als fremderzeugt interpretiert.

Nun weisen aber die Neuro- und Kognitionswissenschaftler z. T. selbst den *Body-mind*-Dualismus zurück und vertreten die Position, dass auch mentale Phänomene letztlich nur physische Phänomene sind und wir auf die Vorstellung eines nicht-physischen Ich verzichten müssen. Sie sehen im Selbst-Bewusstsein eine besonders komplexe, in der Evolution spät entstandene Form von Bewusstsein. Was aber Bewusstsein eigentlich ist, entzieht sich ihrer Kenntnis.

Fest steht nur, dass mein Selbst-Bewusstsein, genannt Ich, zugleich meine Welt-Perspektive ist. Ich erlebe mich als trans-temporale Einheit, d. h. ich erzeuge mein zeitüberspannendes Ich-Modell als Ursache für mich. Und dieses Ich ist mir unendlich wichtig und verdammt vertraut:

„Ich bin strikt gegen jede Form von Personenkult. Neidlose Anerkennung, rückhaltlose Bewunderung und kritiklose Anbetung genügen mir vollkommen." Danke, Otto Waalkes.

René Descartes stellte folgende Überlegungen an, um zu dem Schluss zu kommen, dass er existiere:

1. Ich denke.
2. Wenn ich denke, dann existiert der Träger, der diesen Gedanken hat.

3. Ich bin identisch mit dem Träger dieses Gedankens.

Konklusion: Ich denke, also bin ich.

Sie werden sicherlich bemerkt haben, dass René D. einer Tautologie unterlag: Er setzte am Anfang das voraus, was er am Ende ableitcte. Aber es sei ihm verziehen: Das Ich-Gefühl ist einfach so stark, dass das Ich nicht weggedacht werden kann. Damit befinden wir uns in einem Dilemma, ähnlich dem Dieb, der auch Polizist ist und den Dieb sucht.

Da kann in einem schon mal der Wunsch aufkeimen, diese extrem unvollkommene Konstruktion der eigenen EGO-Kapsel zu verlassen. Fragen wir also: Sind wir Menschen wirklich dazu verdammt, alles aus der Billigheimer-Perspektive der 1. Person Singular zu erleben? Mein Ich und ich: Miteinander verbunden, bis dass der Tod uns scheidet? Ist das die Quintessenz der Genesis, der Sündenfall der Erkenntnis?

Der „Bericht" von der Vertreibung aus dem Paradies hat ja zwei Seiten: zum einen auf der Haben-Seite das Upgrade der limitieren Homo-sapiens-Version auf die Vollversion inklusive Ich-Erkenntnis, als Preis dafür aber Arbeit, Leid und Tod. Das bedeutet, dass unterm Strich die Ich-Bewusstseins-Kapsel meistens sehr eng ist, unbequem und manchmal richtig bedrohlich. Einerseits ist sie grandios – wenn „Ich" gefeiert werde: Anbetung genügt, und es geht mir mit meinem Ich blendend. Was ist aber einem jeden Ich im Laufe seiner Auto-Biographie nicht schon alles an fürchterlichen Dingen zugestoßen? Und so passiert munter beides: Schreckliches und Schönes, Aufregendes und Beklemmendes, Lustiges und Bösartiges.

Das ist der scheinbar unausweichliche Dualismus des menschlichen Lebens. Aber ist er wirklich unabwendbar, nur weil wir ihn täglich erleben und er obendrein auch noch die höheren Weihen der Bibel hat? Nein! Denn unter bestimmten Bedingungen treten Menschen aus ihrer Ich-Perspektive heraus und erleben sich praktisch – in Einklang mit der Theorie der Quantenphysik – als eins mit allem.

„Ich will so bleiben, wie ich bin", heißt es in der Diät-Margarine-Reklame und drückt damit nur die selbstverschuldete Dummheit der aus dem Paradies vertriebenen Nachkommen Adams und Evas aus. Denn: Wollen wir das wirklich? Ist das Ego nicht die Katastrophe schlechthin?

Zugegeben: Die Flucht in die Psychose ist keine Alternative. Zwar kommt der Spruch „Lieber schizophren als ganz allein" ganz flott, doch kann man diesen Zustand willkürlich nicht herbeiführen, und wenn er unwillkürlich eintritt, ist die Sache nun wirklich nicht erstrebenswert. „Was [also] tun?", sprach Zeus.

Versuchen wir es doch einfach einmal in unserer Not mit einer Hypothese. Sie lautet: Das Hirn des Individuums ist ein Receiver, also Empfänger von

Man kann nicht nicht
kommunizieren.
Paul Watzlawick

„Gedanken", da es eine systemische Trennung von innen und außen für Entitäten – und darunter fällt auch das Gehirn – nicht gibt. Wir nehmen damit Abschied von der 1. Person Singular als gegebener Größe und formulieren, dass Gedanken nicht individuell-hirnintern erzeugt werden, sondern „vorbeifliegen".

Anders als Descartes gehen wir nicht von zwei aufeinander bezogenen Prämissen aus („Ich" und „denken"), sondern nur von einer, nämlich den Gedanken. Es stellt sich dann die Frage, die Descartes mit seinem „Ich denke" so elegant unter den Teppich kehrt: Wie kommt es zu der Illusion, dass ein Ich glaubt, höchst eigene Gedanken zu denken? Oder einfach: Wie um alles in der Welt kann ich behaupten „Ich denke"? Denn bereits das ist eine Tautologie!

Dass uns das nicht auffällt, liegt primär an der Kantschen Anschauungsform Raum. Wir nehmen uns als Subjekte wahr, die Gedanken als ihre Gedanken „erkennen" und glauben, dass diese von allen anderen Objekten getrennt seien. Diese Objekte wiederum glauben dasselbe von sich, halten sich also ihrerseits wieder für Subjekte. Die subjektiven Gedanken werden, so scheint es, im GehirnRaum gedacht. Und wie kommt es zu dieser Annahme? Weil wir uns als Individuen mit den harten Schädelknochen und der darin enthaltenen Hirnmasse als von anderen Hirnmassen separiert erleben.

Hirnmasse erzeugt durch Hirnprozesse Gedanken, das erscheint zwingend so. Diese Vorgänge sind elektromagnetischer Art, also immateriell, haben aber ein materielles Substrat. Ansonsten bleibt die materielle Welt – scheinbar – draußen. Zugleich ist dieses materielle Substrat aber auch immaterieller Natur, denn es ist ja zugleich die Software, nach der die neuronalen Prozesse ablaufen. Die Hirnmasse ist Hardware und Software. Logisch. – Logisch?

Wie wäre es dagegen mit der Behauptung: „Die eigentliche Software ist Information"?

Beobachtet ein Wissenschaftler die Prozesse im Hirn, bekommt er den Eindruck, diese seien Ausdruck der Gedanken, was sie irgendwie auch sind. Die Crux ist nur, dass Systeme mit ihrer Umgebung interagieren, interferieren, davon hält sie auch kein Dickschädel ab. Das bedeutet, Hirnmasse ist isoliert, Hirnprozesse sind es hingegen nicht, da der Mensch energetisch-informatorisch offen und nur strukturell geschlossen ist.

Also denkt das ICH keine wirklich individuellen Gedanken, und somit ist das Copyright für dieses und alle anderen Bücher auch streng genommen eine Kuriosität.

Gedanken, Ideen fliegen vorbei wie nächtliche Schatten, und das Hirn empfängt sie seiner Struktur entsprechend.

Einstein wusste darum und empfand sich nie als ein individueller Denker der Relativitätstheorie.

Wenn ein so genannter Krimineller kriminelle Gedanken hat und diese ausführt, gehört er zwar praktischerweise hinter Schloss und Riegel, aber zu humanen Bedingungen und nicht unter dem Aspekt der Sühne von Schuld. Und wenn in abgeschwächter Form z. B. ein Mensch nach seinem Eindruck in einer Beziehung zu Schaden kommt und die Schuld beim Objekt (der ehemaligen Begierde) sucht, ist das letztlich absurd, da es keinen individuellen Täter und kein individuelles Opfer gibt.

Das Opfer-Täter-Dilemma ist nicht systemimmanent zu lösen; erst der Quantensprung von der phänomenalen (d. h. mit den Sinnen zu erfassenden) Ebene auf die vom Geist zu erkennende Metaebene des Noumenalen bringt Ent-Schuldung für beide: Täter und Opfer.

Das ist kein billiger Trost, sondern der einzige Weg, der die Dinge wirklich voranbringt. Auf der EGO-Ebene hingegen lassen sich keine EGO-Probleme lösen.

4. ICH gehe ohne meinen Körper nicht aus dem Haus

Ich benutze meinen Körper, wenn ich aus dem Haus gehe. Ich setze meine Beine in Bewegung, nachdem ich den Entschluss gefasst habe, im Supermarkt die Nahrungsmittel für die nächsten Tage einzukaufen.

Diese Entscheidung erscheint mir als mein freier Wille, der freilich bedingt wird durch die schöne Vorstellung, bald meinem Körper etwas Leckeres zuführen zu können, und die un-schöne Vorstellung, bald einem nagenden Hungergefühl ausgesetzt zu sein.

Ausgelöst durch diese mehr oder weniger bewussten Gedanken mache ich mich mit meinem Körper auf den Weg. Ich schließe die Haustür hinter mir zu, gehe zu meinem Wagen und starte ihn, sofern er das möchte, denn er scheint mir manchmal auch einen freien Willen zu haben. Dann brause ich zum Supermarkt und packe allerlei in den Einkaufswagen, dabei entscheide ich mich frei zwischen diversen Produkten. Dann packe ich dieses Allerlei auf das Rollband, bezahle, verfrachte meine neuen Habseligkeiten in mein Auto und trage die Einkäufe in meine Wohnung. Alles machen mein Körper und ich zusammen, wir sind ein eingespieltes Team, denn ohne meinen Körper wäre ich nicht(s) und mit einem anderen body ein anderer Mensch.

Aber eventuell stimmt das gar nicht, warten wir in Ruhe die Zeit der Hirntransplantationen ab, dann wissen wir mehr und brauchen weniger zu spekulieren.

Ich denke meine Gedanken und nicht die der Kassiererin an der Supermarktkasse und schon gar nicht die von irgendwelchen abartigen, dogmatischen, senilen, fundamentalistischen, psychopathischen Zeitgenossen. Wo kämen wir denn da hin?

Ich denke was, was du nicht denkst!

Ich sehe was, was du nicht siehst. Ich sehe aber auch viel, was andere durchaus auch sehen. Die gerade frisch erworbenen Bio-Kartoffeln auf dem Küchentisch z. B. würden Sie bestimmt auch wahrnehmen, aber Gedanken, Gedanken sind von ganz spezieller Art.

Ich „höre" meine Gedanken in mir. Ich nehme in mir den Gedanken wahr: „Ich muss unbedingt heute noch Lebensmittel einkaufen, sonst krieg ich die Krise." Aber wie bringe ich es eigentlich fertig, Gedanken zu denken?

Wenn ich anfange, über das Denken zu denken, wird mir immer ganz schwummerig.

Gedanken sind eine vertrackte Sache. Gedanken sind neuronale Prozesse im Gehirn, also biochemisch-elektrische Aktivitäten dieser seltsamen Masse unter der Schädeldecke. Ein ca. 3 Pfund schweres Organ von gräulich-weißer Farbe und puddingartiger Konsistenz bringt meine Gedanken hervor, und da dieses „Teil" in meinem Kopf am Werke ist, habe ich das © auf meine Gedanken. Wenn diese etwas origineller wären, könnte ich damit viel Geld verdienen, berühmt oder auch berüchtigt werden oder beides. Wie aber inszeniere ICH dieses Kopf-Kino (denn nicht nur Worte, sondern auch jede Menge Bilder bringt mein liebstes – und wenn ich ein Mann wäre, zweitliebstes – Organ hervor)? Ist dieses Ich, bin ich, nur eine Abstraktion dieser Gedanken, weil es unbedingt und zwingend erforderlich erscheint, einen Denker der Gedanken zu kreieren?

Diese meine Gedanken verwirren mich! Halt! Bin ICH zwei?

Wenn ICH mir so meine Gedanken mache, klingt das irgendwie nach Schizophrenie. Es scheint ein Ich und eine Art Es zu geben, ein Ich und ein Selbst. Wenn ich nur Gedanken wäre, würde ich sie nicht wahrnehmen können, es muss also eine Instanz in mir geben, die diese „Arbeit" für mich erledigt. Ich werde jetzt und zukünftig diese Gedanken nur denken und nicht aussprechen, wer weiß, was sonst aus mir wird.

Jedenfalls muss ich Klarheit und Ordnung in dieses Tohuwabohu bringen, denn schließlich ist mein Gehirn keine Rumpelkammer oder gar so etwas wie ein Rummelplatz.

Ich habe gerade den Gedanken, dass ich es mit Gleichungen versuchen könnte. Gleichungen machen etwas gleich oder äquivalent, was gegensätzlich erscheint und erst mal wenig miteinander zu tun zu haben scheint. Durch berühmte Gleichungen haben berüchtigte Mathematiker und Physiker Dinge und Kräfte „auf einen Nenner gebracht", die vorher den Menschen als getrennt und verschieden erschienen.

Isaac Newtons Leistung bestand darin, Galileis Theorie über Bewegungen *auf* der Erde und Keplers Theorie über Bewegungen *am* Himmel auf einen Nenner zu bringen: Gravitation heißt das Zauberwort.

James Clerk Maxwell vereinheitlichte Elektrizität und Magnetismus.

Und ich? Ich habe ja nur einen Gedanken, wenn ich zum Supermarkt fahren will. Ich will mich also in keiner Weise mit dem Genie Maxwell vergleichen. Aber ein wenig anregend finde ich seine Leistungen schon. Also: Ich spüre, wie sich ein Gedanke einstellt, der mir zwingend als der meine erscheint, aber wenn ich anfange, darüber zu reflektieren, wird mir schwindelig.

Daher meine Gleichungen:

Ich denke = Ich bin.

Ich bin = Ich denke.

Ich denke über mich nach = Ich „bestehe" aus zwei „Instanzen".

Ich = mich

(I and me)

Mein Körper (inklusive Gehirn) denkt = Ich bin mein Körper.

Ich bin mir meiner Gedanken bewusst = Ich bin mir meiner bewusst.

Ich bin eine bewusste Person = Ich bin aber auch eine un-bewusste Person.

Ich habe einen freien Willen = Ich bin mir meiner Gedanken bewusst und kann mich frei für meine Gedanken und Handlungen entscheiden.

Gefallen Ihnen meine Gleichungen? Ich gebe zu, sie sind sehr ich-hypothetisch und nicht so elegant wir $E = mc^2$, aber für den Hausgebrauch und weiteres Nachdenken eventuell hilfreich.

Stimmen Sie allen meinen Gleichungen zu?

Einstein meinte, man solle alles so einfach ausdrücken wie möglich, aber auch nicht einfacher. Ist mir das Ihres Erachtens gelungen?

Sagen Sie d'accord zu meiner Hirnakrobatik? Ich billige Ihnen selbstverständlich ein Widerspruchsrecht zu, besonders in diesem Fall, weil ich Ihre mentalen Erkenntnisse sowieso nicht wahrnehmen kann.

Ich kann mich zwischen den Varianten Supermarkt – Nicht-Supermarkt entscheiden. Allerdings bereitet mir die Nicht-Variante gewisse kulinarische Probleme, da ich heute Abend unbedingt Pasta mit Gorgonzola-Spinat-Sauce essen und dazu einen australischen Chablis trinken möchte. Also entscheide ich mich – oder mein Magen? – für eine heutige Befriedigung meiner leiblichen Bedürfnisse. *Morgen ist auch noch ein Tag* gefällt mir in diesem Falle gar nicht, obwohl ich davon ausgehen darf, morgen früh wieder aufzuwachen und zu wissen, wer ich bin und was ich heute wollte.

Ich als Benutzeroberfläche

Die Frage ist: Bin ich Besitzer, Eigentümer, Benutzer oder Inhaber meines Bewusstseins, denn Bewusstsein besteht aus Gedanken mit allem Drumherum.

Juristisch gesehen ist ein Besitzer eine Person (wenngleich eine *Person* nur eine *Maske* ist), die die tatsächliche Herrschaft über eine Sache hat (im Gegensatz zum Eigentümer, der die rechtliche Herrschaft ausübt). Mein Hirn gehört mir.

Der Kopf ist schließlich angewachsen, das ist eine beruhigende Tatsache. Die tatsächliche und rechtliche Herrschaft über meinen „Dätz" (norddeutsch für Kopf) scheine erst einmal unstrittig ICH zu haben. Ich bin also der Besitzer, Eigentümer, Inhaber und Benutzer meines Kopfes, aber bin ich damit auch wirklich der Erzeuger, der Produzent meiner neuronalen Prozesse in selbigem?

Wie mache ich es nur, dass dieses neuronale Feuerwerk so und nicht anders abläuft? Ich gestehe mir ein: Ich bin mir ein Rätsel!

Vielleicht greift die Computer-Analogie, und ich bin zwar Besitzer/ Eigentümer der Hardware, aber die Programmierung liegt „außerhalb" meiner Steuerungs- und Kontrollmöglichkeiten.

Ich als Marionette?! Welch widerwärtige Vorstellung. ES kann nicht sein, was nicht sein darf – so viel steht fest für mich und mein Ich.

In den schlauen bunten Büchern der Hirnforscher steht, dass diese objektiven Prozesse der Hirnaktivitäten „einfach so" ablaufen, ohne dass eine Ich-Steuerungszentrale bisher ausfindig gemacht werden konnte. Meine Gedanken kommen mir *in* den Sinn und gehen mir *aus* dem Sinn, das ist Fakt.

Oft scheint es mir, als wolle ich an etwas oder über etwas denken, aber meistens ist die Stimme im Kopf einfach so da und macht ununterbrochen Programm. Dieses Kopf-Kino abzustellen ist so gut wie unmöglich, wenn man nicht Yogi, Guru oder bregenklöterig ist.

Bregen ist das norddeutsche Wort für Gehirn und klöterig heißt so viel wie: Da ist was nicht in Ordnung. Umgangsprachlich könnte man auch sagen: Ein bregenklöteriger Mensch hat nicht mehr alle Tassen im Schrank, aber dieses Bild ist zugegebenermaßen etwas „unscharf".

Ich kann mir jetzt vorstellen, einen Meeresstrandspaziergang an der Ostsee zu machen oder Fenster zu putzen. In meinem Hirn kann ich auf Kommando beide Bilder entstehen lassen, wenn auch mit unterschiedlicher Lustintensität.

Mehr Probleme macht allerdings das Drücken des Knopfes: OFF.

Bin ich eventuell nur Benutzer meines Hirns und als solcher eine Art „Illusion", ein Gespenst in der „Maschine"?

Ich möchte ♀ (♂) im eigenen Haus sein. Aber meine Gedanken gehen oft mit mir durch und ich vermute, bei Ihnen ist es ebenso.

Das Gemurmel im Gehirn nimmt kein Ende, wie gut und erholsam, dass es den traumlosen Schlaf gibt.

„Die Gedanken sind frei, sie fliegen vorbei, wie nächtliche Schatten …", heißt es in einem alten Lied, das mir schon als Kind Schauer über den Rücken gejagt hat.

Vielleicht sind Gedanken wirklich frei und ich bilde mir nur ein, ich produzierte sie willkürlich. Rein hypothetisch wäre es denkbar, dass ich als *Produzent* von Gedanken gleichzeitig auch *Produkt* meiner Gedanken bin und sich beides auf einer illusionären Ebene abspielt, jenseits der wirklichen Wirklichkeit als unendliche Rückkopplungsschleife. „Gottlob nicht unendlich, da alles Leben tödlich endet", höre ich Albert Einstein in meinem Kopf flüstern.

Stellen wir uns doch im Stile von Albert das Gedankenexperiment vor, dass Gedanken frei umherfliegen und ich und Sie nur den Eindruck haben, wir hätten sie als jeweiliges Individuum gemacht. Der Sprecher der Stimme im Radio ist ja in meinem Radio auch nicht vorhanden.

Pablo Picasso wurde eines Tages von einem etwas erbosten Betrachter seiner Bilder gefragt, warum er Menschen nicht so male, wie sie wirklich aussehen. Daraufhin fragte P. P. „Haben Sie eine Frau? Haben Sie ein Bild Ihrer Frau dabei?" „Ja", antwortete der Mann und kramte ein Foto seiner Frau hervor. „Ist sie wirklich so klein und flach?", fragte Picasso.

Ich bin z. B. – Sie mögen mich für spinnert halten – davon überzeugt, dass der Radiosprecher in Wirklichkeit ganz normale menschliche Ausmaße hat. Eine Stimme ohne Körper gibt es nicht – oder doch?

In der Bibel und anderen religiösen Quellen ist immerhin von Stimmen die Rede, die sich Menschen geoffenbart haben.

Gedanken ohne Denker gibt es nicht. Ich setze an dieser Stelle einfach mal ganz frech einen Konsens zwischen Ihnen und mir voraus.

Wie gesagt: Ohne unsere Körper gehen Sie und ich auch nicht aus dem Haus.

Entschuldigen Sie, ich komme immer von „Hölzchen auf Stöckchen", aber uns ist ja inzwischen klar, dass ich ebenso wenig für meine Gedanken kann wie Sie. Mea culpa? Nein: Gedanken-Schuld gibt es nicht.

5. Gedächtnis: Kitt für das Ich

Gedächtnis ist der Klebstoff für das Ich.

Einzelne Bilder werden auf die Ich-Folie geklebt, und da ist sie, die gedankengeschneiderte Auto-Biographie.

„Vergessen können ist eine Gnade." Dieser Satz gilt zwar für traumatische Erlebnisse, nicht aber für alles, was das Ich sonst noch ausmacht.

Ich bin meine Gedanken, mein Gedächtnis. Müsste ich mich in jedem Moment neu definieren und entwerfen, hätte ich keine Biographie und damit keine stabile Ich-Identität. Ich bin meine Auto-Biographie.

Ich erzähle mir unaufhörlich und unaufhaltsam meine eigene Geschichte. Die „befleckte" Empfängnis meiner Mutter (da nicht die Mutter Jesu) durch meinen Vater bescherte mir mein Leben. Haben sich die beiden gedacht, dass Sein besser sei als Nicht-Sein? Denn schließlich gab es mich vorher nicht: Zu sein schien meinen Eltern besser zu sein als nicht zu sein, und jetzt habe ich die Malessen mit dem Leben, meinem Leben als Ich-Sager. Der Tod als finales Endergebnis wird verteufelt und auf Deubel komm heraus zu verhindern versucht, und meine Eltern haben sich ihrer Meinung nach durch mich ein „Denkmal" gesetzt, durch das sie weiterleben. Andererseits spricht man von „Freund Hein", den „ewigen Jagdgründen" und der Vereinigung mit dem Absoluten. Was ist also so schlimm am Nicht-Sein, an dem Nicht-Sein vor und nach der Geburt? Es gibt keinen Seinsgarantieschein, nur irgendwann in der RaumZeit einen Totenschein für das Ich.

Nicht-Sein scheint teuflisch, Sein schein göttlich zu sein, also bastel ich weiter an meiner Auto-Biographie, solange ich nicht für mich geklärt habe, ob das Nicht-Sein einen bedrohlichen oder verheißungsvollen Charakter hat. Offensichtlich gibt es das Diktat der Geburt, denn ich bin nicht gefragt worden. Wesen, die nicht sind, können nicht gefragt werden, ob sie sein möchten. Ich kann mich des Eindrucks nicht erwehren, dass sich meine Eltern selber beschenken wollten, als sie mich zeugten, denn ohne den lebendigen Nachwuchs wäre das Leben der invaliden Erwachsenen trostlos und unerträglich.

Ist es ein Nachteil, geboren worden zu sein? Was sollte ich darüber groß philosophieren, ich muss mit mir leben. Man nimmt keinem Ungeborenen die Chance zum Leben, wenn man es nicht ins Leben bringt. Die Freiheit zum Leben gibt es also nicht. Gibt es eine Freiheit zum Tod? Suizid setzt voraus, dass ich mich freiwillig umbringe. Ist das überhaupt möglich, wenn ich keinen freien Willen habe?

Wird das Diktat der Geburt durch die Ideologie, das Leben sei ein Geschenk, auffrisiert, entsteht daraus eine Last des Leidens. Philosophieren heißt Sterben lernen, sagen die klugen Berufsdenker. Das Leben als solches ist also keine Freiheit, es ist, wie es ist. Aber noch größer ist der Schrecken des Nicht-Seins: Lieber ein Schrecken ohne Ende als der Schrecken des Endes? Ich weiß nicht, wie es Ihnen so geht, ich persönlich spinne derzeit noch am Netz meiner Auto-Biographie.

Epikur meinte, dass der Tod kein Übel sei, weil er allein *ist*, wenn der Mensch nicht ist, während solange er, der Mensch, ist, der Tod nicht ist. „Sterben, nein, das bleibe fern, doch tot sein – das macht mir nichts aus", werden Sie sich eventuell sagen mit Betonung auf *mir*.

Das Theoriedesign der akademischen Philosophie ist jedenfalls nicht der Lebens- und Sterbensweisheit letzter Schluss, auch wenn es modisch „upgedatet" daherkommt.

Lange Rede kurzer Sinn: Was machen wir, ja, Sie und ich, mit unserem Leben? Wir leben es und schneidern unsere Biographie.

Der Kitt des Lebens ist das Gedächtnis.

Das Gedächtnis ist nach Ansicht der Neurowissenschaften eine Hirnfunktion, und die Lebendigkeit der Ich-Identität hängt an der Unversehrtheit des Gehirns des Hirninhabers.

Das sockenlose und kraushaarige Genie Albert Einstein, Sinnbild des klaren Denkers und kulturelle Ikone, erklärte, er ziehe guten Schlaf einem guten Essen vor, da Schlaf sein Gedächtnis stärke. Schlafentzug wird nicht ohne Grund als Folter und als Mittel der Gehirnwäsche angewandt, da nach einer gewissen Zeit ohne Schlaf kein Ich sich mehr als Ich erkennt, weder innerlich noch äußerlich. Ständig muss also das Ich Selbstähnlichkeit oder Ich-Identität herstellen. Das absolute Bewusstsein stellt ebenso wie das Selbst-Bewusstsein eine unmögliche Herausforderung für die Wissenschaft dar. Was die Wissenschaft erst einmal stark macht, ist das objektive Beobachten und Messen der äußeren Welt. Genau das macht sie ineffektiv, wenn es um die „innere" Welt des Ich-Bewusstseins geht. Jedes Ich sitzt in seiner Bewusstseinskapsel und notiert sich sein Leben. So war es damals bei der Einschulung, so sah ich mit 13 aus, Fuzzy hieß meine erste Katze und Paul mein erster Freund. So weit – so gut. Das dem allen zugrunde liegende Axiom ist der Glaube an die Zeit, an das Fließen der Zeit von jetzt zu/nach jetzt, denn jeder wahrgenommene Moment ist JETZT. Von dem Blickwinkel des JETZT ist die Zeit, die vorbei ist, Vergangenheit, und die, die kommt, wird Zukunft genannt.

Im Bewusstsein des Beobachters geht das Mögliche ins Wirkliche über, Zukunft in Vergangenheit. Der Ort der Zeit ist das Bewusstsein und nur scheinbar die Welt-da-draußen.

Wo steckt dieses Zauberding, das wir Gedächtnis nennen, dieser Klebstoff für die Welt des Ich?

Zeit ist das, was man an der Uhr abliest.
Albert Einstein

Menschen, die wie wir an die Physik glauben, wissen, dass die Unterscheidung zwischen Vergangenheit, Gegenwart und Zukunft nur eine besonders hartnäckige Illusion ist.

Albert Einstein

Ist es überhaupt ein „Ding", also materiell, oder ist es mehr seelenartig, also immateriell? **Materie** ist nicht *Materie*, das sollten wir uns hinter die Ohren schreiben.

Natürlich steckt es im Kopf, das Gedächtnis, da bestimmte Hirnläsionen bestimmte Amnesien nach sich ziehen. Aber wo, in welcher Schublade, in welchem Kämmerchen? Ist das ganze Gehirn eine einzige Festplatte und das Ich muss nur den Download-Befehl geben? Nein, so kann es nicht sein, denn oftmals klicken wir die Erinnerungs-Mouse an und nichts passiert. Gähnende Gedächtnisleere.

Ein bestimmter Name will uns einfach nicht einfallen, und wie war das mit dem Autounfall auf der A 1 vor 23 Monaten? Ist der Jeep dem Audi aufgefahren oder der Passat dem Audi? Hat mich meine Schwester damals vor 21 Jahren beleidigt, oder ist das nur meine „Interpunktion der Ereignisfolgen"? Ich setze den Punkt: • So war es!

Sie hat mich damals beleidigt und ich habe nur reagiert. Fertig ist die Erinnerung und ab ins Langzeitgedächtnis.

Dem aktuellen Modell des Gedächtnisses der Neurowissenschaften zufolge lassen sich einzelnen Systemen im Gehirn bestimmte Gehirnstrukturen oder „Zuständigkeiten" zuordnen. So wird das Fakten und Episoden behaltende bewusste Gedächtnis den Innenseiten des Schläfenlappens zugeschrieben; die klassische Konditionierung von bedingten motorischen Reflexen wird vom Kleinhirn gestützt, und in der Großhirnrinde soll das „Priming" stattfinden, das den Abruf ähnlicher Erinnerung erleichtert. Das Kurzzeitgedächtnis funktioniert anders als das Langzeitgedächtnis, welches von „wenigen Minuten" bis zu „vielen Jahren" reicht. Kurz oder lang sind eben auch relative Begriffe.

Beim Langzeitgedächtnis werden das explizite Wissen-was- und das implizite Wissen-wie-Gedächtnis unterschieden.

Fakten- und Ereigniserinnerung gehören zum expliziten Gedächtnis, während dem impliziten das prozedurale Gedächtnis (z. B. Schwimmen), das Priming, die klassische Konditionierung sowie das nicht-assoziative Lernen (z. B. Gewöhnung) zugeordnet werden.

Für das Kurzzeitgedächtnis scheint vorwiegend der Cortex, die Großhirnrinde, zuständig zu sein. Im Kurzzeitgedächtnis „speichern" wir z. B. einen Satz, den wir sagen möchten oder gerade gesagt haben, oder auch die zu wählende oder just gewählte Telefonnummer.

Ein Pfeifchen in Ehren sollte niemand verwehren.

Dass Nikotin die Leistung des sogenannten Arbeitsgedächtnisses steigert, wusste auch Albert E., der nach dem strikten ärztlichen Rauchverbot gerne vorgab, irgendetwas Wichtiges besorgen zu müssen, um auf diesem Wege kurz sein geliebtes Pfeifchen zu schmauchen. Dass auch das Rauchen eine Sucht ist, liegt an den molekularen Gedächtnismechanismen, die für jede Sucht gelten.

Substanzen mit Suchtpotenzial greifen an den Synapsen an, über die Neuronen chemisch miteinander kommunizieren. Botenstoffe sind die körpereigenen Neurotransmitter. Die Drogen heften sich an Rezeptoren und Neurotransmitter und verändern, einmal angedockt, das molekulare Gedächtnis der Neuronen „für immer", heißt es.

Das kann z. B. Auswirkungen auf die Einnahme anderer Drogen wie legitimer Tabletten haben. Bei einem Kokain-User wirken viele Medikamente anders als bei einem koksabstinenten Menschen.

Der unaufhaltsame Strom des Bewusstseins
Im Strom des Bewusstseins des Ich entsteht das Ich und damit sein Fundament, das Gedächtnis.

Die Zeit ist der Klebstoff, der mich meine Biographie erfahren lässt.

„Die Zeit ist der Stoff, aus dem ich gemacht bin. Sie ist ein Fluss, der mich davonreißt, aber der Fluss bin ich", schreibt Jorge Luis Borges.

Der Inhalt unseres Bewusstseins unterliegt zwingend und dringend dem Zeitgefühl. Das war, das ist, das könnte werden.

Die Aneinanderreihung einzelner Momente zu der Perlenkette „Meine Auto-Biographie" ist ein Artefakt, also ein „Kunstprodukt" des menschlichen Bewusstseins.

David Hume (1711–1776, um in der zeitlich üblichen Dimension zu bleiben) vertrat die Ansicht, das Bewusstsein setze sich aus diskreten Momenten zusammen. Für Hume war das Bewusstsein ein Bündel aus verschiedenen Wahrnehmungen, die unablässig und „instantan" aufeinander folgen.

Der große amerikanische Philosoph und Psychologe William James sprach in dem berühmten Kapitel „Strom der Gedanken" seines Standardwerkes „Die Prinzipien der Psychologie" davon, dass uns das Bewusstsein immer kontinuierlich erscheint, ohne Bruch, ohne Sprung, ohne Spaltung, fragte sich aber auch: „Ist das Bewusstsein in Wirklichkeit vielleicht doch nicht bruchlos und täuscht eine Kontinuität nur vor, so wie ein Zoetrop?"

Ein Zoetrop war damals ziemlich neu und etwas komplizierter als ein Daumenkino.

Ein Zoeterop ist eine Art „Wundertrommel", auf deren Innenseite Spiegel angebracht sind, die Standbilder auf die Außenseite der inneren Kugel werfen. Diese Kugel wird durch eine Kurbel in Bewegung gesetzt, und so entsteht die Illusion beweglicher Bilder.

Ist die Wundertrommel nicht in Bewegung, ist jedes Bild ein Bild, und es entsteht keine „Geschichte" von laufenden Tieren oder wachsenden Pflanzen.

Stellen Sie sich vor, die Evolutionsgeschichte der Menschen würde in dieser Weise dargestellt: von der menschenaffenähnlichen Form des Propliopitheus im frühen Oligozän über den Homo habilis (zum ersten Mal ein „homo" = Mann) und den Homo erectus (Erektion = Aufrichtung, auch aus anderen Zusammenhängen bekannt) zu uns, dem Homo sapiens sapiens, dem vernünftig über sich nachdenkenden, aufgerichteten „Affen".

Vor der Erfindung der Zoetrope um 1800 nach unserer Zeitrechnung wäre kein Homo sapiens sapiens auf die Idee gekommen, dass die Bilder laufen können. Was erweckt den Eindruck einer fließenden Bewegung? Was erweckt den Anschein von auto-biographischem Gedächtnis? Wer hat den Eindruck, sein Leben in einer fließenden Zeit zu verbringen: Ich und Sie, wir alle.

Als die Bilder laufen lernten, begann die Ära des Kinofilms. Jetzt konnten die Menschen sich zwar bewegliche Bilder vorstellen, aber ein Flug ins All, eine Landung auf dem Mond oder das Beamen von Materie war noch längere Zeit nicht denk- bzw. vorstellbar.

„Wir tun nichts weiter, als einen inneren Kinematographen in Gang zu setzen. Der Mechanismus unseres gewöhnlichen Denkens ist kinematographischen Wesens", schrieb 1908 der französische Philosoph Henri Bergson.

Greift die Analogie einer Kamera, um die Arbeitsweise des Gehirns und das Ergebnis im Bewusstsein zu veranschaulichen? Oder ist sie zugleich zutreffend und trügerisch wie die Analogie vom Gehirn als Computer? Gleicht die visuelle Wahrnehmung durch Auge und Gehirn einer Reihe von – zeitlosen – Momentaufnahmen, die dann im Bewusstsein zu einem Kontinuum verschmelzen? Was ist, wenn eine Dysfunktion im Gehirn eines Menschen den Bewusstseinsstrom zu einzelnen Augenblicken gerinnen lässt?

Oliver Sacks berichtet von seiner Patientin Hester Y., die unter diesem Symptom litt. „Einmal rief man mich wegen einer Überschwemmung im Waschraum auf die Station. Frau Y. hatte ein Bad nehmen wollen und stand nun völlig regungslos auf dem Flur. Als ich sie berührte, zuckte sie zusammen und fragte: ‚Was ist passiert?' ‚Das müssen Sie mir erzählen', antwortete ich. Sie erklärte, sie sei dabei gewesen, sich ein Bad einlaufen zu lassen. Das Wasser in der Wanne stand vielleicht knöcheltief … Dann hatte ich sie angetippt – erst da bemerkte sie die Überschwemmung. Offenbar war ihre Wahrnehmung in jenem Moment erstarrt, als der Wasserpegel gerade einmal wenige Zentimeter betrug."

Schon William James hatte immer wieder betont, dass es sich beim Bewusstsein um einen Prozess und nicht um einen „Gegenstand" handle.

Francis Crick und Christof Koch, zwei Pioniere einer neuronalen Theorie des Bewusstseins, schlugen vor, dass „bewusste Aufmerksamkeit für das Sehen einer Serie von statischen Momentaufnahmen gleicht und die Bewegung sozusagen drauf ‚gemalt' wird." Unter normalen Umständen funktioniert unsere visuelle Wahrnehmung bruchlos und verrät nichts von dem Prozess, der dahinter steckt. „Zeit" ist sozusagen die „Farbe des Fließens, des Vergehens" im Bewusstsein.

Das Gedächtnis ist eine Fusion von Schnappschüssen, die gespeichert werden, um ein im Zeitfluss existierendes Leben zu suggerieren.

Das Gefühl von Ich-Identität und Ich-Kontinuität beruht auf dem stetigen Überlappen instantaner, a-temporaler Wahrnehmungsmomente, die auf dem Portfolio Zeit einem Ich bewusst werden. Wie gut, dass es Fotos und Filme gibt, die den Fluss der Ereignisse dokumentieren, an den Sie sich denkend erinnern.

Diese Art von Theorie verwirrt unseren Geist.

Letztlich sind wir doch „naive Realisten", wir erliegen dem Zwang und Zauber der maya.

Aber bitte denken Sie daran, dass Sie alles JETZT wahrnehmen, und das JETZT ist schon wieder weg, aus und vorbei just in dem Moment, wo Sie diesen Moment erhaschen wollen.

Wahrnehmung im JETZT ist Erinnern, ist Gedächtnis im JETZT.

Der wahrgenommene Moment ist – temporal ausgedrückt – immer schon vorbei. Angeblich Sekunden oder Bruchteile von Sekunden. Die Sonne sehen wir nach herkömmlicher Vorstellung so, wie sie vor acht Minuten war, weil das Licht von der Sonne bis zu den Augen dieser Welt so lange braucht. Wie gut, dass wir nicht wissenschaftsgläubig sind. Nach der Quantentheorie ist sie nur da, wenn sie beobachtet wird. Schon besser, diese Variante.

„Der wahre Jakob ist das aber auch noch nicht", meint Albert E. und gönnt sich zur Beruhigung erst einmal ein Pfeifchen.

Gedächtnis als Selbstsuggestion des Selbst-Bewusstseins.

Alles ist relativ im Sinne des Beobachters.

Die Relativitätstheorie des Selbst-Bewusstseins sagt dem Ich: Das ist meine Lebensgeschichte.

„Jeder einzelne Gedanke gehört uns, trägt unsere Brandzeichen, ist als Besitzer früherer Gedanken geboren und stirbt als Eigentum seines späteren Besitzers, dem er alles, was er als sein Selbst erkannt hat, weiter vererbt", schreibt William James im Stile eines Cowboys im amerikanischen Wilden Westen der 1880er Jahre.

Wir sind nur eine Ansammlung flüchtiger Augenblicke, ob wir es wahrhaben wollen oder nicht. Wir fließen aber in Borges' Strom ineinander.

Viele Relative sind das Absolute.

Erinnerungen: Nichts als Lügen?

„Das war so!", sagt unser Gedächtnis, und die Neurowissenschaftler lachen wie das Pferd von Lucky Luke.

Der frühere amerikanische Präsident Ronald Reagan erzählte einem staunenden Publikum eine aufregende Story aus seinem realen früheren Leben. Einigen Journalisten kam die Geschichte „spanisch", um nicht zu sagen bekannt vor, denn sie konnten sich dunkel erinnern, diese Szenen aus einem der Filme zu kennen aus der Zeit, als Reagan die Welt noch durch seine filmischen und nicht politischen Schauspielkünste beglückte.

Der amerikanische Präsident ein Lügner? Es kann nicht sein, was nicht sein darf. Ronald Reagan glaubte wirklich, eine Episode aus seinem Leben erzählt zu haben. Hand aufs Herz, ist uns Derartiges oder Ähnliches nicht auch schon passiert?! O. K., Ronald Reagan erkrankte später an Alzheimer, aber ein bisschen Alzheimer light kennen wir doch alle.

Kleine peinliche Aussetzer, eine Prise Amnesie übertüncht durch Fabulieren, ein Prise Konfusion, die nicht wahrgenommen wird, alles Dinge, die uns wohlbekannt sind.

Was erinnert z. B. „das Volk", wenn es um politische Meldungen geht wie die Legitimierungskampagne der US-Regierung für den Irak-Krieg, die als Falschmeldung zurückgenommen werden musste?

Eine Befragung von 870 Australiern, Amerikanern und Deutschen ergab, dass die Befragten die Tatsachen für Realität hielten, die ihrer politischen Grundhaltung entsprach. Medienmeldungen als Glaubensartikel? So ordneten fast alle Deutsche und Australier eine dementierte Falschmeldung als falsch ein, während US-Amerikaner in der Regel die Dementis ignorierten. Die Falschmeldung bleibt in ihrer Erinnerung eine wahre Nachricht. Statt Science-Fiction Policy-Fiction.

Unsere Erinnerungen sind relativ, weil wir relativ sind. Schade, Albert Einstein ist seit 1955 tot, er kann keine Relativitätstheorie des Bewusstseins mehr formulieren, aber Bewusstsein war auch nicht sein favorisiertes Thema. Glauben wir einfach nicht an die Zeit und an den Tod. Überlisten wir unsere Erinnerung an die Meldung „Einstein ist tot".

Vielleicht muss auch das eines Tages dementiert werden.

Hier ist er also, der Denkmeister aller Klassen: „Albert Einstein, herzlich willkommen zu unserer Talkshow. Wie könnte eine Relativitätstheorie des Bewusstseins aussehen?"

„Die Relativitätstheorie des Bewusstseins besagt, dass alle Wahrnehmungen, Gedanken, Erinnerungen eines menschlichen Ich-Systems relativ und nicht absolut sind." „Danke, Albert!" „Gerne."

6. Ich als Simulation

Ich oder Selbst oder Ego – als wissenschaftlicher Begriff sind Sie nicht „zu packen". Im englischsprachigen Raum reagieren nach wie vor viele Wissenschaftler allergisch auf das Wort mit „c": Consciousness (= Bewusstsein) ist ihnen ein Gräuel. Bewusstsein steht als Sammelbezeichnung für die verschiedenen Formen des Erlebens, der Aufmerksamkeit, der Empfindungen, der Wahrnehmungen, des Denkens. Aber um WESSEN Erlebnisse handelt es sich eigentlich? Wer hat all diese Perzeptionen, Apperzeptionen und Konzeptionen? Sie und alle anderen Ich-Sager, alle Selbst-Erleber und alle EGOS.

Ich und Selbst und Ego werden auch als Synonyme verwendet zu Bewusstsein, Person, Subjekt und Geist.

Eine Person hat Selbstbewusstsein. Sehr rekursiv ausgedrückt oder anschaulicher formuliert: Hier beißt sich die Begriffs-Schlange selbst in den Schwanz. Das eine Wort wird mit dem anderen erklärt und umgekehrt. Person ist oftmals die Bezeichnung für ein menschliches Wesen mit Körper (versteht sich von selbst) und Bewusstsein plus Selbst-Bewusstsein.

Die formale Unterteilung zwischen Bewusstsein und Selbst-Bewusstsein ist erstmal hilfreich, letztendlich gilt es aber, sie zu überwinden.

Eine Person erlebt sich als Subjekt, als 1. Person Singular. Sie sieht mehr oder weniger individuell aus, hat eigene Gene, Haltungen, Meinungen, Weltanschauungen, Wissen, Glauben, Überzeugungen über sich und die Welt. Sie erscheint sich oder/und anderen als fröhlich oder depressiv, schlau oder dumm, gläubig oder ungläubig, friedlich oder „auf Krawall gebürstet", schön oder weniger schön, fundamentalistisch-dogmatisch oder reflektiert-offen.

Selbst-Bewusstsein ist der Sinn des Selbst für das unmittelbare, ständig-fließende Bewusstein der Person, des Ich, des Ego, und damit wiederum des Selbst. Es ist die Wahrnehmung der eigenen Bewusstseinszustände. Es ist überzeugt von der eigenen Existenz und fürchtet deren Supergau, den Tod. Es glaubt an den Gott der Juden, der Moslems, der Christen oder an das TAO, Buddha oder diverse hinduistische Götter.

Mit dem Begriff der Person ist heute das Problem der persönlichen Identität verbunden, da sich die Bedeutung des Wortes im täglichen Gebrauch immer mehr von der ursprünglichen Konnotation „Maske/Rolle" gelöst hat. Und so scheint das Wort für uns heute für viel mehr zu stehen, als wirklich in ihm drinsteckt. Niemand würde behaupten: „Ich als Maske bin einmalig-existent." Indem wir aber wichtigtuerisch ein Fremdwort benutzen, dessen Sinn wir vergessen haben, blähen wir die Leerstelle des unverstandenen Wortes zu einem Popanz auf: „Ich als Person bin einmalig-existent." Klingt unheimlich überzeugend, ist aber reine Schaumschlägerei.

„Lasse Dich nie dazu verleiten, Probleme ernst zu nehmen, bei denen es um Worte und ihre Bedeutung geht", schreibt Sir Karl Popper, und wir folgen ihm in diesem Punkt gerne und nennen das ganze verbale Konstrukt beim Namen: Ich. Wer es ernst nimmt, ist selbst schuld.

Descartes bestimmte das Ich als „denkendes Ding" (res cogitans), als seelische Substanz, die allen Bewusstseinszuständen zugrunde liegt.

Epistemologisch, also erkenntnistheoretisch, nimmt das sagenumwobene Ich eine absolute Sonderstellung ein, denn nur ich habe durch mein Selbst-Bewusstsein zu meinem eigenen Ich einen direkten Zugang, während ich zur Welt-da-draußen nur indirekten Zugang besitze. Das Ich, mein Ich als selbstbewusste Substanz, spielt auch bei Leibniz, Locke, Hume, Berkeley und Schopenhauer eine zentrale Rolle. Hume bestreitet, dass ein solcher Begriff wie „Ich" überhaupt Sinn ergibt. Es sei unmöglich, eine selbstbewusste Substanz wirklich zu erfahren, und daher gebe es kein Ich, es sei lediglich eine Summe, ein Bündel von Bewusstseinszuständen, die ein imaginäres *Ich* als *Ich* interpretiert.

„Unser autobiographisches Gedächtnis ist keine Ich-Behörde, die zur ‚Wahrheit' verpflichtet ist, wahr ist das, was das Ich als ‚so-war-es' erinnern kann. Oftmals gleicht das Gedächtnis mehr einem Propagandaministerium als einem korrekt arbeitenden materiellen Speicher." (Werner Siefer/Christian Weber)

Das Phänomen Zeit schweißt uhu-artig oder pattex-mäßig (Productplacement ist nicht beabsichtigt) alles zusammen, was dem Ich als seine persönliche Lebensgeschichte erscheint. Von „Mama ist an allem schuld" über „In der Schule war ich immer der Überflieger" bis zu „Männer sind Schweine" und „Blond, blöd, blauäugig, die Erfahrung habe ich oft gemacht" ist hier alles dokumentiert, natürlich so, wie es „wirklich" war.

Aber alle Erinnerung geschieht im JETZT und wird in der Zeit zurückdatiert und Vergangenheit genannt.

Das JETZT ist spurlos verschwunden.

Kant unterscheidet zwischen dem empirischen Ich, das die Ich-Erfahrung seines Lebens macht, und dem transzendentalen Ich. Über Letzteres sagt er, dass es nicht zum Objekt der Erfahrung werden könne, denn es gehe aller Erfahrung voraus; es sei die Einheit des Bewusstseins.

Wir können nun behaupten, dass das transzendentale ICH das Ich-Bewusstsein der empirischen Person hervorbringt. Dieses hat einen leichten, sozusagen privilegierten Zugang zu sich selbst, während es die „fremden Ichs", also all die anderen Menschen, nur durch Analogieschlüsse oder Empathie (Mitgefühl) verstehen kann.

Abgesehen davon ist aber nichts privilegiert am empirischen Ich. Im Gegenteil muss man es eher als ziemlich beschränkt bezeichnen. Denn es tut nicht, was es will, sondern es will, was es eh schon tut. Und so denken wir als Ausformungen des Selbst-Bewusstseins nicht, was wir denken wollen, sondern wir denken, was wir sollen.

Was wirklich „denkt", ist das transzendentale Bewusstsein, an das wir aber nicht reflektierend herankommen. Was für uns als empirische Ichs vom Denken übrig bleibt, ist nur ein So-tun-als-ob: Wir denken nicht, sondern simulieren es nur.

Was ist es, was Sie glauben macht, es gäbe Sie?

Das „Gefühl" Ihrer selbst, Ihres Selbst, und das kann auch Selbst-Bewusstsein oder Ich-Bewusstsein genannt werden, denn schließlich streiten wir uns nicht über einzelne Worte und deren Konnotation ...

Die Philosophen nennen dieses Ich-Konstrukt heute meistens das phänomenale Selbst-Modell. Die 1. Person Singular hat eine Quale (oder im Plural Qualia), das ist das subjektiv empfindende Ich-Bewusstsein mit all seinen Inhalten und Zutaten.

Es ist eine Qual mit der Qualia! Dem stimmen Sie mir sicher aus vollem Herzen zu. Meistens ist das Leben beschwerlich, wahrscheinlich sowieso zu kurz und auch irgendwie „seltsam". „Das größte Unglück ist die Erfüllung eines Herzenswunsches", sagen die alten weisen Chinesen zu diesem Dilemma.

Das autobiographische Gedächtnis suggeriert dem Copyright-Ich, Autor und Urheber seiner Gedanken zu sein, Herrscher über sein Hirn, Kontrolleur seiner Gefühle und Handlungen.

Aber da gibt es auch die Quale, die sagt:

• Ich war betrunken und nicht Herr/Frau meiner Sinne und Taten.
• Ich war so rasend eifersüchtig, dass ich mich nicht wiedererkenne.
• Ich bin so konfus, dass es nicht zu mir passt.
• Ich habe rasende Schmerzen.

Nicht die Nervensignale im Zentralnervensystem sind Schmerz, sondern die mit dem Wort „Schmerz" bezeichnete körperliche oder auch psychische Pein, die von einem Selbst-Bewusstsein als das Phänomen „Schmerz" empfunden wird.

Wie aber wird aus objektiv-neuronalen physikalisch-physiologischen Prozessen subjektive Qualia? Diese Qual mit den Qualia haben alle Erklärungsversuche, die an ein Ich glauben, auch an ein Ich, das Erklärungsversuche denkt.

Beam me up, Einstein. Es ist Zeit für ein kleines Intermezzo mit Albert.

Albert Einstein wird Sie, ja Sie, höchstpersönlich teleportieren. (Teleportation ist das wissenschaftliche Wort für Beamen.) Die Verschränkung der Quantenwelt macht Teleportation möglich. Beamen ist die blitzschnelle Fernübertragung von Objekten in Form reiner Information. Spielen wir also einmal das Szenario durch, dass Sie als ganzer Mensch teleportiert werden können, und machen uns Gedanken über Ihr Selbst-Bewusstsein.

Sie können sich gegen dieses Gedankenexperiment nicht wehren, da nützen Ihnen auch die besten Anwälte oder hervorragende Kontakte zur CIA nichts. Jetzt wird gebeamt. Und nicht vergessen, Sie werden teleportiert und nicht kloniert, bleiben also nicht als Original zurück.

Ich darf Sie bitten, die Analyse-Kammer zu betreten. Gleich nebenan befindet sich eine gleichartige Kammer, die mit einer gleich großen Masse eines Materials gefüllt ist, das zuvor mit seinem Gegenstück verschränkt wurde. Dieses Gegenstück befindet sich in der Empfangsstation ganz woanders. Eine gleichzeitige Messung an Ihnen und am Material erzeugt einen Quantenzustand mit einer riesigen Menge Informationen. Durch „spukhafte Fernwirkung" verändert die Messung augenblicklich den Quantenzustand des Gegenstücks.

Die Empfangsstation erschafft Sie neu; Sie bleiben nicht als eine Version Ihrer selbst zurück. Sie sind an dem neuen Ort angekommen und am alten Ort aufgelöst.

Sie als gebeamter Mensch sind instantan, also ohne Zeitverlust, irgendwo anders in der RaumZeit dieses oder auch eines anderen Universums angekommen; denn dank Albert hat alles reibungslos funktioniert.

Auch Ihr Selbst-Bewusstsein ist angekommen, dort, wo Sie jetzt Sie sind.

Doch „Nein!" schreit jetzt Ihr mit Ihnen gebeamter Zeitgenosse auf: „Ich bin beim Beamen gestorben. Ich bin jetzt jemand anderes, da mein Körper aufgelöst wurde."

Was sagt Ihre Quale? Wie steht es um Ihr Selbst-Bewusstsein? Alles Roger, oder was?

Albert als zuständige Koryphäe können Sie nicht fragen, ob Sie noch Sie sind, da er 1955 in die ewigen Jagdgründe eingegangen ist. Sie haben es mit einem echten beamischen Dilemma zu tun.

„Ihre NCCs sind o. k.", sagt da eine Stimme aus dem Off.

„Die neuronalen Korrelate – kurz NCC – Ihres Selbst-Bewusstseins sind identisch", versichert Ihnen ein Herr mit österreichischem Akzent. „Das muss dieser berühmte Teleporteur sein, von dem ich als mein altes Ich schon mal ein Buch gelesen habe", denken Sie sich.

„Um dieselbe Person zu sein, ist es anscheinend nicht nötig, im selben Quantenzustand zu sein. Wir ändern unseren Zustand fortwährend und bleiben doch dieselben Menschen – zumindest soweit wir das feststellen können", sagt Anton Zeilinger und verschwindet spurlos.

„Entspannen Sie sich. Ich versichere Ihnen, Sie sind Sie geblieben!", beruhigt Sie eine weibliche Stimme und tupft Ihnen den Schweiß von der Stirn.

Sie bitten um ein Gläschen Schampus und grübeln natürlich darüber nach, ob Sie tatsächlich eigentlich nur so eine Art Information sind.

Wer über die Philosophie Platos
meditiert, weiß, dass die Welt
durch Bilder bestimmt wird.
                    Werner Thierenberg

57

Nach dem sechsten Gläschen erscheinen Ihnen Ihre Gedanken nicht mehr so qualvoll: Teleportation könnte Ihr Hobby werden, denn plötzlich finden Sie es faszinierend: das Ich als In-form-ation! Und Sie freunden sich mit dem Gedanken an, dass der Ich-Sager keine materielle Substanz besitzt: Soeben wirkte es noch beunruhigend auf Sie, doch jetzt hat es eine irgendwie befreiende Note.

Das Gehirn entwirft ein Körperbild, das einer scheinbar dinglichen Körper-Simulation gleichkommt. Doch in Wirklichkeit ist alles nur Information. Ich als Materie werde zu Energie-Information, und schwuppdiwupp bin ich als Materie wieder da. Das eine ist das andere ist das eine.

Alles, was ich von mir als Person gedacht habe, muss ich aufgeben. Meine materiellen Selbst-Gewissheiten gehen verloren und ich werde transparent. Denn ich kann mein Ich-Modell nicht sehen; es ist transparent. Es ist nur so eine Art Gefühl, sagen Sie als gebeamtes Wesen nach einiger Zeit zu sich selbst, vergessen den ganzen Zauber und schließen Frieden mit sich und der Welt.

Sollten Sie sich da selbst auf den Leim gegangen sein? Wo kein Ich, da auch keine Ich-Illusion. „Also ist die Ich-Illusion auch eine Illusion oder was?", fragen Sie sich ärgerlich und spüren wieder einmal die Qual der Qualia überdeutlich.

„Jetzt habe ich mich schon beamen lassen und bin immer noch ich", konstatieren Sie nach einer Weile. Wie werde ich mich los? Ich fahre doch nicht nach Indien zu einem Guru und meditiere!"

Ihre Qualia und Sie sind ratlos.

„Sollte die subjektive Wahrnehmung meiner selbst und der Welt eine Online-Simulation der Wirklichkeit sein? Quatsch. Ich habe zu oft *Matrix* gesehen", denken Sie sich und beschließen, diese quälenden Gedanken abzustellen, da Sie fürchten, wahn-sinnig zu werden. Aber wo ist der Off-Knopf? „Ich kann ihn nicht finden!"

7. Der freie Wille: Facts and Fiction

> Der Mensch kann zwar tun, was er will,
> aber nicht wollen, was er will.

Wenn wir über unseren freien Willen nachdenken, müssen wir gleich eine grundsätzliche Einschränkung machen: Keiner von uns entscheidet sich für seine Zeugung beziehungsweise Geburt und auch nicht für seinen Tod (den Spezialfall des Suizids lassen wir erst einmal weg, wir kommen aber noch dazu). Alles, was mit dem Ich und seinem Leben zu tun hat, bewegt sich zwischen diesen existenziellen Begebenheiten. Geburt und Tod bilden die beherrschenden Pole und definieren die Spanne, die der Mensch sein Leben nennt. Und natürlich gilt das auch für das Ich-Bewusstsein – ob es uns nun passt oder nicht: Es erwacht mit der Entwicklung des Menschen und erlischt mit seinem Tod.

Doch das ist noch nicht Einschränkung genug. Denn welches Selbst-Bewusstsein ist schon die ganze Zeit aktiv? Natürlich keines: Im traumlosen Tiefschlaf verschwindet es, und der Organismus Mensch erlebt kein Ich. Wir müssen uns also eingestehen: Bewusstsein ist die Zeit zwischen zwei Nickerchen. Und nicht viel besser steht es um den Traumzustand, denn da erlebt der schlafende Mensch Szenarien, die oft wilder, merkwürdiger und unlogischer sind als das so genannte wirkliche Leben. Von einem Bewusstsein des eigenen Ich kann hier ja wohl kaum die Rede sein.

So bleibt also nur der Wachzustand, in dem das Ich etwas als sein reales Leben in einer wirklichen Welt erlebt. Nur wach kann der Mensch sagen: „Ich bin ich. Das ist die Welt und in dieser Welt erlebe ich mein Leben."

Aber ganz eindeutig ist auch diese Welt nicht: „Ich habe schon viel in meinem Leben erlebt, gottlob ist nicht alles eingetroffen." Hinter diesem salloppen Spruch steht die intelligente Beobachtung, dass unsere Gedankenfülle nicht 1:1 den tatsächlichen Ereignissen entspricht. Viele Erwartungen, Hoffnungen, Befürchtungen bewahrheiten sich nicht, sie bleiben Kopf-Kino. Doch was bedeutet das für ihren Realitätsgehalt?

Um hier etwas mehr Klarheit zu schaffen, müssen wir uns noch einmal ganz fundamentalen Fragen zuwenden:
Entscheide ich *mich* für
– mich?
– meine Zeugung?
– meinen Tod?
– meinen Krebs, meine Lungenentzündung, mein Rheuma, meine Migräne, meinen Schlaganfall, meine Grippe etc.?
– die Aktivitäten meines Hirns und damit für meine Gedanken?
– meinen Partner?
– meine Intelligenz?
– meinen Beruf?
– meine Probleme?
– das Elend in der Welt?
– das Rauchen einer Pfeife?

„Ich weiß ehrlich nicht, was die Leute meinen, wenn sie von Freiheit des menschlichen Willens sprechen. Ich habe z.B. das Gefühl, dass ich irgendetwas will; aber was das mit Freiheit zu tun hat, kann ich überhaupt nicht verstehen. Ich spüre, dass ich meine Pfeife anzünden will, und tue das auch; aber wie kann ich das mit der Idee der Freiheit verbinden? Was liegt hinter dem Willensakt, eine Pfeife anzünden zu wollen? Ein anderer Willensakt? Schopenhauer hat einmal gesagt: ‚Der Mensch kann zwar tun, was er will; aber er kann nicht wollen, was er will.'"

Der kluge Kopf hinter dieser Aussage ist Albert Einstein. Das größte Genie des 20. Jahrhunderts gesteht freimütig ein, dass es zwar einen – seinen – Willen wahrnimmt, aber nicht wissen kann, wo diese spezifische Art von Gedanken, die mit dem Wort Wille umschrieben werden, eigentlich herkommen. Entstehen sie im separaten und autonomen Gehirn eines jeden Hirnbesitzers, oder handelt es sich bei den Gedankenphänomenen des Willens um mehr als einen Denk- und Wahrnehmungsprozess eines Individuums; gibt es hinter der Oberflächenstruktur noch eine Tiefenstruktur des menschlichen Willens und ist diese Tiefenstruktur des Wollens etwa göttlicher Natur?

Ja, Sie haben richtig gelesen! Wir fragten zusammen mit Einstein nach dem Ich-Bewusstsein und landeten im Handumdrehen bei der Transzendenz. Denn das, was den Menschen an seinem Bewusstsein am meisten fasziniert, ist die gefühlte Freiheit. Betrachten wir uns aber diesen so genannten freien Willen genauer, stellt sich sofort die Frage, wer der Träger dieses Willens ist. Etwa der Mensch als Individuum?

Was das ist, scheint auf den ersten Blick völlig klar zu sein: Ein Mensch ist ein biologisches Lebewesen, andererseits auch ein geistiges Wesen und je nach Weltanschauung vielleicht auch noch ein Geschöpf Gottes. Und damit ist die Trias auch schon komplett: Der Mensch besteht aus *body*, *mind* und *spirit*.

Taucht er dann auch noch in seiner Eigenschaft als Individuum auf, *ist* er eine Person, *hat* er eine Persönlichkeit, so viel scheint unstrittig zu sein.

Aber wehe, wir sehen genauer hin! In ein Lexikon zum Beispiel, das uns den Begriff „Individuum" als „das Unteilbare", das „nicht zu Dividierende" umschreibt, und demzufolge eine Person (lat. *persona*) zunächst einmal die Maske des Schauspielers ist. Person im eigentlichen Sinne des Wortes ist also nur eine Rolle, die durch eine Maske dargestellt wird.

Doch damit ist die schöne Klarheit dahin, die wir eben noch zu haben glaubten. Vielleicht sind Sie jetzt versucht zu sagen: „Zum Teufel mit diesen Definitionen, die verwirren doch nur. Ich spüre mein Ego klar und deutlich, das lasse ich mir nicht zerreden!"

Haben Sie da gerade „Ego" gesagt? Nun, dann sind Sie halt auf die lateinische Variante von „Ich" ausgewichen. Klingt gut, ist aber doch dasselbe – reine Rhetorik also und nur eine scheinbare Erklärung.

Und dennoch: Alle reden vom Ich, es gibt es sogar in sämtlichen uns bekannten Fremdsprachen. Ja, können denn all diese Menschen, all diese Jahrhunderte und sogar Jahrtausende alten Kulturen irren?

Der französische Philosoph und Mathematiker René Descartes schrieb den berühmten Satz *cogito ergo sum*. Ich denke, also bin ich.

Und trotzig wollen wir dem hinzufügen: „Ich lese diese Zeilen, also bin ich, denn es muss ein Ich geben, welches dieses Buch liest! Es kann keinen Zweifel an meiner Existenz, an meinem Sein als Ich geben. Ich habe einen Körper und bin meine Gedanken, und zu diesen Gedanken gehören auch diejenigen der Kategorie „Wille". Und genau den ziehe ich jetzt heran und sage: So will ich es mir plausibel machen. Basta!"

Gut gebrüllt, Löwe. Nur, wer würde annehmen, dass Löwen einen freien Willen haben? Klingt nicht eben plausibel, dieses Geschrei. Überzeugend ist nur die Überzeugung: Man nimmt jedem, der so spricht, sofort ab, dass er es ernst meint und dass er davon überzeugt ist, was er da sagt, also, dass er glaubt, über ein Ich in der Vollversion zu verfügen (sprich: ein Ich mit einem freien Willen).

Genau das ist das Entscheidende bei einem Gedanken der Marke „Wille". Da hat ein Individuum das Gefühl, „etwas" wählen zu können und „dringend" zu begehren, zu tun, eben zu wollen oder auch „zwingend" für sich abzulehnen. Da spürt ein Mensch etwas, das ihm sagt, dass sein Ich einen Einfluss auf seine mentalen Prozesse hätte. „Wäre auch verrückt", sagt dieser Mensch, „wenn ich nicht über meine Gedanken entscheiden könnte!"

Führen wir also diesen ebenso fiktiven wie repräsentativen Zeitgenossen noch einmal zurück zum Ausgangspunkt des Kapitels: Wir sind umrahmt von Dingen, die wir nicht frei entscheiden. Unsere ganze Existenz wird von Faktoren bestimmt, auf die wir keinen Einfluss haben. Einzig beim Suizid würde es sich anders verhalten, doch nur dann, wenn wir *voraussetzen* würden, dass es das gibt, was es zu beweisen gälte: den freien Willen. Ansonsten wäre er ein Exitus wie jeder andere auch, nämlich nicht der freien Entscheidung des Ich unterworfen.

Sie merken schon, auch hier müssten wir laut brüllen, um Recht zu bekommen mit der These, ein freies Ich könne sich selbst töten. Denn logisch betrachtet stellt sich die Frage, welches Ich wir dann wirklich sind, das freie, das tötet, oder das passive, das getötet wird. Um die Entscheidungsfreiheit des getöteten Ich steht es jedenfalls nicht zum Besten. Und da wir hier mit Logik und Wissen mal wieder nicht weiterkommen, muss – wie so oft – der Glaube einspringen: Wir glauben eben, einen freien Willen zu haben.

Dieser Glaube, dass unser Ich der Produzent unserer eigenen freien Gedanken ist, bietet ja auch eine Menge Vorteile. Er ist für uns absolut zwingend, wollen wir am täglichen Leben teilnehmen und nicht in einer geschlossenen Abteilung landen, denn ohne diesen Glauben an unser eigenes freies Ich könnten wir ja nur noch annehmen, dass uns etwas anderes, etwas von außen Kommendes steuert: Wir müssten sagen, dass wir Stimmen hören!

Doch was, bitte schön, sollen wir jetzt noch von uns halten? Es geht nicht *mit* dem Ich und nicht *ohne* es. Dieses unsägliche Philosophieren! Immer tiefer reitet es uns hinein. Wir stehen vor einem klassischen Dilemma.

„Hey Einstein", ruft es in uns, „was hast du nur angerichtet mit deinem Räsonieren über das Anzünden einer Pfeife!" – Und psst! Da flüstert doch etwas zurück. Wie, was, ach ja, natürlich, schon wieder Einstein. Der lässt uns wenigstens nicht im Regen stehen. Recht hat er natürlich mit seinem berühmten Satz: „Nichts ist absolut, alles ist relativ."

Deshalb noch einmal genauer, und zwar bezogen auf unser komisches Ich: „Alles ist relativ für ein Initialsystem und Sie als Mensch sind eine Art Initialsystem. Ich spüre, dass ich meine Pfeife anzünden will …"

Was heißt das also? Ganz einfach: Wir können uns zum Mittelpunkt der Welt machen. Kein Problem, wenn wir dabei zulassen, dass jeder andere und alles andere ebenso das Recht hat, sich zum Mittelpunkt – zum Initialsystem eben – zu machen. Es entstehen so unendlich viele denkbare Bezugssysteme – das ist der Nachteil –, aber wir können unser Ich eben auch zu einem solchen machen – das ist der Vorteil. Und so lassen wir es einfach zu, dass wir ihn spüren, diesen unterschwelligen Gedanken, diesen Gedanken mit starker Antriebskraft: „Ich spüre, dass ich meine Pfeife anzünden will, und tue das auch …"

Lassen wir es also mit Schopenhauer und Einstein zu, dass wir etwas wollen, und nutzen die Vorteile des Initialsystems. Salopp gesagt: Ich will, und ich bin die Welt. Wer oder was auch immer dann für mich will – ich bin dann jedenfalls nicht einfach nur ein „Handlanger" von „Etwas". In diesem ganzheitlichen Gedankenspiel nach dem Motto „Das System bin ich" ist der Steuernde etwas Großes. Hierfür hat die Menschheit Begriffe entwickelt wie Gott, das Tao oder das Absolute.

Über die richtige Wahl des Wortes könnten wir jetzt je nach Weltanschauung endlos diskutieren. Damit wir uns indes nicht in einer unendlichen Geschichte verlieren, möchte ich Sie um eine Portion Pragmatismus bitten: Kürzen wir das Ganze doch ab und akzeptieren um des lieben Friedens willen und ohne jeden missionierenden Hintergedanken doch einfach das Wort oder das Konzept „Gott". Ja? – Uff, vielen Dank!

Dann kann es ja weiter gehen! Das ist die gute Seite der Medaille: Wir kommen wieder voran. Und die schlechte: Jetzt geht es erst einmal los mit der Frage, was wir uns unter dem Konzept „Gott" vorzustellen haben. Denn können wir jetzt sagen, dass wenigstens Gott tun kann, was er will? Kann er Menschen erschaffen und tut er es dann auch? Und wenn ja, haftet er dann für seine Kreaturen oder sind sie autonom, autark und damit entscheidungsfrei bzw. -fähig und damit logischerweise auch verantwortlich?

Zum Glück gibt es ja Leute, die sich damit auskennen. Wir nennen sie Theologen oder Religionswissenschaftler, und sie beschäftigen sich mit den vielen Gottesvorstellungen, die die Welt zu bieten hat. Herausgefunden haben sie eine gewisse Ordnung, nämlich grob gesehen drei Varianten von „Theo" (griechisch für Gott):

Erstens den *Theismus*. Das ist die Lehre von einem persönlichen, von außen auf die Welt einwirkenden Schöpfergott. Zweitens den *Deismus*, nämlich die Lehre, nach der Gott zwar die Welt erschaffen habe, aber keinen weiteren Einfluss mehr auf sie ausübt. Und schließlich den *Pantheismus*, also die Lehre, nach der Gott und die Welt identisch sind; also die Anschauung, nach der Gott das Leben des Weltalls selbst ist.

Und was sagt Einstein dazu? Er hielt sich so ziemlich an die letzte der drei Optionen: „Ich glaube an den Gott Spinozas", antwortete er stets, wenn er gefragt wurde, ob er an Gott glaube, und die Gottesvorstellung des großen portugiesisch-niederländischen Philosophen aus dem 17. Jahrhundert Benedikt Spinoza ist eben pantheistischer Natur.

Das hätten wir also schon einmal geklärt. Aber das handelt mehr oder weniger nur von der äußeren Form Gottes. Bleibt aber noch die Frage nach dem Inhalt: „Was kann Theo? Kann er wollen, was er will?"

Das ist das große Problem der *Theodizee* (Theo = Gott, dike = Gerechtigkeit). Hieran knüpfen sich eine Menge weiterer Fragen an: „Will Gott, was seine Geschöpfe tun?" „Kann Gott verhindern, was seine Geschöpfe vorhaben?" Und schließlich und über all dem die von uns Menschen immer wieder erhobene Frage: „Gibt es einen gerechten Gott?"

Diese ganze Geschichte hat nicht nur im Jenseits Auswirkungen auf unser Leben. Denn viele „Heilige" und „Terroristen" jeglicher Couleur und jeden Zeitalters haben sich auf die Stimme Gottes berufen, die sie in sich wahrzunehmen glaubten. Hier haben die Gottesbilder massive Auswirkungen auf die Welt. Doch auch umgekehrt hat die Welt, so wie sie ist, große Rückwirkungen auf das, was wir von Gott halten bzw. welche Fragen wir an ihn stellen: „Wie kann ein weiser, liebender und gütiger Gott das Elend und Übel der Welt wollen bzw. zulassen?", so schlagen sich die Theologen schon seit langer Zeit mit der Theodizee herum. Und die Antworten? Da steht Folgendes zur Auswahl:

Entweder will Gott die Übel beseitigen, kann es aber nicht: Dann ist er schwach und damit nicht Gott, der Allmächtige.

Oder Gott kann es und will es nicht: Dann ist er bösartig und damit nicht Gott, der Gütige.

Oder Gott will es und macht es, das Leid der Welt: Dann ist er nicht Gott, da die Gottesvorstellung einen gütigen, liebenden, weisen Gott impliziert.

Oder die Variante der Drübersteher: Für sie sind unsere Gottesvorstellungen schlicht und ergreifend infantil. Die Folge ist: Man wird entweder zu einem Agnostiker, der sagt, Gott sei rational nicht erkennbar, oder zu einem Fatalisten – oder zu einem religiösen Fundamentalisten. Nun kann ja jeder glauben, was er will (sogar glauben, dass er gar nicht oder aber besonders richtig glaubt), doch leider liefern uns derartige Hau-drauf-Methoden keine befriedigenden Lösungen zu unserem philosophischen Problem.

Ein Weg allerdings ist geeignet, die offensichtliche Sackgasse der Theodizee zu umgehen, und das ist die Meditation: Wenn sich Glaube und Wissen um die Existenz Gottes, des Tao, des Absoluten, des Noumenon, der Singularität vereinen, dann erscheint die echte, große, unbeschreibbare Gotteserfahrung (sozusagen Empirie pur), wie sie von allen Mystikern beschrieben wird und die einen Meister Eckhart sagen lässt, dass die größte Freiheit des Menschen die sei, den Willen Gottes auszuführen.

Wie funktioniert das? Im Grunde ganz simpel: Das Problem der Gerechtigkeit Gottes ist nämlich kein Problem Gottes, sondern ein Problem der Menschen. Ohne uns zu nahetreten zu wollen, muss doch ganz klar gesagt werden, dass wir ein bisschen beschränkt sind. Unser Denken braucht duale Begriffe wie gut und böse, doch das ist nicht gerade das Höchste, Göttliche, sondern das ist epistemisch. (Die Epistemologie ist die Theorie über die Möglichkeiten und Grenzen menschlicher Erkenntnis, und Gott ist größer als der Mensch und die Denkkapazität des menschlichen Gehirns.)

Und da beißt sich die Katze in den Schwanz: Denn wir könnten unser Gehirn nur verstehen, wenn es einigermaßen simpel aufgebaut wäre, d. h. wenn der Gegenstand unserer Untersuchung schön überschaubar wäre. So weit, so gut. Das Dumme ist nur, dass der Gegenstand der Untersuchung zugleich das Subjekt der Untersuchung ist, und wenn dieses Subjekt also simpel ist, dann ist es schlicht und ergreifend zu doof, um auch nur diese simple Struktur zu verstehen. Wollten wir uns verstehen, müssten wir als Untersuchende um eine Stufe höher stehen, als wir in unserer Eigenschaft als zu Untersuchende sein dürften. Wir müssten also schlauer und dümmer zugleich sein, was leider nicht geht.

Pech gehabt! Das ist übrigens das Pech, das wir Menschen immer haben, wenn wir über uns, unseren freien Willen und Gott philosophieren. Es menschelt dann halt immer ganz gewaltig, und so ergibt sich stets ein interessantes, aber doch sinnloses Unterfangen.

Aber in einem bringt uns diese Erkenntnis unserer eigenen Beschränktheit – sozusagen als Trostpflaster – doch voran: Das, was wir in der Theodizee von Gott wissen wollen, nämlich wie es sich mit dem Dualismus von gut und böse verhält, entlarvt sich als Artefakt (als künstlich geschaffenes Faktum oder, östlich ausgedrückt, als *maya*) der menschlichen Denk- und Wahrnehmungsstruktur. Das heißt, mit unserer Frage nach der Gerechtigkeit Gottes schieben wir ihm etwas in die Schuhe, das menschlich, aber nicht göttlich ist. Wir unterstellen ihm epistemische Begriffsstutzigkeit und halten ihn zugleich für vollkommen. Die Frage enthält also einen Widerspruch, und so ist es kein Wunder, dass wir auf sie keine vernünftige Antwort bekommen. Wir gelangen also zu dem Ergebnis, dass die Frage selbst unzulässig ist. Das ist doch immerhin etwas. Zugegeben, wir schauen dabei etwas alt aus, aber Gott ist wenigstens rehabilitiert.

Sehen wir das ein, kehren wir zurück zu einem Erkenntnisstand, den schon das Alte Testament bei Jesaja 45, Verse 6 und 7 hatte: „Ich bin der Herr und keiner mehr, der ich das Licht mache und schaffe die Finsternis, der ich Frieden gebe und schaffe das Übel. Ich bin der Herr, der solches alles tut." Das heißt für uns: Gott braucht den so genannten „freien Willen" des Menschen nicht, um sich für das Böse in der Welt zu rechtfertigen. Denn er steht überhaupt nicht vor Gericht, auch wenn wir ihn immer wieder dorthin bringen möchten. Aus seiner Perspektive, die uns freilich zu hoch ist, gibt es nämlich nichts zu rechtfertigen – das ist einzig und allein unser epistemisches Problem.

Die Neurowissenschaften und der freie Wille des Menschen
oder
Die feindliche Übernahme

Jetzt sind wir dem armen freien Willen mit philosophisch-theologischen Mitteln aber ganz schön zu Leibe gerückt. Doch wir wollen großzügig sein und ihm noch eine Chance geben. Wechseln wir daher die Fakultät und sehen uns einmal an, wie die Neurowissenschaftler, die vielen Herren und wenigen Damen, die das Denkorgan des Menschen, dieses drei Pfund Universum im Kopf eines Menschen, mit allerneuesten technischen, bildgebenden Verfahren untersuchen, das Problem sehen. Können Naturwissenschaftler das „ewige" Leib-Seele-Thema der Philosophen, den Komplex *body*, *mind* und *spirit*, mit zufriedenstellenden Ergebnissen bearbeiten?

In dieser Frage schwingt schnell eine Portion Gehässigkeit mit. Dann nämlich, wenn sie von Geisteswissenschaftlern gestellt wird nach dem Motto: „Dann beweist doch erst einmal, dass ihr es besser könnt als wir!"

Diese Eifersucht ist zwar nicht schön, aber doch erklärbar. Denn bis vor kurzem war das Forschungsfeld „freier Wille" die Domäne der Philosophen, Mystiker und Metaphysiker. Doch nun gerät es immer mehr in die „Klauen" der Naturwissenschaftler, und in einigen geisteswissenschaftlichen Fachbereichen sieht man schon das eigene Terrain in Gefahr. Wenn es nur Wilderer wären, die zwar illegal, aber doch mit denselben Waffen im eigenen Gebiet jagen würden, wäre die Angelegenheit ja nur halb so wild. Aber da kommen Eindringlinge, die mit völlig anderen Mitteln an die Beute heran wollen – und wehe, sie haben Erfolg! Was ist denn dann das eigene Können noch wert? Und so entbrennt ein Methodenstreit, der geeignet ist, das Selbstverständnis der Geisteswissenschaftler in seinen Grundfesten zu erschüttern: Die ureigenste Thematik der Philosophie wird von den Eindringlingen auf letztlich ziemlich banale Menschenexperimente im Labor reduziert. Und so keifen die Geistforscher, dass die Neuroforscher mit den Ergebnissen doch gar nicht umgehen könnten, dass sie gar nicht die Vorbildung hätten, um die Resultate in all ihren versteckten Tiefendimensionen angemessen zu interpretieren.

Schade nur, dass hier so viele Interessen im Spiel sind. Denn natürlich steckt hinter solchen Vorwürfen ein Körnchen, vielleicht sogar ein ganzer Felsblock Wahrheit. Sehen wir uns deshalb einmal die Gravamina an, die da lauten: Können mit Hilfe von bildgebenden Verfahren, die die neuronalen Prozesse im Hirn sichtbar machen, wirklich Rückschlüsse auf das Bewusstsein des Menschen gezogen werden? Schließlich sind objektive neuronale Hirnaktivitäten ein Konglomerat aus biochemisch-elektrischen Impulsen, die nur ein Ich interpretieren kann.

Wir haben es also mit zwei vermeintlich grundverschiedenen Ichs zu tun: Dem Ich des Forschers, das untersucht, und dem Ich desjenigen, der untersucht wird. Dabei erhebt sich der Wissenschaftler aus Gründen der wissenschaftlichen Objektivität in die 3. Person, da sonst seine Wahrnehmungen und Interpretationen subjektiv genannt werden könnten, was dem gepflegten Ruf eines seriösen Wissenschaftlers abträglich wäre. Dieser Trick dient der Reputation und somit der Karriere, schadet aber der Wahrheitssuche. Denn die müsste sich der komplizierten Subjekt-Objekt-Problematik stellen, und wer weiß, ob da dann am Ende überhaupt etwas „Anständiges" herauskäme, das man dann mit viel Pomp veröffentlichen kann. Nein, vereinbaren da die neuronalen Hirnforscher stillschweigend, diese Büchse der Pandora lassen wir lieber zu, auf dass das Dilemma von 1. Person und 3. Person schön drin bleibt. Und wenn doch einmal einer mit dem geisteswissenschaftlichen Dosenöffner bedrohlich nahe an das gute Stück kommt, dann aktivieren wir den effektivsten akademischen Schutzschild, den die Wissenschaft zur Abwehr unliebsamer Thesen zu bieten hat: das kollektive Weghören. Da können sich dann diejenigen Nörgler noch glücklich schätzen, die wenigstens als inkompetent diffamiert werden.

Versuchen wir es dennoch, jedoch nicht aus der verdächtigen philosophischen Ecke, sondern mit den Erkenntnissen der Quantenphysik: Zugegeben, zunächst einmal klingt es durchaus machbar, dass ein Gehirn (des Forschers) ein anderes (des Probanden) untersuchen kann. Nun sagen uns aber Werner Heisenberg und seine Kollegen ganz eindeutig, dass nicht nur der Forscher ein Subjekt ist, sondern auch dessen Forschungsobjekt. Alles kann sich mit demselben Recht als Subjekt fühlen – und tut dies auch – dies gilt sogar für die verwendeten technischen Apparaturen. Das hat zur Folge, dass Subjekte und vermeintliche Objekte, die mit einem Versuchsaufbau zu tun haben, miteinander „verschmiert", „verschränkt" sind (engl. entanglement). Denn alles „besteht" aus Energiefeldern, die miteinander verbunden sind, nichts ist wirklich separat, autonom oder gar autark, da Energiefelder keine wirklichen Grenzen kennen. Damit ist aber auch die Materie nicht das, was wir landläufig unter Materie verstehen. Was immer das für uns bedeuten mag, eins ist jedenfalls klar: Die schöne Trennlinie zwischen dem einen rein dinglichen Gehirn, das das andere rein dingliche Gehirn untersucht, existiert nicht.

Neurowissenschaftler haben – sehr zu ihrer eigenen Überraschung – festgestellt, dass im Gehirn eines Menschen sein Tun durch das sogenannte Bereitschaftspotential vorbereitet wird. Dieses Potential tritt auf, noch bevor einem Menschen bewusst ist, dass er beispielsweise eine Bewegung ausführen wird.

Die Wissenschaftler können also auf ihren Monitoren in gewisser Weise schon vorhersehen, was ihr Proband gleich wollen wird. Er wird etwas tun, obwohl er davon noch nichts weiß. Führt er die Handlung dann aus, ist er felsenfest davon überzeugt, diese zunächst gewollt und dann auch bewusst initiiert zu haben. Sogar wenn der Handlungsimpuls während einer Hirnoperation durch elektrische Stimulation hervorgerufen wird, so dass ein Patient beispielsweise seine Hand hebt und über seine Decke streicht, ist er zutiefst davon überzeugt, dieses gewollt und dann mit voller Absicht getan zu haben. Erklären ihm dann die Ärzte, diese Handlung sei in Wahrheit unwillkürlich erfolgt, streitet er dies vehement ab. Was das Ich als eigene, freie und willkürliche Entscheidung empfindet, ist in Wirklichkeit nur eine Manipulation des Gehirns. Denn dieses initiiert die Bewegung unabhängig vom Ich und lässt das Ich nur das Gefühl entwickeln, es habe etwas selbst gewollt und gesteuert.

Diese Beobachtung lässt uns erneut ins Grübeln kommen, was noch übrig bleibt von unserem vertrauten Ich. Wenn es nicht am Anfang unserer

„freien" Entscheidungen steht, was, bitte schön, soll es dann noch sein? Ist es nur eine Abstraktion des Gehirns? Ist es für das Gehirn aus irgendeinem Grund praktisch, sich so ein Ich zu halten, das sich für einen unabhängigen Macher hält, in Wirklichkeit aber nur eine Marionette ist? Was könnte das für ein Grund sein? Ist das Ich der Wahrnehmer von etwas, das solch eine Instanz braucht? Ist es eventuell nur eine Art „siebter Sinn", der alle anderen Sinnesempfindungen bündelt und sie zu seinen erklärt?

In der östlichen Philosophie wird das Ich durchaus so interpretiert, und auch Rudolf Steiner spricht von einem Ich-Sinn. Demnach wäre das Ich kein übergeordnetes Subjekt, sondern eine Einbildung, ein Konstrukt, das sich „fremde" Eindrücke, Wahrnehmungen und Gedanken zu Eigen macht.

Dieses Phänomen lässt sich mit der englischen Unterscheidung von „I" und „me" („me" kann ja auch „ich" bedeuten) vielleicht etwas besser fassen als mit dem deutschen „ich", das eine Einheit unterstellt. Das Ich kann sich jedoch nur wahrnehmen, wenn es grundsätzlich dualistisch angelegt ist, also intern der Spaltung von Subjekt und Objekt unterliegt; denn etwas, was mit sich total identisch ist, kann sich nicht wahrnehmen. Daher benötigen wir einen Mechanismus der Spaltung: „Ich nehme mich wahr." „Ich nehme meine Gedanken als meine Gedanken wahr, denn schließlich bin ich nicht schizophren und höre ‚Stimmen'." Das „I" benötigt also (s)ein „me", um sich zu erleben.

Dieses „me" ist für das „I" so eine Art Objekt, denn dem „me" „widerfahren" die Hirnprozesse und dem „I" werden sie als seine eigenen bewusst. Im Hirn eines *Body-mind*-Wesens laufen offensichtlich Prozesse zwischen „I" und „me" ab, die dann einem Individuum als die eigenen erscheinen – dabei hat die „Person des Hirninhabers" gar keinen Einfluss auf diese Hirnaktivitäten, sie geschehen einfach. Wir müssen deshalb unsere eigene Wahrnehmung vom Ich korrigieren: Das Hirn denkt und zaubert sich einen Denker!

Dieser Denker verknüpft sich mit dem Denken, indem beide „Instanzen" eine ständige Wechselbeziehung eingehen. So entsteht eine neue Realität, die unablässig diese zwei Punkte (Denken und Denker) umkreist. Die so geschaffene Wirklichkeit nennen wir Individuum.

Damit wären die Begriffe geklärt, aber Vorsicht: Die Rückwirkungen auf unser Selbstbild sind enorm. Subjekt wie Objekt in uns – „I" und „me" – sind vom Hirn geschaffene und aufeinander getaktete Denkprozesse. Fragen wir nach dem Ich, landen wir deshalb über kurz oder lang unweigerlich bei der alles beherrschenden Meta-Frage: Was ist das Hirn?

Nach heutigem Kenntnisstand müssen wir in der Tat so allgemein fragen – d. h., es geht nicht um eine ganz spezielle Region des Gehirns, in der das Ich seinen Sitz hätte; auch residiert es nicht an mehreren ausgemachten Stellen unseres Kopfes, sondern es scheint um nichts weniger als das Ganze zu gehen: Alle Regionen des Hirns arbeiten für unser Ich mit allen Regionen des Hirns zusammen, je nach „Anlass" in unterschiedlicher Intensität, aber immer ist jeder „Ort" im „Dachstübchen" aktiv. (Die Suche nach einem anderen Platz für das Ich als dort oben haben die Wissenschaftler aufgegeben; das gilt zumindest für die Gegenwart.)

Das Beunruhigende an der Geschichte ist also, dass sich einfach keine Kommandozentrale ausmachen lässt, von der wir sagen könnten: Hier sitzt unser Ich und steuert uns. Vielmehr nimmt der Mensch geradezu zombie-artige Züge an: Er scheint ein willenloses Wesen zu sein, das mehr oder weniger von Zauberhand gelenkt wird und zugleich partout daran glauben will, einen freien Willen zu haben. „Wäre ja auch noch schöner", denkt es in uns, „wenn wir nicht Herr über uns selbst wären!"

Wenn es aber keinen Sitz des Ich gibt und wir zugleich nicht bereit sind, uns als Produkte irgendeiner Magie zu verstehen, dann stehen wir mit leeren Händen vor einem großen Rätsel: Wie entsteht aus objektiven neuronalen Hirnaktivitäten das Gefühl einer subjektiven Identität, eines Ego, eines Selbst, eines Ich-Bin? Was bleibt von dem berühmten *cogito ergo sum*, wenn die Forschung feststellt, dass das Ich als Über-Gedanke vom Gehirn gedacht wird, dass es sozusagen die Quintessenz aller neuronalen Einzelaktivitäten ist?

„Mein Hirn denkt mich, also bin ich nicht wirklich ich", das wäre die logisch-theoretische Schlussfolgerung aus dem aktuellen Befund der Hirnforschung – aber wer kann schon mit diesem Abschied vom Ich glücklich werden? Ich nicht, zumindest nicht ad hoc, alles braucht seine Zeit (obwohl ja selbst diese nur eine Illusion ist …).

Vor diesem Hintergrund ist es wirklich beeindruckend, dass Friedrich Nietzsche schon vor über einem Jahrhundert formulierte: „Das Ich ist der älteste Glaubensartikel." Konnte er vielleicht schon Abschied nehmen?

Wenn ja, dann war er unserem heutigen Wissen voraus. Denn wir glauben nun empirisch bestätigen zu können, dass das Ich tatsächlich eine Illusion ist, dass es in den Bereich des Glaubens gehört. Kurz: Wir wissen, dass wir glauben.

Könnte es sein, dass Glaube und Wissen identisch sind?

II. Es gibt mich und es gibt mich nicht: Antworten aus der Quantentheorie

Betrachten wir die Erkenntnisse der neuesten Hirnforschung mit den Augen eines selbstlosen Denkers, müssen wir feststellen, dass die Begriffe, die wir vom Ich haben, ihre frühere Eindeutigkeit verloren haben und mit dem großen Ganzen verschwimmen. Nichts ist mehr sicher. Sie sind ich und ich bin die Welt, Wissen ist Glauben und der freie Wille ist eine Illusion in einem Meer von Zwängen.

Aber wie soll man damit umgehen? Wir wissen, dass es uns eigentlich gar nicht gibt und dass wir andererseits die ganze Welt sind. Die Welt schafft uns und wir schaffen die Welt!? Ja, geht's denn noch?

Ich kann Sie beruhigen, es geht noch. Es muss nämlich nicht so sein, wie es leider derzeit so viele Forscher machen, dass sie uns unverdauliche oder nicht zu Ende gedachte Ergebnisse auftischen und uns dann mit unserem armseligen Ich allein lassen. Doch bevor ich an dieser Stelle Ihre und meine grauen Zellen unnötig belaste, um dort weiterzudenken, wo die Forschungsgelder aufhören, blicken wir lieber einmal in eine völlig andere Disziplin. Und zwar in ein Forschungsfeld, bei dem man es mit ganz ähnlichen Problemen zu tun hat. Es handelt sich dabei um die Quantenphysik, die schon länger auf der Suche nach den Bausteinen unserer Existenz das Undenkbare denken muss. Schauen wir doch, ob wir uns von dort nicht das eine oder andere Instrument ausleihen können, um das Ich-Bild der Zukunft zu konstruieren. Denn, und das ist die große Parallele, auch die Quantenphysik kommt mit paradoxen Begriffen dem Wesen der Existenz ein bisschen mehr auf die Schliche als viele handfestere Disziplinen, die zwar fest auf dem Boden der Tatsachen bleiben, aber damit doch nur dem dicken Buch der Mythen ein weiteres Kapitel hinzufügen.

Krempeln wir daher die Ärmel hoch und nehmen es mit den Hauptthesen der Quantenphysik auf:

1. Die Landkarte und die Landschaft

Wenn man die Quantentheorie verstanden hat, dann hat man sie nicht verstanden.

Ich denke, man kann davon ausgehen, dass niemand die Quantentheorie versteht.

Mit derartigen Sätzen haben Mitbegründer wie Feynman, Bohr, Pauli, Schrödinger und andere die Quantenphysik kommentiert.

Man stellt sich gemeinhin vor, dass Physik etwas über die Wirklichkeit aussagt. Nun ist die Sprache der Physik die Mathematik, und die kommt laut Albert Einstein immerhin zu Aussagen, die „gewiss sind" – aber nicht, was die Wirklichkeit betrifft!

Wie das? Um dies zu erklären, müssen wir „Wirklichkeit" einmal durch „Landschaft" ersetzen (gemeint bleibt aber dasselbe). Die Frage ist doch, ob die Physik und ihr „Hilfsmittel", die Mathematik, tatsächlich etwas über die Landschaft aussagen können; und das lässt sich ganz klar mit nein beantworten. Denn die Aussagen betreffen nicht die Landschaft selbst, sondern immer nur ihr Modell, nämlich die Landkarte.

Um diese zu zeichnen, haben wir die Mathematik als nützliches Werkzeug. Sie ist eine Zahlensprache, so wie Englisch und Deutsch linguistische Sprachen sind und ihren Dienst in ganz ähnlicher Weise verrichten: Sie helfen, Informationen zu vermitteln, was im wörtlichen Sinne bedeutet, dass etwas *in Form gebracht* wird.

Wenn wir uns damit jedoch nicht zufriedengeben wollen und versuchen, anstelle der Information die Erfahrungen selbst (also lebendige Empirie) zu vermitteln, dann überfordern wir unsere Hilfsmittel und sie verweigern den Dienst. Alles, was Sprachen jeglicher Couleur können, ist, über Erfahrungen zu *in-form*ieren. Es werden Codierungen übermittelt, deren Aufgabe es ist, Erfahrungen zu beschreiben oder die Wirklichkeit zu ergründen. Dieser Vorgang mittels des Mediums Sprache ist jedoch nicht die Erfahrung selbst:

Die Landkarte ist nicht die Landschaft.

So weit die Theorie zu unseren physikalischen Bildern. Blicken wir nun jedoch auf die Quantentheorie, müssen wir feststellen, dass hier diese Methode gesprengt wird. Denn in diesem Zweig der Physik wird nicht einfach eine neue Land*karte* der Wirklichkeit gezeichnet. Hier gibt es kein neues *Bild*, das uns über die Realität *in-form*ieren soll. Vielmehr ist die Quantentheorie auf eine extreme Weise abstrakt, sie entzieht sich der menschlichen Vorstellungskraft. Die Anschaulichkeit physikalischer Theorien ist schon seit Einsteins Relativitätstheorien abhanden gekommen; die Quantentheorie hat ihr endgültig den Todesstoß versetzt.

"Die Landkarte ist nicht das Territorium."

Alfred Korzybski

Das ist unbequem, wo wir uns doch noch so gerne an das Bohrsche Atommodell klammern, weil es so schön anschaulich ist. Aber das, was uns die Quantenphysik mitteilt, zwingt uns, nicht nur dieses spezifische, sondern alle Atommodelle schlechthin auf den Müllhaufen zu werfen. Denn kein Modell kann dem standhalten, was empirisch erforscht wurde.

Natürlich würden wir am liebsten Antworten darauf erhalten, wie ein Atom nun „wirklich" aussieht. Doch bereits in der Frage steckt ein Irrtum. Denn niemand hat jemals ein Atom zu Gesicht bekommen, und wenn wir ehrlich sind, müssen wir zugeben, dass Atome nur gedachte, hypothetische Einheiten sind. Man hat sie sich ausgedacht, weil dadurch experimentelle Beobachtungen und theoretische Entwürfe „haltbarer", verständlicher wurden. Doch „Realitäten" sind sie damit nicht!

In unseren Köpfen sieht das zwar anders aus, denn dort geistern sie weiterhin als „Dinger" herum. Doch nur, weil wir eine fixe Idee haben, wird die Wirklichkeit nicht gleich ihr Sein umstellen. Vielmehr müssen wir einsehen, dass ein Atom eine bloße Vorstellung ist. Und fühlen wir dieser auf den Zahn, stellen wir verdutzt fest, dass jede Anschaulichkeit verloren geht. Das Atom ist also eine Vorstellung, die man sich nicht vorstellen kann. Das ist paradox, aber unabwendbar. Dementsprechend ist die ganze Quantenphysik eine Landkarte, die nichts mehr von einer Karte hat. Schöne Bescherung! Denn so sind wir gezwungen, Dinge zu betrachten, die nicht betrachtbar sind. Das muss den gesunden Menschenverstand an den Rand des Wahnsinns treiben.

Nun gibt es zweifellos manche Freaks, die sich an solchen Abstraktionen ergötzen können, aber alle möchten doch letztendlich wissen, worauf diese Abstraktionen gründen. Hier gibt es jedoch keine aussichtsreiche Perspektive. Denn die in der Quantenphysik zentrale Wellenfunktion ist ein rein mathematischer Begriff, den ein Physiker namens Schrödinger konstruiert hat. Er tat dies, um Erkenntnisse zusammenzufassen und Ergebnisse auswertbar zu machen. Aber, wie gesagt, Mathematik ist nur ein Werkzeug und keine Realität.

Damit soll aber natürlich auch nicht das Gegenteil über die Wellenfunktionen behauptet sein, denn vielleicht existieren sie ja wirklich. Es kann aber auch sein, dass sie nur Ideen sind. In jeder der zentralen Aussagen der Quantenphysik steckt die Ambivalenz eines qualitativen Unterschieds zwischen Gedanken, also Bewusstsein, und Materie.

Die von uns benutzten Modelle sind, mit den Worten Albert Einsteins, „freie Schöpfungen des menschlichen Geistes". Das hat zur Folge: „Die Theorie entscheidet darüber, was wir wahrnehmen."

Unsere Aufmerksamkeit richtet sich also auf das „ewige Geheimnis", dem wir nie wirklich auf die Spur kommen können. Nichtsdestotrotz sind wir davon wie besessen und schaffen am laufenden Band Bilder. Herbert Pietschmann vergleicht dieses naturwissenschaftliche Ansinnen mit dem Blick auf den Eingang eines Schwimmbads, durch den Besucher ein- und ausströmen. Die Badegäste kommen angezogen ins Schwimmbad und verlassen es so auch wieder; ob sie zwischenzeitlich ihre „Klamotten" abgelegt haben oder nicht, bleibt dem Beobachter vor dem Schwimmbad verborgen.

Diese verborgenen Variablen sind es aber gerade, die die menschliche Phantasie beflügeln und unsere Spezies zu mentalen Höchstleistungen antreiben. Im Endeffekt wollen wir stets wissen, was in der Landkarte, auf die wir nicht blicken können, wirkliche Wirklichkeit ist.

Am Anfang dieser Suche steht immer die Theorie. Dann folgt das Experiment, und die Ergebnisse werden im Sinne der Theorie erklärt, die der Experimentator „auf Lager" hat. So wurde beispielsweise Einsteins Allgemeine Relativitätstheorie und die darin formulierte Lichtablenkung durch Eddington 1919 experimentell bestätigt. Und das ging folgendermaßen:

Durch die Krümmung des Raumes musste es laut Einstein zu einer Lichtablenkung kommen, die aber seines Erachtens nicht experimentell beweisbar wäre. Aus dem Prüfstein für jede Theorie wurde für Einstein so etwas wie eine Illustration der Theorie, letztlich also mehr eine Belehrung der ungläubigen Thomasse, also der Masse der Kollegen, die es zu belehren und zu überzeugen galt.

1919 fand unter Leitung von Arthur Stanley Eddington die Sonnenfinsternis-Expedition statt, deren Ergebnis Albert Einstein weltberühmt machte. Vom jugendlichen Spinner über den visionären Hypothetiker zum bewiesenen Weltgenie – ein relativ kurzer Weg für Albert.

„Veranlasst durch Einsteins $E = mc^2$, schrieb er [Eddington, G.W.] der elektromagnetischen Strahlung eine Masse zu, wendete die Newton'sche Mechanik und das Newton'sche Gravitationsgesetz auf eine an der Sonne streifend vorbeifliegende Korpuskel an – und erhielt nach Standardmethoden vom Schwierigkeitsgrad einer gehobenen Übungsaufgabe eine Ablenkung von 0,87 Bogensekunden, also genau den von Einstein 1911 aus dem Äquivalenzprinzip hergeleiteten Wert. Eddingtons Verfahren ist nicht gerade legitim …" (Albert Fölsing)

Was nicht ganz passt, wird passend gemacht.

Vielleicht haben Sie schon von der Rotlichtverschiebung gehört? Wie auch immer, sie ist ein interessantes Kopf-Phänomen der Physikergemeinschaft, das uns ein Beispiel für den Wahrheitsgehalt physikalischer Theorien liefert.

Mit der Rotlichttheorie soll bewiesen werden, dass das Universum sich ausdehnt. Das Bild der Theorie der Expansion des Kosmos ist die „Hubble-Gerade", d. h. der lineare Zusammenhang zwischen Entfernung und Geschwindigkeit. Auf dieser Geraden lassen sich die einzelnen Galaxien mehr oder weniger gut anordnen. Aber da steckt natürlich schon Theorie drin: Was von den Astrophysikern beobachtet wird, sind weder Abstände noch Geschwindigkeiten. Beobachtet werden scheinbare Helligkeiten und Verschiebungen der Spektren. Hier wird das Wechselspiel zwischen Beobachtung und Theorie interessant:

Beobachtungen sind nichts, erst durch die Einbettung in eine wissenschaftliche Theorie bekommen sie Bedeutung. Beobachtet werden Phänomene und nicht die Wirklichkeit. Die Landkarte ist nicht die Landschaft. Die Wirklichkeit wird durch die Theorie er-funden und dann durch den Beobachter bestätigt.

Das Weltbild der klassischen Physik stimmt im Wesentlichen mit dem Bild der Welt überein, das unsere Alltagserfahrung uns tagtäglich suggeriert. „Die Sonne geht auf", sagen wir nach wie vor und scheinen damit Anhänger des geozentrischen Weltbildes zu sein, obwohl unser Schulwissen uns eines Besseren belehrt hat: Das heliozentrische Weltbild ist aktueller, aber auch nicht mehr topaktuell, ein Upgrade ist notwendig. Heute sollten wir wissen, dass die Sonne, unsere Sonne, auch nur eine Sonne unter vielen in unserer Galaxie ist und diese unsere Galaxie mit unserem blauen Heimatplaneten Erde nur so ein kleiner Spiralarm am Rande einer Galaxie ist, die wiederum nur am Rande der heute bekannten Galaxien liegt, die das Universum ausmachen. Wir scheinen eine Randerscheinung zu sein. Bitter – aber wahr?!? Unsere Glaubensartikel sind heute nach wie vor, dass die Welt prä-existent ist, also nicht in jedem Augenblick neu erscheint, sondern eben **da** ist. Ferner glauben wir, dass die Welt „da draußen" streng von unserer subjektiven Eigenwelt getrennt sei. Außerdem gilt es als möglich, die Welt wissenschaftlich, also objektiv, zu erforschen, und viertens gilt das Prinzip „Separabilität". Danach ist jedes materielle System in autonome Teilsysteme zerlegbar (wir werden dazu noch kommen).

Die Quantentheorie, deren Ausgangspunkt nicht die kleinste materielle Einheit, sondern ein Quant als kleinste Energieeinheit ist, sagt nun, dass die „Welt-da-draußen" in ihrer Autonomie gar nicht existent sei. Sie wird hervorgebracht durch Beobachter der Welt, das heißt, dass an die Stelle der Objektivität die Subjektivität tritt. Welt und Beobachter sind eins.

Auch die Separabilität wird durch die Erkenntnis ersetzt, dass alle Teile des Universums irgendwie zusammenhängen. Es gibt so etwas wie die Ganzheit der östlichen Kulturen (TAO der Physik), und auch bei dem Gründungsvater der westlichen Philosophie, Platon, finden wir eine Entsprechung: „Eins ist das Ganze."

„Wir müssen die Physik umkehren", fordert deshalb David Bohm. „Statt mit den Einzelheiten anzufangen und zu zeigen, wie sie zusammenarbeiten, beginnen wir mit dem Ganzen."

Denn in der Tat stellt die Quantentheorie mit ihren Aussagen das Universum im wahrsten Sinne des Wortes auf den Kopf – oder verlagert sie in den Kopf. Die Welt existiert im Bewusstsein.

Damit sind unsere herkömmlichen Denkmechanismen außer Kraft gesetzt. Aber Vorsicht! Das Modell der Quantenmechanik ist eine freie Schöpfung des menschlichen Bewusstseins (sofern man an die freie Schöpfungsmöglichkeiten des menschlichen Bewusstseins glaubt). Und das bedeutet, dass die Natur nicht notwendigerweise so sein muss, wie die Quantentheorie sie beschreibt. Denn nach wie vor gilt: Die Landkarte ist nicht die Landschaft.

Im Dezember 1900 tagte die Deutsche Physikalische Gesellschaft in Berlin, und Max Planck hielt am 14. Dezember seinen bahnbrechenden Vortrag, der als Geburtsstunde der Quantentheorie gilt. Planck ging von der These aus, dass die Lichtenergie gequantelt sei, also nur in kleinsten Einheiten auftritt.

Fünf Jahre später zeigte Albert Einstein mit seiner berühmten Formel $E = mc^2$, dass Energie Masse hat (ist) und Masse Energie ist (hat).

Jetzt wurde Plancks Formel $E = h \cdot v$ (v = Frequenz des Lichts und h für WirkungsQuantum) verständlich: Atome, Teilchen, Partikel sind nichts anderes als Energiequanten, und Energiequanten sind Teilchen. 1923 veröffentliche der Franzose Louis Victor de Broglie seine Dissertation, die ein weiterer Meilenstein in der Entwicklung der Quantentheorie werden sollte. De Broglie hatte sich mit Einstein (Welle-Teilchen-Bild des Lichts) und Planck ($E = h \cdot v$) beschäftigt und entwickelte die Formel $m \cdot c^2 = h \cdot v$!

Wenn ein Teilchen Wellencharakter hat, dann muss die Frequenz seiner Welle v aus der Beziehung $m \cdot c^2 = h \cdot v$ berechenbar sein.

De Broglies These, dass Elektronen Wellen seien, wurde durch kein Experiment gerechtfertigt, und so konnten die Herren Professoren an der Sorbonne in Paris sich erst nach Rücksprache mit Albert Einstein („These ist verrückt, aber logisch") entschließen, die Arbeit anzunehmen und de Broglie zu promovieren.

Die weltweite Physikergemeinde tat sich schwer, die neuen Erkenntnisse zu akzeptieren. Denkmuster wie die Komplementarität, dass Welle und Teilchen zwei sich widersprechende, aber trotzdem zu akzeptierende Erscheinungen desselben „Objekts" sind, setzten sich erst langsam durch.

„Eine neue wissenschaftliche Wahrheit pflegt sich nicht in der Weise durchzusetzen, dass ihre Gegner überzeugt werden und sich als belehrt erklären, sondern vielmehr dadurch, dass die Gegner allmählich aussterben." (Max Planck)

Dann kam der Heroe Erwin Schrödinger, der es wagte, die Wellengleichung für die Materiewellen zurechtzurechnen. Dessen Wellengleichung beschreibt etwas, aber es existiert dazu kein **Bild**:

Da Überlagerungen von Wellen nichts anderes als Additionen darstellen, braucht man nur zwei Lösungen $\Psi 1$ und $\Psi 2$ zu addieren.

Ψ (x, t; x = Ort und Stelle und t = Zeit) = $\Psi 1$ (x, t) + $\Psi 2$ (x, t) und erhält mit Ψ (x, t) die wahre Wellenbewegung.

Für einige Physiker hat die Schrödinger'sche Wellengleichung Wahrscheinlichkeitsfunktion (z. B. Einstein), für andere Realitätscharakter (z. B. Niels Bohr).

Stellen Sie sich vor, Sie finden eine Partitur! Auf einem Blatt stehen keine mathematischen Symbole, sondern Noten, die Sie, falls ein Instrument an Ort und Stelle und Zeit ist und Sie es spielen können, in Klänge, in Musik verwandeln. Ist die Wellenfunktion eine Partitur – eine Landkarte – oder ist sie Musik? Innerlich hören Sie eventuell auch ohne Instrument die Musik, während Sie die Noten lesen.

Das Zusammenbrechen, der Kollaps der Wellenfunktion, ist eine Merkwürdigkeit der Quantentheorie, die zu einem erbitterten Interpretationsstreit geführt hat. Es geht dabei um eine Beziehung, eine Wechselwirkung, zwischen dem zu Messenden und dem Messinstrument bzw. der Person, die die Messung ausführt.

Das war radikal neu, da die klassische Physik geschlossene Systeme kennt, die nicht miteinander in dieser Weise korreliert sind. So stellen wir es uns z. B. bei den normalen Beobachtung in der Alltagswelt vor, die physikalisch gesehen lupenreine Messungen sind. Sie blicken auf das Objekt ihrer Begierde, einen ♂ oder eine ♀, und sehen sich dabei als separates Wesen, und auch das Objekt Ihrer Begierde erscheint als eigenständige Person. Ganz anders hingegen in der Quantenwelt:

„Das zu messende Objekt ist definiert durch die Wellenfunktion $\Psi 1$ (x, t). Der Messende oder das Meßsystem produziert ebenfalls eine Wellenfunktion, sagen wir $\Psi 2$ (x, t). Wenn zwei Wasserwellen aufeinanderstoßen, ergeben sich überlagernde Wellen, die komplizierte Strukturen besitzen können. Die Physiker sprechen von einer **Superposition**. Auch beim Messvorgang entsteht eine Superposition der beiden Wellenfunktionen $\Psi 1$ (x, t) und $\Psi 2$ (x, t), die man – wie man mathematisch leicht zeigen kann – durch eine einfache Summe berechnen kann. Die **Superposition** Ψ (x, t) = $\Psi 1$ (x, t) + $\Psi 2$

(x, t) ist demnach die Wellenfunktion des Gesamtsystems. Führt man nun eine Messung durch, misst man Ψ (x, t,) statt Ψ 1 (x, t), d. h. die Daten sind nicht mehr objektiv, da die Daten des Messenden bzw. des Meßsystems mit einfließen. Die Messdaten beschreiben die Wechselwirkung zwischen dem zu Messenden und dem Meßsystem. Eine objektive Messung ist nicht mehr möglich." So beschreibt es Werner Kinnebrock.

Messen, beobachten, wahrnehmen bedeutet somit, die Quantenebene der Potenzialität zu einer Realitätswelt zu „machen". Die Quantenwelt ist fließend, ohne Subjekt-Objekt-Modus, und sie ist unbestimmt.

Das Konkrete, das Bestimmte, das wir außerhalb unserer selbst wahrzunehmen glauben, erschaffen wir in Wirklichkeit erst durch unseren Mess-/Beobachtungsvorgang. Diesem schwammigen, nicht fixierbaren Zustand kleben wir das Etikett der handfesten Wirklichkeit auf, was natürlich ein Schwindel ist. Genau das ist dann die sogenannte Konsensrealität der Nicht-Verrückten, die vorgeblich unverrückbare Norm unserer Welt. Wer diesen Irrtum nicht zur Grundlage seines Erlebens macht, gilt nach Definition der „Normalos" als Verrückter, der sich in einer psychotischen, nicht knallhart realistischen Konsensrealität befindet. Das Problem dabei ist nur, dass diese Konsensrealität ebenso weich ist wie jede andere psychotische Welt auch. Es lässt sich eben kein qualitativer Unterschied zwischen „normal" und „verrückt" feststellen.

Da jede Beobachtung eine Messung ist, verändert jeder von uns durch eben diese Beobachtung die Realität. Das führt uns zu seiner extremeren, aber doch physikalisch-politisch-korrekten Interpretation der Quantenphysik:

Jede Realität auf der uns bewussten Realitätsebene wird durch unsere Beobachtungen erst er-schaffen. Ein Teilchen tritt erst bei einer Messung als Teilchen auf, ansonsten ist es über das Ganze verschmiert. **Tat twam asi**, sagt die hinduistische Kultur: Du-bist-das-Ganze.

Physikalischer versucht Michio Kaku dieses Phänomen in Wort und Bilder zu fassen:

„Wellenfunktionen lassen sich auch für größere Objekte entwickeln – Menschen zum Beispiel. Ich sitze hier in meinem Stuhl in Princeton, weiß aber, dass auch ich eine Schrödinger'sche Wellenfunktion der Wahrscheinlichkeit besitze. Wenn es mir irgendwie gelänge, meine eigene Wellenfunktion zu sehen, würde sie einer Wolke ähneln, die weitgehend die Form meines Körpers aufwiese. Doch ein Teil der Wolke würde sich über den gesamten Weltraum, bis hin zum Mars und sogar über das Sonnensystem hinaus, ausbreiten, wenn die Werte dort auch verschwindend klein wären. Das heißt, sehr vieles spricht dafür, dass ich tatsächlich auf dem Stuhl und nicht auf dem Planeten Mars sitze. Obwohl sich ein Teil meiner Wellenfunktion noch über die Grenzen der Milchstraße hinaus ausgebreitet hat, ist die Chance, dass ich in einer anderen Galaxie sitze, unendlich klein."

Die Astrophysiker erklären uns hingegen in alter Manier, dass sie in die Vergangenheit des Kosmos schauen könnten; denn das Licht benötige viele, viele Lichtjahre, um aus den Tiefen des interstellaren Raumes auf den blauen Planeten Erde oder, konkreter gesagt, auf die Netzhaut des den Kosmos beobachtenden Physikers im Observatorium zu fallen.

Hierzu merkt Werner Kinnebrock an: „Ein Stern im Weltraum emittiere ein Photon. Die Schrödinger Gleichung sagt uns, dass seine Wellenfunktion Ψ (x, t) sich kugelförmig ausbreitet. Das Photon füllt also einen riesigen Raum aus, der mehrere Lichtjahre im Durchmesser betragen kann. Nach einigen Jahren trifft die Wellenfront auf die Erde und ein Beobachter nimmt das Photon wahr. Im selben Augenblick bricht die Welle zusammen, das Photon wird zum Teilchen und fällt in das Auge des Beobachters.

Der Beobachter hat somit durch die Beobachtung (Messung) die Realität verändert, indem er eine Wellenbewegung im Ausmaß von einigen Lichtjahren auslöschte."

FAQ: Was macht die Zeit, wenn sie vergeht?

Oder könnte nicht alles auch instantan – gleichzeitig – passieren?

Kann Licht altern? Gibt es Raum und Zeit?

Nur, wenn wir die Einstein'schen Glaubensartikel Realismus, Lokalität und Separabilität teilen, können uns derartige Fragen, die uns die Quantenphysik aufdrängt, verwirren. Wenn wir hingegen schon per Anhalter durch die Galaxien unterwegs waren, Hawking gelesen oder gar eigene Erfahrungen gemacht haben, wundert uns die Zählebigkeit dieser Dogmen.

Der Vertreter des real existierenden Realismus glaubt an eine objektive, von ihm unabhängige Welt, und die Lichtgeschwindigkeit ist ihm die schnellste und größte aller schnellen Geschwindigkeiten. Jede Art der Information kann nach altem Einstein'schen Dogma höchstens mit Lichtgeschwindigkeit übertragen werden. Seit jedoch Teleportation (das akademisch-korrekte Wort für „beamen") im Prinzip möglich ist – Sie wissen schon: „Beam me up, Scotty!", nur dass bisher von Anton Zeilinger und seinem Team kein ganzer Mensch, sondern nur winzige Teilchen gebeamt wurden –, ist auch die Lichtgeschwindigkeit in arge Bedrängnis geraten und scheint ihre Supersonderstellung als Mess-Parameter der RaumZeit zu verlieren. Denn, und jetzt kommt's: Beamen geschieht tatsächlich „zeitlos" (instantan), was einer unendlich großen Geschwindigkeit entspricht.

Und so leid es uns tut, Albert: Nicht nur eines, sondern alle drei Axiome, die du zum Erhalt deiner alten Welt aufgestellt hast, sind von der Quantenphysik widerlegt worden.

Die Quantentheorie sagt, dass erst die Beobachtung die Welle zu Materie kollabieren lässt, und zwar an der Stelle, an der das Partikel vom Beobachter gesichtet wird. Erst der Messvorgang entscheidet daher, welche Möglichkeiten aus dem Meer der Möglichkeiten real werden. Und das heißt wirklich: der Messvorgang als Ganzes, und nicht etwa ein *separater* Beobachter. Damit ist aber „messen" bzw. „beobachten" gleichbedeutend mit dem Hervorbringen der Welt!

Wir müssen uns damit abfinden, dass die mikroskopische Quantenebene von uns nicht wahrgenommen werden kann. Aber gerade hier passiert Entscheidendes: In unseren Hirnen werden auf der Quantenebene Prozesse „gewählt", die sich dem willentlichen Zugang des Hirninhabers entziehen.

Diese Aktivitäten sind die Basis für die von einem Beobachter wahrgenommene makroskopische Welt. Wir als *subjektive* Beobachter der Welt sind keine abgegrenzten Personen, sondern verschmiert und verschränkt mit allem anderen. Denn wir lassen uns einfach nicht von dem trennen, was wir beobachten. Oder noch klarer: Beobachter und Welt sind eins. Jede Objektivität wird damit objektiv zur Farce und subjektiv zur Einbildung.

Unser wahres Sein ist also kein Sein als Individuum, sondern ein Sein verschränkt mit dem Ganzen. Es ist ein Being ONE.

Wir, unsere Wahrnehmung und die ganze scheinbar äußere Wirklichkeit – das alles ist in seiner Genese miteinander verknüpft: „Esse est percipi", so drückte das George Berkeley bereits in der ersten Hälfte des 18. Jahrhunderts aus. Sein heißt Wahrgenommenwerden – demzufolge gibt es keine Wirklichkeit, die nicht wahrgenommen wird. Und wenn wir es positiv formulieren: Wahrnehmung (Perzeption) macht aus potenzieller weicher Wirklichkeit knallharte Realität. Und wir können feststellen: Die Unterscheidung zwischen Beobachter (Subjekt) und Welt (Objekte) ist aufgehoben.

Werner Heisenberg formulierte das, indem er sagte, die „intermediäre Wirklichkeit" liege zwischen stofflicher Realität und geistiger Realität (Ideen, Vorstellungen). Platon grüßt herzlich aus dem Jenseits, und wir winken enthusiastisch zurück, denn es gibt nur **eine** Wellenfunktion.

2. Das Relative ist absolut und umgekehrt

„Wegen der nichtlokalen Eigenschaften der Quantentheorie folgt daraus, dass eine konsequent durchgeführte quantenmechanische Beschreibung letztendlich das gesamte Universum einschließen muss." (Erich Joos)

Wir müssen uns deshalb stets vor Augen halten:

Die Wellenfunktion Ψ beschreibt das ganze Universum, also das Absolute.
Auch wenn wir es im Alltag anders empfinden, so können wir uns doch nicht vor der Erkenntnis verschließen, dass „makroskopische Objekte" – also auch wir Menschen – nie isoliert sind, sondern immer in Wechselwirkung mit ihrer Umgebung stehen.

Diese Wechsel- oder Rückwirkungen sind die unmittelbare Folge der quantenmechanischen Verschränkung (Nicht-Lokalität), also der Tatsache, dass einem Subsystem (wie beispielsweise einem Menschen) kein eigener Zustand zugeschrieben werden kann, sondern nur noch *eine gemeinsame Wellenfunktion* existiert. Für uns Menschen heißt das, dass wir keine abgeschlossenen Einheiten, sondern miteinander korrelierende Subsysteme sind. Wir existieren also nicht getrennt von den anderen.

Unser relatives Ich – also unsere alltägliche Selbstwahrnehmung – ist in der quantentheoretischen Wirklichkeit sowohl Teil des Ganzen als auch das Ganze.

Wer jetzt sagt, dass diese neue Sicht vom Ich gar nicht neu ist, sondern bereits seit vielen Jahrhunderten in der fernöstlichen Vedanta-Tradition gelehrt wird – der hat natürlich Recht! Der dort verwendete Begriff des ATMAN mit seiner Verschränkung von alltäglichem Ich und absolutem Bewusstsein wird uns daher auch noch beschäftigen.

Doch wir bleiben einstweilen noch im Westen und damit auf dem steinigen wissenschaftlichen Weg, der uns ebenfalls erklären soll, wie es mit dem Ich weitergeht. Denn wenn Ψ das ganze Universum beschreibt, wo oder wer oder was ist dann der Beobachter?

Das Absolute reflektiert sich in sich selbst – aber das ist ja schon wieder eine Anleihe aus dem Osten, und es ist unsere Aufgabe, dieser Fährte mit unseren westlichen Methoden nachzuspüren.

Nehmen wir uns also einmal das Gehirn vor, denn es scheint ja evident, dass der Ich-Beobachter dort oben steckt. Aber wir wollen ihn nicht konventionell, sondern nach den Regeln der Quantentheorie ergründen. Dies ist zulässig, da hier zwei Neuronen „binär" miteinander kommunizieren: Feuern oder Nicht-Feuern lautet die Devise. Der Unterschied zwischen beiden Zuständen besteht aus ca. 10^6 Natrium- oder Kalium-Ionen diesseits oder jenseits einer Membran.

Auch im Hirn gibt es Superpositionen, Kohärenz bzw. Dekohärenz.

De-Kohärenz ist das Verschwinden der Superposition quantenphysikalischer Zustände durch die Wechselwirkung mit ihrer Umgebung.

Feuern bzw. Nicht-Feuern wird von der „Hirnumgebung" unterschieden, und so wird z. B. aus der überlagerten Schrödinger-Katze (sowohl tot als auch lebendig) die von einem makroskopischen System (sprich: Menschen)

„richtig" wahrgenommene Katze, die entweder tot *oder* lebendig ist. „Sowohl als auch" ist hingegen kein Wahrnehmungsmodus von Homo sapiens sapiens. Vielmehr braucht er den Kollaps der Wellenfunktion, damit in seinem Bewusstsein überhaupt etwas vorgehen kann.

Aber nur, weil sich die Zustände so verdinglichen, ist deshalb die Wellenfunktion nicht wirklich eliminiert: Und so bleiben die Menschen auch in ihrer vertrauten Welt quantenmechanisch gesehen nicht abgeschlossene Makrosysteme. Diese Wellen-Energiebündel sind viel mehr miteinander verbunden, als sie es merken, nämlich durch Zustandsverschränkungen, die dann ihrerseits zu Wechselwirkungen führen.

Ein neues Welt- und Menschenbild = Paradigmenwechsel pur

„Jeder Wandel hat auf einer neuen metaphysischen und ideologischen Basis gefußt oder vielmehr auf tieferen inneren Regungen und Intuitionen, deren rational formulierter Ausdruck sich zu einem neuen Bild des Kosmos und der Natur des Menschen formt." (Lewis Mumford)

Ein Paradigma ist die für einen (Zeit-)Geist grundlegende Art der Wahrnehmung, des Denkens, Wertens und Handelns, verbunden mit einer bestimmten Sichtweise der Wirklichkeit und der Natur des Menschen. Paradigmen werden nicht nur ausformuliert oder gelehrt; sie werden von Menschen, die in diesen (Zeit-)Geist hineingeboren werden, verinnerlicht wie durch Osmose.

Menschen unserer Kultur werden mit dem Perzeptions-Paradigma groß, und dessen Credo lautet: Ich sehe, also glaube ich.

Das zweite Paradigma ist das der Ratio: Ich denke, also bin ich.

Paradigmenwechsel finden selten statt. Einer war der von Ptolemäus zu Kopernikus oder vom geo- zum heliozentrischen Weltbild.

Bei Ptolemäus umrunden die Sonne, der Mond, die Planeten und die Sterne die Erde auf einer Kreisbahn. Menschen sehen, wenn sie in den Himmel schauen, dass die Sonne und die Sterne sich bewegen, und erleben, dass die Erde still steht. Die Sonne geht auf und die Erde ist eine Scheibe – so erscheint es dem Sinnesmenschen. Aber obwohl die Sterne sich gleichmäßig auf Kreisbahnen zu bewegen schienen, die Planeten taten es nicht. Sie eierten mit variablen Geschwindigkeiten zwischen den Sternen umher und schlugen manchmal sogar retrograde Richtungen ein. Mit anderen Worten: Es gab Anomalien, die es zu erklären galt. Dann kam Kopernikus: Die Sonne ist der von der Erde und den anderen Planeten umkreiste Mittelpunkt des Universums. Die Erde ist ein die Sonne umkreisender Planet, meinte er. Grundlage für Kopernikus' Theorie bildete die Erklärung der täglichen Umdrehung des Fixsternhimmels durch die Eigendrehung der Erde und deren jährlicher Umlauf um die Sonne. Allerdings benutzte Kopernikus noch die Idee der völlig runden Kreisbahnen und die Epizykeltheorie.

Erst die Einführung der Planetenbahnen als Ellipsen durch Kepler verhalf dem heliozentrischen Weltbild zum Durchbruch. Galilei fand mit Hilfe des Teleskops überzeugende Beweise für die Theorie des Kopernikus. Kopernikus hatte noch an der aristotelischen Idee der Kreisbahnen festgehalten. Aristoteles seinerseits war von der Erde als Fixstern ausgegangen und hatte gelehrt, dass Gegenstände zu Boden fallen, weil das ihr natürlicher Platz näher am Zentrum des Universums sei.

Wenn Aristoteles und Kopernikus „irgendwie" Recht hatten, dann musste eine neue Erklärung für das Fallen von Gegenständen gefunden werden, da die Erde ihre zentrale Position im Kosmos verloren hatte. Die Antwort lieferte Newton, der herausfand, dass die Planeten genau denselben Gesetzen unterlagen wie Gegenstände auf der Erde. Die Kraft, die auf der Erde einen Apfel vom Baum auf selbige fallen lässt, ist dieselbe, die die Himmelskörper auf ihrer Umlaufbahn hält.

Damit hatte ein Paradigmenwechsel stattgefunden.

Dann irgendwann (zeitlich gesprochen) kam Albert Einstein. Trotz vieler revolutionärer Ideen hielt er – wir erwähnten es bereits – an drei wesentlichen Pfeilern der alten Welt fest. Hier ist der Platz, an dem wir uns diesen Irrtümern ausführlich widmen wollen:

1. **Determinismus**: Position, dass jedes gegenwärtige und zukünftige Ereignis als die Wirkung vergangener Ursachen vollständig erklärt werden kann.
2. **Lokaler Realismus:** Realismus meint, dass die physikalische Welt aus Objekten besteht, die „an sich", d. h. unabhängig vom Bewusstsein, existieren. Lokalität meint, dass ein Ereignis an einem Ort ein Ereignis an einem anderen Ort nur dann beeinflussen kann, wenn ein Signal genügend Zeit hat, um sich nicht schneller als mit Lichtgeschwindigkeit – das war und blieb Alberts „heilige Kuh" – von einem Ort zum anderen fortzupflanzen. Die Verknüpfung der beiden Annahmen wird als „lokaler Realismus" bezeichnet.
3. **Separabilität:** Physikalische Systeme sind separiert, also voneinander getrennt.

Diesen alten Paradigmen soll nun Erwin Schrödingers Sicht der Quantenmechanik entgegengestellt werden, da diese unter den konkurrierenden Modellen ihrer Art einen besonders ausgereiften Eindruck zu machen scheint:

1. Wellenfunktion: Das zu messende Objekt/das Wahrgenommene ist definiert durch die Wellenfunktion Ψ. Der Messende/der Wahrnehmende produziert ebenfalls eine Wellenfunktion. Beim Messen/Beobachten ent-

steht eine Superposition – eine Überlagerung/Interferenz –, die durch eine Summe ausgedrückt wird: Die Superposition ist die Wellenfunktion des Gesamtsystems. Das Ganze hat nur *eine* Wellenfunktion.

2. Verschränkung (Entanglement): Quanten sind korreliert, obwohl zwischen ihnen keine direkte Wechselwirkung besteht/bestehen muss.

Damit offenbart sich ein ganzheitlicher Zug der Quantenwirklichkeit, der dem klassischen physikalischen Denken fremd ist. Jedes Quantum ist gleichzeitig *hier* wie *dort* und in gewissem Sinne *überall*.

3. Non-Dualität: In *Meine Weltansicht* von Schrödinger heißt es:

„Die vedantische Grundansicht. Die eigentliche Schwierigkeit für die Philosophie liegt also in der räumlichen und zeitlichen V i e l h e i t a n - s c h a u e n d e r u n d d e n k e n d e r I n d i v i d u e n. Würde alles Geschehen sich nur in einem Bewußtsein abspielen, so wäre der Sachverhalt höchst einfach ... Ich glaube nicht, daß die Lösung des Knotens auf logischem Wege durch folgerichtiges Denken innerhalb unseres Intellekts möglich ist ... Darum ist dieses dein Leben, das du lebst, auch nicht ein Stück nur des Weltgeschehens, sondern in einem bestimmten Sinn das g a n z e ... Das ist es bekanntlich, was die Brahmanen ausdrücken mit der heiligen, mystischen und doch eigentlich so einfachen und klaren Formel: Tat tvam asi (Das bist du). – Oder auch mit Worten wie: Ich bin im Osten und im Westen, bin unten und bin oben, i c h b i n d i e s e g a n z e W e l t."

Die Welt ist nicht prä-existent, nicht separiert, nicht wirklich real

Wirklichkeit, Realität wird durch den Zusammenbruch der Quantenwellenfunktion hervorgebracht. Dieser Kollaps ist a-temporal, also ohne Zeit. Das Absolute, aus dem wir sozusagen ständig hervorgehen, ist also völlig anders als „unsere" Welt, in der ein Beobachter eine raum-zeitliche Welt wahrnimmt. Das Absolute der a-temporalen Existenz geht hier freilich verloren: die wahrgenommene Welt ist nur noch relativ.

Indem wir dies zur Kenntnis nehmen, sagen wir aber zugleich, dass sich die physikalische Welt *eben nicht* durch separiert-objektive Zustände kennzeichnet -- egal, was uns unser Erleben auch ständig vorgaukeln möchte. Sie *erscheint* halt nur dem Ich-Bewusstsein in der uns vertrauten Weise; sie stellt sich dem Relativen im Absoluten dar.

Dieses Relative unterliegt dem Fluss der Zeit, es „vergeht". Aber es geht eben nicht im absoluten Sinne irgendwo hin (z. B. in eine andere Zeit oder einen anderen Raum), sondern das Relative geht wieder ein in das Absolute.

In diesem Sinne können wir Ludwig Wittgenstein auch von der quantentheoretischen Seite her verstehen, wenn er sagt: „Der Tod ist kein Ereignis des Lebens. Den Tod erlebt man nicht. Wenn man unter Ewigkeit nicht unendliche Zeitdauer, sondern Unzeitlichkeit versteht, dann lebt der ewig, der in der Gegenwart lebt."

Wenn wir genau hinsehen, bemerken wir, dass Wittgenstein diesen Gegenwartsbegriff neu definiert. Er klemmt ihn nicht mehr ein zwischen Vergangenheit und Zukunft, sondern gibt ihm eine ganz eigene Dimension, nämlich die der Unzeitlichkeit. Das ist zwar mal wieder nicht vorstellbar, aber nichtsdestotrotz richtig. Dieser Gegenwartsbegriff ist so etwas wie der gedachte Direktzugang zum Ganzen, zu der uns tragenden absoluten Existenz. Sie winkt uns auf der Quantenebene quasi entgegen. Freilich tut sie uns nicht den Gefallen, sich zu erklären, aber sie zwingt uns einzusehen, dass unser Weltbild an seine Grenzen gestoßen ist. Denn auf der Quantenebene grüßt uns freundlich das, was es in unserem physikalischen Weltbild nicht gibt: ein holistisches System.

Was also ansteht, ist nichts weniger als ein abermaliger Paradigmenwechsel. Der Glaubenssatz der Separabilität hat ausgedient und wird von der weitaus evidenteren und zwingenderen These der Verschränkung abgelöst. Alles ist miteinander verschmiert, werden wir in Zukunft von unserer Welt denken: Es gibt keine getrennten Entitäten.

Das Separable hat ausgedient? – Nicht ganz! Denn es hat nur keinen Platz mehr in der relativen, physikalischen Welt. Eine Nische indes werden wir ihm lassen müssen, und diese ist nichts weniger als das Ganze. Denn dieses Ganze aller Quantensysteme ist in einem reinen, separablen Zustand: Gott, TAO, Absolutes, Noumenon, Singularität etc.

Unterhalb dieser Ebene jedoch interagiert alles, denn es ist ja nur Wellenfunktion.

Leider können wir niemals sagen, wie diese „wirklich" ist. Aber immerhin können wir sagen, was nicht ist bzw. was nach unseren Regeln des Denkens ein Irrtum ist. Und da kommen wir zu dem paradoxen Ergebnis, dass es logisch gedacht keine – stets den Faktor Zeit beinhaltende – Kausalität geben kann! Denn das „Eingemachte", um das es hier geht, hat nichts mit zeitlicher Abfolge zu tun, denn es stammt ja aus der Quantenwelt. Es ist raumzeitlos, also immer schon da, bevor wir anfangen wahrzunehmen bzw. zu beobachten. Sehen wir Ereignisse, die aufeinander folgen, sind wir also grundsätzlich schon auf der relativen Ebene. So kommen wir – bildlich gesprochen – immer zu spät, wenn wir uns die Interaktion zwischen uns und der Welt vorstellen wollen. Erklärten wir sie kausal, brächten wir die Ebenen durcheinander, was nichts anderes als ein Denkfehler wäre. – Nein, wir müssen uns damit abfinden, dass die eigentliche Welt aufgrund ihrer für unseren Verstand paradoxen Phänomene keine begründeten Folgerungen von A nach

B kennt. A = B, so lautet der neue Satz der Identität, der den alten aristotelischen ablöst, der da lautet: A = A.

Nur auf der relativen Ebene der Einbildung sind Sie und ich Individuen nach der Formal Λ = A; auf der absoluten hingegen sind wir alle verschränkt. Wir tummeln uns in einer nicht auseinanderzudividierenden Gemengelage,

Es gibt triviale Wahrheiten und es gibt große Wahrheiten.
Das Gegenteil einer trivialen Wahrheit ist einfach falsch.
Das Gegenteil einer großen Wahrheit ist auch wahr.
Niels Bohr

in der es zwar A und B gibt, in der diese jedoch nicht mehr voneinander zu trennen sind, weil alles in einer gegenseitigen und zugleich un-zeitlichen Wechselbeziehung steht. Somit ist das Ungleiche gleich, oder in eine Formel gebracht: A = B. Der Begriff des Individuums bekommt damit eine völlig neue Dimension. Es bleibt das nicht zu Teilende/Dividierende – aber in dem Sinne, dass es nicht vom Anderen und Ganzen zu trennen ist.

Das ist natürlich ein schwerer Schlag für unsere gute, alte Kausalität. Zwar erleben wir sie noch, doch dürfen wir diesem Erleben nicht mehr trauen. So muss das Ursache-Wirkungs-Denken auf seine alten Tage noch erleben, dass es mit Schimpf und Schande aus dem Palast der ewigen Wahrheiten vertrieben wird. Es hat ausgedient, und seinen Platz nimmt nun ein anderes Prinzip ein: die Verschränkung. Sie reißt Wirkung & Ursache und Ursache & Wirkung aus deren zeitlich linearen Abfolge und lässt sie nur noch a-temporal im Meer der Potenzialitäten wabern.

Mit diesem neuen Prinzip wird nun behauptet: **Materie** ist nicht essentiell *Materie*. Und unser schönes Selbstbild aus Knochen, Haut und Hirn entgrenzt sich in zeitlicher und räumlicher Hinsicht: Die Wellenfunktion eines Menschen ist einer „Wolke" oder einem „Schaum" ähnlich. Dieses Phänomen hat weitgehend die Form eines Körpers, doch das „Ding" breitet sich über das gesamte Universum aus. Damit verschmieren die scheinbar so strikten Grenzen der Sub-Systeme, wie sie die klassische Physik postuliert, was eine kausale Abfolge von Ereignissen ebenso ausschließt wie die Nicht-Teilbarkeit, d. h. Individualität einer Person. Jeder ist alles und alles ist jeder.

Wenn es sich so verhält, dann ist Ihre und meine Superposition mehr und anders als die einfache Addition unserer Zustände: Wir sind *ein* System, und das ist mehr als die Summe der einzelnen Teile (sprich: mehr als die Summe von Ihnen und mir).

Sie finden das irritierend? Nun gut, das kann ich verstehen. Aber es muss nicht sein. Versuchen Sie es doch einmal folgendermaßen:

Schenken Sie sich den steinzeitlichen Irrglauben, Sie seien Sie („Being one"). Vergessen Sie aber auch die fundamentale Verunsicherung des „Being no one", mit der eine überhebliche und leider nicht bis zum Ende denkende Neurowissenschaft die alten Ichs verschreckt. Folgen Sie lieber der Quantenphilosophie auf ihrer ver-rückten Reise bis zu der Erkenntnis, dass wir uns in unserer Wahrnehmung „quanten-automatisch" verschmieren. Dann sind wir nämlich nicht „no one", nur weil unzulässige Versuchsanordnungen der Hirnforscher zu keinen vernünftigen Ergebnissen führen. Nein, entspannen Sie sich einfach und verstehen Sie sich – in einer Weise, in der unsere

Begriffe versagen – als Teil des Ganzen und als das Ganze zugleich: „Being ONE", das ist die Lösung.

So lässt es sich gut leben und sterben! Und in der Zeit, die Ihnen die relative Welt Ihrer Einbildung lässt, können Sie ja Ihren Verstand an der unendlichen Aufgabe schärfen, das Nicht-Denkbare Ihrer wahren Existenz zu denken. Sie werden zu keinem Ergebnis kommen, aber Sie werden sich immunisieren gegen die scheinbaren Gewissheiten Ihres relativen Egos, mit denen dieses immer wieder versucht, sich der wirklichen Erkenntnis in den Weg zu stellen.

3. Quantentheorie, Gehirn und Bewusstsein

> „Die höchste letzte Wahrnehmung entsteht nicht im Gehirn oder in irgendeiner materiellen Struktur, obwohl eine materielle Struktur erforderlich ist, um sie zu manifestieren. Der subtile Mechanismus des Wissens um die Wahrheit entsteht nicht im Gehirn."
>
> *David Bohm*

Die Wirklichkeit gelangt nicht direkt in unsere Köpfe. Sie ist vielmehr darauf angewiesen, dass unser Verstand gewisse Formen ausbildet, mit deren Hilfe wir dann etwas wahrnehmen können. Oder anders gewendet: Die Realität durchläuft einen nur allzu menschlichen Filter, bis sie schließlich bei uns ankommt. (Und wir wissen nicht, ob sie mit diesem inneren Bild einverstanden wäre oder uns am liebsten wegen der starken Verfremdung das Recht entziehen würde, dass wir hierfür weiterhin den Titel „Wirklichkeit" verwenden.)

Kant erkannte in Raum und Zeit solche apriorischen (noch vor der Erfahrung angesiedelten) Anschauungsformen des menschlichen Geistes. Die Wahrnehmung geschieht durch die Sinnesorgane, die Verarbeitung durch das Gehirn, und die Konzeption ist das Endprodukt, das dem Hirnbenutzer bewusst wird.

Dieser letzte Prozess des Bewusstwerdens ist das eigentliche Mysterium, jener Kern des Menschseins, an dem sich bislang noch alle die Zähne ausgebissen haben, die sich an das Thema heranwagten. Auch die Quantenphysiker können das Phänomen Bewusstsein bisher nicht befriedigend erklären; doch immerhin ist Quantentheorie die beste akademisch abgesegnete Theorie, um Bewusstsein im Sinne einer Landkarte zu verdeutlichen:

1. Neuronales Erkennen ist so etwas wie neuronales Messen, nur gibt es keinen direkten Erkenner. Der Erkenner wird „errechnet" als eine Art Abstraktion, als Modell, das sich selbst zum Ich-Modell erklärt, da es Ich-Wahrnehmungen hat. „Ich denke, also bin ich."
2. Neuronen feuern genau dann, wenn ein Schwellwert an Spannung überschritten wird. Alles deutet darauf hin, dass es sich dabei um deterministische Vorgänge handelt, über die der Hirninhaber nicht entscheiden kann.
3. Die elektrischen Ströme im Hirn „halten" sich nach jetzigem Erkenntnisstand „brav" an die Schrödinger-Gleichung.
4. Die Vorgänge des physikalischen „Erkennens" im Hirn unterliegen der Unschärfe und erscheinen damit in-determiniert. Die Unschärferelation lässt die Möglichkeit des freien Willens zu, wenn wir Indeterminismus mit freiem Willen gleichsetzen.
5. Auf der Ebene der Quantenvorgänge ist alles eindeutig vorgegeben, also determiniert.
   (Die Frage ist, ob die Fragestellung Determinismus vs. Indeterminismus der wahren Wirklichkeit oder der begrenzten dualen Denkweise des menschlichen Verstandes entspricht. Das Sowohl-als-auch der Quantentheorie bricht auch hier mit der Logik des menschlichen Alltagsverstandes, die da heißt: entweder vs. oder. Der Mensch ist in seiner Unfreiheit frei – wäre das eine Lösung, die Ihnen schmeckt? Wahre Freiheit ist die Unfreiheit zur Freiheit. Meister Eckhart: „Aber Gott unterdrückt nicht den individuellen Willen – er gibt ihm die Freiheit, so dass er nichts anderes will, als Gott selber will, und das bedeutet Freiheit. Der Verstand kann nichts anderes wollen, als was Gott will – und das ist nicht seine Fessel, sondern seine eigene Freiheit.")
6. Der Kollaps der Wellenfunktion ist a-temporal, also un-zeitlich. Die Zeit wird ebenso erst vom menschlichen Gehirn ins Spiel gebracht wie die Kausalität oder die Dualität Determinismus-Indeterminismus (Begriffe, die mit dem der Zeit unauflösbar verbunden sind).

Denken wir an dieser Stelle wieder in der Logik der Quantenphysik, dann sind makroskopische „Objekte" (wie beispielsweise Menschen) keine geschlossenen Systeme. Sie bilden vielmehr einen Zustand der Interferenz, der Superposition, mit ihrer Umwelt.

Das hat es in sich – und muss erklärt werden. Denn das, was wir täglich erleben, ist ja genau entgegengesetzter Natur. Also noch einmal zu den Wurzeln: Die einzelnen „Ereignisse" (und dazu gehören eben auch die neuronalen Vorgänge im Hirn) erscheinen undeterminiert, also zufällig; die Betonung liegt dabei aber auf *erscheinen*. Gar nicht zufällig ist hingegen das Gesamtbild (z. B. der ganze Mensch). Auf dieser Ebene haben wir es stets mit Geschehnissen deterministischer Natur zu tun. Wenn wir aber jetzt wieder die Quantenphysik heranziehen, müssen wir zugeben, dass doch *alles* nur *eine* Wellenfunktion hat oder, besser gesagt, ist. Egal, ob groß oder klein, ob mikroskopisch oder makroskopisch: Alles ist auch („auch" im Sinne von sowohl-als-auch statt entweder vs. oder) Welle – selbst wenn uns die Existenz doch immer wieder verdammt dinglich erscheint. Weil aber alles eine Wellenfunktion ist, sei die Schlussfolgerung gestattet, dass die Welt mit all ihren Geschehnissen keinem Zufallsprinzip unterliegt, denn das tun die Wellen ja auch nicht (siehe obigen Punkt 5 zur Quantentheorie des Bewusstseins). Was dem menschlichen Hirn als Zufall „erscheint", ist ihm nicht zufällig *zugefallen*.

Aber halt! Bevor Sie jetzt aussteigen, weil Ihnen das vielleicht zu spekulativ ist, bedenken Sie, dass Sie mit Ihren Bedenken offene Türen einrennen. Denn das soeben Gesagte ist ja nur eine These, die sich – und das liegt in der Natur der Dinge – nicht beweisen lässt. Sie greift nämlich aus ins Absolute, und das ist jenseits der menschlichen Denkstruktur. Letztere hat zwar durchaus ihre Qualitäten, denn immerhin nimmt sie in ihrer relativen Variante am großen Absoluten teil; aber leider, leider sind wir dann doch wieder so relativ, dass wir nicht die Überlagerung von Quantenzuständen erleben können. Und das heißt konkret, dass Katzen für uns (auch die Gedankenkatze des genialen Schrödinger) entweder lebendig oder tot zu sein pflegen, unabhängig davon, ob und wann wir in Kisten oder sonst wohin gucken. Oder grundsätzlich: Alle Lebewesen unterliegen im Betrachtungsmodus des Menschen einem Entweder-oder. Die viel höher (bzw. uns zu hoch) angesiedelte Zwitterexistenz einer Superposition beider Zustände hat dagegen noch kein als „normal" geltender Mensch beobachten können.

Diese Superposition ist aber das zentrale Merkmal der Quantentheorie. Und von dieser lernen wir, dass Superpositionen bei „zusammengesetzten" Systemen zu verschränkten Zuständen führen. „Zusammengesetzte" Systeme, das sind wir, und Superpositionen, die verstehen wir zwar nicht, aber sie sind da (sagen uns die Schlaumeier von der physikalischen Fakultät). Und was schließen wir daraus? Na klar, dass wir davon ausgehen dürfen, dass nicht hermetisch abgeschlossene Hirne von zwei oder mehr Menschen sich in einer Superposition befinden.

Und hier noch einmal die Bitte: Versuchen Sie nicht, sich das konkret vorzustellen, denn Sie und ich würden aus der menschlich-relativen Perspektive eh nur Murks denken, und mit diesem Murks würden wir dann die an sich plausible Quantentheorie versauen und dann behaupten, sie tauge nichts. Es wäre nur unsere eigene Unzulänglichkeit, die wir kritisierten, nicht aber die der Quantenphysik!

Nein, da ist es schon klüger, weiter dem Unvorstellbaren zu folgen: Versuchen wir es also noch einmal mit den verschränkten Zuständen. Diese weisen Kor-Relationen auf, also wechselwirkende Beziehungen; und so können wir unsere Hypothese dahin ausweiten, dass Gedanken nicht separiert in nicht-separaten Schädeln entstehen. Denn solche verschränkten Zustände von Systemen sind im Quantenbereich das „Normale".

Das Sensationelle an dieser ständig vorkommenden Verschränkung kann man sich eigentlich gar nicht oft genug klarmachen. Vergleichen wir hierzu die klassische Physik: Hier bestimmen die Zustände der einzelnen Systeme den Zustand des Gesamtsystems (man nennt das Separabilität). Das ist die Norm. Wenn hingegen ein zusammengesetztes System nicht separabel ist, nennt man es holistisch. In solch einem Fall haben wir es nicht mehr mit der „Summe" aus separierten „Einzelerscheinungen" zu tun, sondern mit einem ganzheitlichen Prinzip. Und genau das passiert bei den verschränkten Quantensystemen; hier haben die Physiker echten Holismus gefunden. Ein Hauch von Weltformel liegt in der Luft! Doch anstatt sich darüber laut zu freuen, werden ganz viele Forscher ganz leise und hoffen, dass keiner bemerkt, was sie da an Erkenntnissen in ihren Köpfen herumtragen. Nach dem Motto „Physiker, bleib bei deinen Quanten" kreisen sie möglichst unauffällig um ihre scheinbar harmlosen kleinen Teilchen. Und wehe, sie wagen sich doch ein wenig heraus und fragen, welche Rückwirkungen das Wellenwesen der Atome auf das Wesen der Welt haben könnte – einer Welt, die doch immerhin und absolut zweifelsfrei aus diesen Teilchen aufgebaut ist. Nein, nein, man darf nicht einmal daran denken, ob sich vielleicht Erkenntnisse aus der Quantenwelt auf die makroskopische Welt der menschlichen Wahrnehmungswelt extrapolieren lassen. Denn wer sich das traut, der kriegt eins mit der akademischen Knute übergezogen, und die heißt: „Wir drohen dir mit dem wissenschaftlichen Reputationsverlust!" Und das geht ganz schnell. Da braucht nur das Wort „Unseriosität" zu fallen, und schon sieht ein anständiger Forscher seine Felle davonschwimmen, und wenn gar das Verdikt „Esoterik" durch die heiligen Hallen der Institute donnert, kann der Delinquent seine schönen Karrierepläne gleich knicken.

Aber es geht auch anders. „Makroskopische Objekte sind nie isoliert, sondern stehen *immer* in Wechselwirkung mit ihrer natürlichen Umgebung. Um sich davon zu überzeugen, dass dies richtig ist, braucht man nur seine Augen zu öffnen. Wir sehen die Dinge in unserer Umgebung nur deshalb, weil sie Licht streuen. Die Streuung von Licht an einem Objekt bedeutet zum einen, dass dieses klarerweise nicht als isoliert betrachtet werden darf, zum anderen, dass es zu einer Wechselwirkung mit Eigenschaften ähnlich denen einer Messung kommt. Zum Beispiel enthält das Strahlungsfeld *nach* der Streuung an einem Objekt ‚Information' über den Ort des Objekts, an dem gestreut wurde. Nun ist eine Messung in der Quantentheorie bekanntlich eine durchaus folgenreiche Angelegenheit. Unter anderem wird durch Messungen gerade das typische Quantenverhalten, nämlich die Interferenzfähigkeit, zerstört. Dies würde unmittelbar eine Erklärung dafür liefern, warum man nie eine Superposition von toter und lebendiger Katze oder von Makroobjekten an verschiedenen Orten beobachtet." (Erich Joos)

Oder mit anderen Worten: Der Doppelzustand verschwindet für den Beobachter, aber nicht tatsächlich.

Wegen der nicht-lokalen Eigenschaften der Quantenwelt folgt daraus zwingend, dass eine konsequent durchgeführte quantenmechanische Beschreibung letztendlich das gesamte Universum einschließen muss. Tat twam asi.

Wir sollten also wirklich umdenken. Denn es zeigt sich, dass makroskopische Zustände den „Objekten" nicht inhärent sind (innewohnen), sondern erst durch die Wechselwirkung mit der Umwelt erzeugt werden. Somit haben wir als lokal auszumachende menschliche „Objekte" unseren Ursprung in der Nicht-Lokalität von verschränkten Quantenzuständen. Oder für den Normalverbraucher: Wir existieren nicht, weil wir zu einer bestimmten Zeit an einem bestimmten Ort geboren wurden, sondern weil Raum und Zeit (und damit auch wir) durch Wechselwirkungen von Wellen aus Nicht-Materie und Nicht-Zeit aufgebaut werden.

So gesehen „funktioniert" auch das Hirn quantenmechanisch: Die Superposition

Ψ = Neuron feuert + Neuron feuert nicht

ist ein völlig legaler Zustand.

Allerdings gilt für uns, dass die verschränkte Umgebung der Neuronen diese beiden Alternativen wieder sehr schnell zerstört. Der Hirnbenutzer hat also gar keine Chance, „merkwürdige" Wahrnehmungen zu machen, da die Überlagerung, die Superposition, viel zu instabil ist und nicht bewusst wird.

Wir können also auch den Spieß umdrehen und feststellen, dass auf der unteren Ebene alles Welle ist und die Skeptiker erst einmal Beweise liefern müssten, dass auf der höheren Ebene davon nichts mehr übrig sein soll. Das Nichterleben der Superposition jedenfalls ist kein solcher. Auch können die materiegläubigen „Realisten" keine plausible Grenze ziehen, bis zu welcher Ebene Mikroobjekte und -zustände anzutreffen sind und damit die Quantenphysik gilt, und ab wann wir es mit Makroobjekten und -zuständen mit der guten alten „Alltagsphysik" zu tun haben.

Somit gehen wir bis zu einem Beleg des Gegenteils davon aus, dass das Ich-Bewusstsein strukturell determiniert ist und die Welt, die das Ich erlebt, eben nur eine reine Ich-Welt ist. Oder wie es schon Arthur Schopenhauer so trefflich formuliert hat: „Bei gleicher Umgebung lebt doch jeder in einer anderen Welt."

Der Kollaps der Wellenfunktion, also das Ende der Superposition aufgrund irgendeiner Form von „Messung", führt zum „Springen" in einen der möglichen Zustände. Damit erst entsteht die Wahrnehmung eines Beobachters, sprich eines Hirninhabers, der aber den Kollaps nicht willentlich herbeiführen kann. Das liegt daran, dass der Hirnbesitzer seine Hirnprozesse *ist*, weshalb er sie auch nicht von der Metaebene (also von einem wie auch immer gearteten Kommandoposten) aus dirigieren kann. Damit stellen wir aber fest, dass das Ich-Bewusstsein grundsätzlich die Wahrnehmung der Wirklichkeit *nach* dem Kollaps ist. Die Superposition und der Kollaps selbst sind hingegen grundsätzlich a-temporal. Und der zeitliche Aspekt entsteht erst *infolge* des Zusammenbruchs des Überlagerungszustandes. Und wer ist dafür verantwortlich? – Niemand anderes als wir selbst! Das muss man sich wirklich einmal klar machen: Wir sind die Struktur, die an den Wellen die Wechselwirkungen erzeugt, und so bringen wir selbst – unausweichlich und ohne jeden Willensakt – den zeitlichen Aspekt ins Spiel. Oder sagen wir es mal wieder salopp: Egal, ob wir es wollen oder nicht, wir können nicht anders, als ständig unsere eigene Zeit hervorzubringen.

„Was löst den Kollaps aus? Das Bewusstsein selbst? Oder passiert es schon im [physikalischen Bereich] …? Der Reiz von Kollaps-Modellen liegt darin, dass die subjektive Wahrnehmung noch direkt mit physikalischen Zuständen (im Gehirn) verknüpft werden kann. In der Everett-Interpretation muss man dagegen die subjektive Wahrnehmung zu bestimmten Komponenten der Wellenfunktion in Beziehung setzen. Eine wesentliche Folgerung ist dann die parallele Existenz vieler verschiedener Versionen jedes Beobachters, die alle zu verschiedenen Wahrnehmungen führen. Dies ist eine Konsequenz, die viele nicht gerne ziehen möchten. Es muss aber betont werden, dass dies unausweichlich scheint, wenn die Schrödingergleichung tatsächlich das fundamentale Naturgesetz darstellt … Das bedeutet unter anderem, dass eine Superposition von toter und lebender Katze global betrachtet nie zerstört wird." (Erich Joos)

Nehmen wir uns daher noch einmal den schönen Spruch von unserem Freund Arthur vor. Wir könnten ihn nämlich jetzt etwas modifizieren:

„In unzähligen Hirn-Universen lebt jeder in seinem Ich-Kopf-Kino und erkennt nicht, dass das Universum Singularität ist."

Diese Singularität ist das absolute Gesamtsystem mit nur *einer* Wellenfunktion. Nur das Ganze befindet sich in einem reinen Zustand. Das ist Holismus pur.

Dagegen gibt es wiederum nur bei separaten Systemen (Menschen) Kausalitäten und bei verschränkten Systemen Korrelationen. Derartige Quantensysteme sind durch Beziehungen untereinander verbunden, wobei sich diese Beziehungen in keiner Weise auf etwas zurückführen lassen, das den einzelnen Quantensystemen unabhängig voneinander zukäme.

Das bedeutet, dass menschliche Individuen, als Quantensysteme betrachtet, gar keine In*divid*uen sind, denn sie sind ja verschränkt. Der Begriff der Teilbarkeit macht also überhaupt keinen Sinn, er ist so „daneben", dass sogar dessen Negation (*In*dividuum) auf falsche Fährten führt.

Betrachten wir uns also aus der Quanten-Perspektive, hat das enorme Auswirkungen auf unser Menschenbild. Konventionell empfinden wir uns als Systeme der klassischen Physik, die dem Prinzip der Separabilität unterliegen. Quantenmäßig betrachtet fehlt uns aber genau diese Eigenschaft, so dass wir uns auch keine Individualität attestieren können (denn das ginge wiederum nur bei separierten Systemen). Wenn wir dennoch als verschränkte Systeme eine Ich-Identität ausbilden, so ist das keine Tatsache, sondern nur der *Eindruck* davon.

Für uns als Quantensysteme gilt vielmehr, dass wir letztlich ununterscheidbar sind und unsere Individualität nur ein Artefakt des Ich-Bewusstseins ist. Das mag uns dann noch halbwegs schmeichelhaft erscheinen, wenn wir erkennen, dass wir mit wunderschönen, erfolgreichen, genialen, altruistischen, geachteten oder charismatischen Menschen wie Mutter Teresa, Nelson Mandela, Lady Di oder Stephen Hawking unteilbar verbunden sind; doch angesichts von Massenmördern, Psychopathen und manchen Politikern, die diese Eigenschaften in sich vereinen, ist das eine äußerst verstörende Einsicht.

Ich-Identität ist Maya, trösten wir uns damit.

Dieses Blendwerk, das hinter dem Ich-Modell steht, wird naturgemäß als solches nicht erkannt; es ist die transparente Folie, die alles als Ich-als-Subjekt-und-Welt-als-Objekt erscheinen lässt.

Noch etwas schlechter steht es um das Ich in der sogenannten Quantenfeldtheorie, die noch einen Schritt weitergeht als die Quantentheorie. Gemäß der Quantenfeldtheorie sind Systeme Eigenschaften von Quantenfeldern; damit beseitigt sie die einzelnen Individuen als Träger von Eigenschaften, hält aber an Korrelationen fest, die in der RaumZeit „formuliert" werden.

Sind wir mit unserer „fehlerhaften" Ich-Identität also weit davon entfernt, echte Individuen zu sein, so gilt dieser ernüchternde Befund umso mehr für unsere Fähigkeit bzw. besser Unfähigkeit, das Absolute zu erkennen. Und so bleibt uns nur eine Ahnung, die wir lediglich in Bildern ausdrücken können:

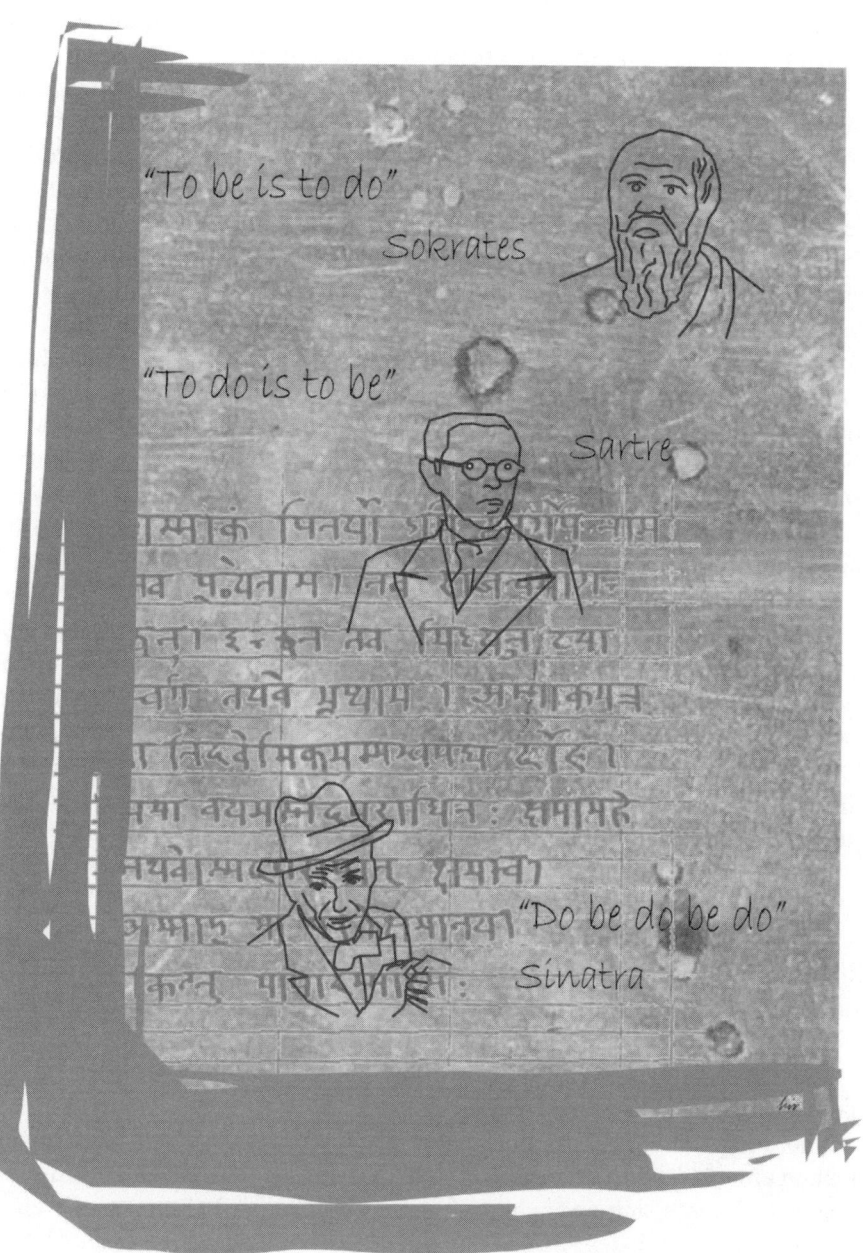

"To be is to do"

Sokrates

"To do is to be"

Sartre

"Do be do be do"

Sinatra

Auch bei verschränkten Systemen kann es eine „Beschreibung" der einzelnen Quantensysteme geben. Diese Beschreibung enthält all die Informationen (im Sinne von „in Form bringen"), die ein lokaler Beobachter über jedes der ihm bekannten Quantensysteme erwerben kann. So wissen Sie beispielsweise allerlei über Ihre Familienangehörigen, über Ihre Nachbarn, über Ihre Feinde, über Diven, über Einstein etc. Im Vertrauen auf Ihre Ich-Informationen ignorieren Sie aber weitestgehend die Korrelationen, aus denen die Zustandverschränkungen bestehen, da Sie sich zwar in Korrelation mit vielen anderen Systemen befinden, aber nicht über die Gesamtinformation verfügen und daher sicherlich nach altbewährter Art und Weise in Kausalitäten und nicht wirklich in Korrelationen denken und urteilen. Natürlich hat der Nachbar Sie *zuerst* beleidigt, ganz sicher ist Ihre Frau Mutter *Ursache* Ihrer temporären Angstattacken und Einstein *schuld* daran, dass Sie manchmal daran zweifeln, ein kleines Genie zu sein. Mit anderen Worten, Sie spielen munter das Täter-Opfer-Spielchen weiter, ohne an das skurrile Entanglement zu denken.

Glauben wir zu *wissen*, was die Quantentheorie meint, müssen wir die Annahme aufgeben, dass es so etwas wie Konsens-Realität gibt.

Wir erinnern uns, dass ein Teilchen auf zwei Hochzeiten gleichzeitig tanzt. In der Quantenwelt können Teilchen zu einer Welle werden, die an vielen Orten gleichzeitig schwingt. Genau gesagt sind Wavicles immer gleichzeitig Zwitter, nur erleben wir Menschen sie als „Entweder-oder": Teilchen oder Welle, das ist hier die Frage – aber nicht für die Quantenphysik, sondern nur für uns Menschen. Denn unsere Wahrnehmung ist einfach zu un-komplex, zu un-physikalisch, und so ist sie es, die die Natur dazu nötigen möchte, sie möge doch gefälligst nach dem Entweder-oder-Prinzip verfahren. Doch dieser Zwang zur Entscheidung widerspricht der Natur der Wavicles, und so bleibt diese natürlich wavicle-haft, auch wenn wir die Realität auf dieser mikroskopischen Ebene ebenso wenig wahrnehmen wie auf der makroskopischen (dort, wo Schrödingers Katze lebt oder auch nicht).

„Sowohl-als-auch" ist für uns die graue Theorie der Physiker oder die lebhafte Phantasie der Sciencefiction-Autoren.

Und auch für Krimifans dürfte der Waviclezustand seinen Reiz haben; denn in einer solchen Verfassung könnte ein Mensch den perfekten Mord begehen: Er könnte sich an mehreren Orten zugleich aufhalten – und sich so ein hieb- und stichfestes Alibi verschaffen. Doch die Sache hat einen Haken: Was Materiewellen können, kann ein so großes „Objekt" wie der Mensch nämlich nicht, und außerdem müssten Wavicles am tatsächlichen Tatort mit dem Opfer in Wechselwirkung treten, und das hinterließe quantenmechanische Spuren, die ein Quanten-Tatort-Kommissar natürlich finden würde.

Außerdem: Hand aufs Herz, lieber Leser, konnten Sie schon einmal den Wandlungsprozess von räumlich verteilten Wellen zu ortsfesten Teilchen beobachten – und das auch noch mit Returnticket? Von kompletten Menschen einmal ganz zu schweigen!

Bleiben wir also bei einem winzigen Elektron, das in der Quantenwelt an einen Kern gebunden ist. Dieses wird als Materiewelle beschrieben, die um den ganzen Kern verteilt schwingt, sich also an vielen Orten aufhält. Diese Eigenschaft ist sehr abstrakt und nicht wirklich anschaulich, gilt aber als experimentell bewiesen. Unsere Vorstellungskraft sollten wir da lieber aus dem Spiel lassen. Oder hielten wir Menschen es nicht bis vor gar nicht so langer Zeit für vollkommen unvorstellbar, dass sich die Erde um die Sonne drehen solle? Doch blicken wir einmal optimistisch nach vorne und schieben derartige Fälle von Ignoranz einfach unseren Vorfahren in die Schuhe. „Wir haben doch mit den Unzulänglichkeiten von damals nichts zu tun", so können wir prahlen – jedenfalls dann, wenn wir um den Glaubensartikel des Zeitpfeils wissen.

Doch jetzt wieder zurück auf die Makroebene, die uns, wenn wir ehrlich sind, viel mehr interessiert, weil sie so schön konkret ist – so wie unser perfekter Quantenmord. Also: Ein Mord ist ja wohl nur dann ein Mord, wenn es eine beobachtbare Leiche gibt. Wenn der Herr Quanten-Tatort-Kommisar oder die toughe Quanten-Tatort-Kommissarin grübelnd auf eine Leiche hinabblickt, findet die berühmte Messung statt, und damit verändert sich die Wellenfunktion in der Art, dass nun das System nur einen verfügbaren Zustand einnimmt: Entweder ist die Leiche eine Leiche, dann ist sie tot, oder der Mensch ist lebendig, und damit hat kein Mord stattgefunden und die Kommissare können sich wieder ihrem aufregenden Privatleben oder anderen langweiligen Kriminalfällen zuwenden.

Ein Mensch kann sich ebenso wenig wie eine Katze (mit Ausnahme von Gedankenkatzen, aber Ausnahmen bestätigen angeblich die Regel) in einem überlagerten Zustand befinden. Zwar endet alles Leben tödlich, aber während des Lebens ist man per definitionem lebendig.

Vielleicht denken Sie gerade an einen Computer, der auf Quantenmorde spezialisiert ist und den Tatortkommissaren bei der Aufklärung vermeintlich-realer Quantenmorde zur Verfügung stehen könnte. Fehlanzeige, kein Computer kann Quantenmorde aufklären, da müssen schon die Hirne der Kriminalen ran. Die enorme Vernetzung der Neuronen im menschlichen Hirn kann – bisher – von keinem Computer simuliert werden. In einem Computer werden stets zwei Bits durch eine logische Operation zu einem neuen Bit verknüpft, die einzelnen Rechenschritte werden wie am Fließband nacheinander abgearbeitet. Im menschlichen Gehirn dagegen wird die In*form*ation (*Welle* = materielle Form) vielfach verzweigt und kann somit parallel mit einer Vielzahl anderer Informationen in Korrelation treten.

Ein Gehirn arbeitet höchst nicht-linear. Die Basis für die in der Quantenphysik zentrale Eigenschaft der Korrelation, Schrödingers Begriff der Verschränkung, ist dabei eventuell etwas irritierend, da sie einen völlig neuen Zugang zum Verständnis von Information ermöglicht.

Man darf annehmen, dass Gedanken nicht individuell in individuellen, isolierten Hirnen entstehen, sondern das Produkt von verschränkten Quantenprozessen sind. Die Quantenteleportation, das Beamen, ist nur möglich, weil die forschen Forscher über die Verschränkung „informiert" sind. Im Gegensatz zum Kopieren oder Klonen wird beim Beamen keine Kopie oder ein Klon erzeugt, da während bzw. durch das Teleportieren *keine Materie* übertragen wird; es reichen In*form*ationen. Wir erinnern uns: Materie ist nicht *Materie*. (Redundanzen tun gut. Schließlich hören Sie Ihren Lieblingssong auch nicht nur einmal.)

Unsere Objekte der Alltagswelt sind bestimmte Konfigurationen von Quantensystemen oder bestimmte Strukturen von Quantenfeldern, die unserem Ich-Bewusstsein als real erscheinen.

Die erstaunliche Bewährung der fundamentalen allgemeinen Einsichten der klassischen Physik in der Erfahrung, so hatte Immanuel Kant schon erkannt, rührt daher, dass Perzeption, Apperzeption und Konzeption sich gegenseitig bedingen.

Solange die Physik noch anschaulich war, gab es keine größeren erkenntnistheoretischen Probleme. Doch die Quantentheorie ist alles andere als anschaulich, wir können kaum adäquate Bilder für ihre Erkenntnisse entwickeln, und doch tragen wir alle einen Hauch von Quanten-Ahnung in uns. Dass wir hinter diesen Konzeptionen die eine Wahrheit erahnen können, liegt offenbar daran, dass wir alle im gleichen Strom des Bewusstseins fließen. Das Bewusstsein drückt sich auf der Quantenebene direkter aus als im Ich-Bewusstsein. In der Quantenwelt gibt es keine Zeit, die Zeit ist relativ und nie mit dem Absoluten zu verwechseln.

Das absolute Bewusstsein bringt die Welt mit allen Ich-Sagern hervor; das jeweilige Bewusstsein der Ich-Sager nimmt indes nicht das Absolute, sondern die relative Welt der Phänomene wahr.

So weit erst einmal die Ausführungen zur Quantentheorie. Wir können uns an dieser Stelle höflich vor ihr verneigen und ihr danken, dass sie uns bis an diesen Punkt der Selbsterkenntnis gebracht hat. Doch, die Quantenphysiker mögen es uns verzeihen, mehr wollen wir auch gar nicht von ihr. Wir sind ja nicht mit ihr verheiratet – zumindest nicht monogam. Und so ist es auch kein Treuebruch, wenn wir feststellen, dass die Quantentheorie eben nur *einen* Weg aufzeigt, wie wir Ich-Sager etwas vom Absoluten erhaschen können.

Und tatsächlich, wenn wir uns weiter umblicken, dann finden wir noch weitere Wege zur Erkenntnis, insbesondere wenn wir in Richtung Osten blicken. Denn in der dortigen Philosophie ist dieser Weg der Erkenntnis als Jnana-Yoga bekannt.

Jnana ist der intellektuelle Weg der Erkenntnis, der auch über die Auseinandersetzung mit der Quantenphysik initiiert und begleitet werden kann. Und Hilfe ist auf dieser schwierigen Strecke wahrlich willkommen, denn die Logik des „Sowohl-als-auch" und des „Nicht-dies-und-nicht-das" ist ein paradoxer Weg, der die engen Fesseln der herkömmlichen aristotelischen Denkmuster sprengt.

Die herausragendste philosophische Eigenschaft des Quanten-Jnanin ist demnach auch, dass er Non-Dualist ist; denn er hat erkannt, dass die Unterscheidung von Subjekt und Objekt die Wurzel allen Leidens ist. Da trifft es sich gut, dass **Materie***wellen* keine Unterscheidungen kennen. Umso leichter ist es für den Quanten-Jnanin, den materiell-objekthaften Dualimus als Artefakt des Ich-Bewusstseins des Hirnbenutzers zu entlarven.

„Ein menschliches Wesen ist ein Teil des Ganzen,
das wir Universum nennen,
ein in Raum und Zeit begrenzter Teil.
Es erfährt sich selbst, seine Gedanken und Gefühle,
als etwas von allem anderen Getrenntes –
eine Art optische Täuschung seines Bewusstseins."
(Albert Einstein)

Danke! Von hier aus ist es nur ein Quantensprung bis zur Non-Dualität. Non-Dualität hebt die Teilung bzw. Unterscheidung von **Materie** und *Welle* auf. Ein Quantensprung ist kein riesiger Sprung, sondern ein Quantum ist die kleinste Energieeinheit!

„Das Ich weiß von sich nur, sofern es sich auf etwas bezieht, dass es selbst *nicht* ist.

So gehören Selbst und Welt unauflöslich zusammen." (G.W.F. Hegel)
Springen Sie schon oder denken Sie noch?

4. Die verrückte Welt der Quanten

Erwin Schrödinger wählte für den verschmierten „Charakter" der Quanten die Bezeichnung Verschränkung (engl. Entanglement). Er wollte damit aussagen, dass Quanten korreliert sind, also untereinander in Beziehung stehen, obwohl zwischen ihnen zumindest scheinbar keine direkte Wechselwirkung bestehen kann; denn in der Raumzeit sind sie sehr weit „auseinander". Die etwas eigenartige Bezeichnung wurde notwendig, da Quanten in ihrem unbeobachteten Zustand nicht nur an einem Ort zu einer Zeit, sondern gleichzeitig hier und dort und überall sind; in dieser Verfassung sind sie jedoch nur „potenziell-virtuell" und nicht „real".

Doch damit nicht genug – Quanten sind auch gesellige „Kerlchen": Waren sie einmal in einem „zwillings-identischen" Zustand, bleiben sie miteinander verbunden. Nicht-Lokalität nennen Physiker solche Phänomene. Und was wirklich „verrückt" ist: Wird ein Quantum einer Interaktion unterworfen und verändert seinen Zustand, passt sich sein „Zwillings-Quant" diesem an.

Das alles ist wirklich ziemlich geheimnisvoll. Doch hier ist nicht der Ort für munteres Quanten-Rätselraten, und so wollen wir es bei diesem Stand belassen. Merken wir uns einfach für den Hausgebrauch: Unsere „kleinen Freunde" sind miteinander verbunden und haben dazu noch gleichzeitig mehrere überlagerte Zustände.

Doch mit dieser schönen Pracht ist es vorbei, sobald das arme Quant beobachtet bzw. gemessen wird. Dann ist es in „unserer" Welt angekommen, und das ist fast so etwas wie die Vertreibung aus dem Paradies: Aus der Traum von den verschiedenen Zuständen zur selben Zeit, jetzt gilt die harte Regel des Entweder-oder. „Du wirst zu einem bestimmten Zeitpunkt nur einen einzigen Zustand einnehmen!", ertönt es übermächtig aus dem Off, und das bedeutet den Kollaps der Wellenfunktion. Das Teilchen wird aus seiner „paradiesisch"-potenziellen Quantenwelt, die mikroskopisch ist, vertrieben, und landet in der Welt der Menschen, genauer gesagt der menschlichen Wahrnehmung, die makroskopisch ist.

Pech für uns. Aber es bereitet zugleich den Boden für das, was wir als Menschsein wahrnehmen. Denn der Kollaps macht erst unsere sensorisch wahrnehmbare Welt möglich.

Wellenfunktion und Superposition

Der Beobachter und das Beobachtete produzieren eine Wellenfunktion.

Nehmen wir an, Sie sind ein Mann – ♂ – und das beobachtende *Subjekt*, der Beobachter.

Nehmen wir weiter an, Sie als ♂ beobachten eine Frau – ♀ –: das *Objekt* Ihrer Begierde.

Ψ ♂ = Individuum mit Copyrightschutz © = Sie: Ihren Namen bitte! – Danke!

Ψ ♀ = Individuum mit Copyrightschutz © = Den Namen Ihres Objekts bitte! – Danke!

Der Beobachter, also Sie als Subjekt ♂©, und das Objekt ♀© Ihrer begehrlichen Beobachtung, haben bzw. sind in der Quantenwelt *eine* Wellenfunktion.

♂ = ♀. Damit ist der klassische aristotelische Satz der Identität A = A außer Kraft gesetzt.

A = B, so lautet die holistische Logik.

Hört sich gut an, zumindest solange ♂ sich im Zustand des hormonellen Irrsinns befindet. Denn durch die Superposition wird der Subjekt-Objekt-Modus aufgehoben: Sie sind mit ihr eins, auch ohne materiellen Koitus. Oder etwas physikalischer: Die Superposition ist *eine* einzige Wellenfunktion des *Gesamtsystems*.

Aber bevor Sie sich falsche Hoffnungen machen: Dieser Zustand ist a-temporal – also unzeitlich –, und das ist etwas anderes als zeitlos. Und schwuppdiwupp sind Sie ♂© wieder Sie ♂© und sie ♀© Ihr Objekt (was natürlich auch umgekehrt gilt). Aus der Traum von der schönen Einheit ♂ = ♀; jetzt gilt wieder die materielle Zweiheit ♂ + ♀.

Das Wesen der Materie

Was ist Materie? Die Erforschung des Atoms und seiner Bestandteile erschütterte die klassischen Vorstellungen von Materie: Aus **Materie** wurde *Materie*.

Materie ist nicht *Materie*, d.h. sie entspricht nicht dem Bild, das Menschen sich von ihr zurechtgezimmert haben. Dadurch kam es zu einem radikalen Paradigmenwechsel, der die Neuinterpretation vieler Grundbegriffe mit sich bringt:

So ist die Vorstellung von *Materie* in der subatomaren Quantenphysik völlig verschieden von der tradierten Auffassung der klassischen Physik von **materieller Substanz** und auch von der Alltagserfahrung des Menschen in seiner Welt der materiellen Objekte. Materielle „Objekte" – das können auch Lebewesen sein – sind der „Grund" bzw. die Folie für die Wahrnehmung von Raum und Zeit. Ohne feste Materie gäbe es keinen Raum und keine Zeit. Energie dagegen ist in reiner Form für den Menschen nicht wahrnehmbar; sie ist raumlos und zeitlos. Licht-Energie altert nicht.

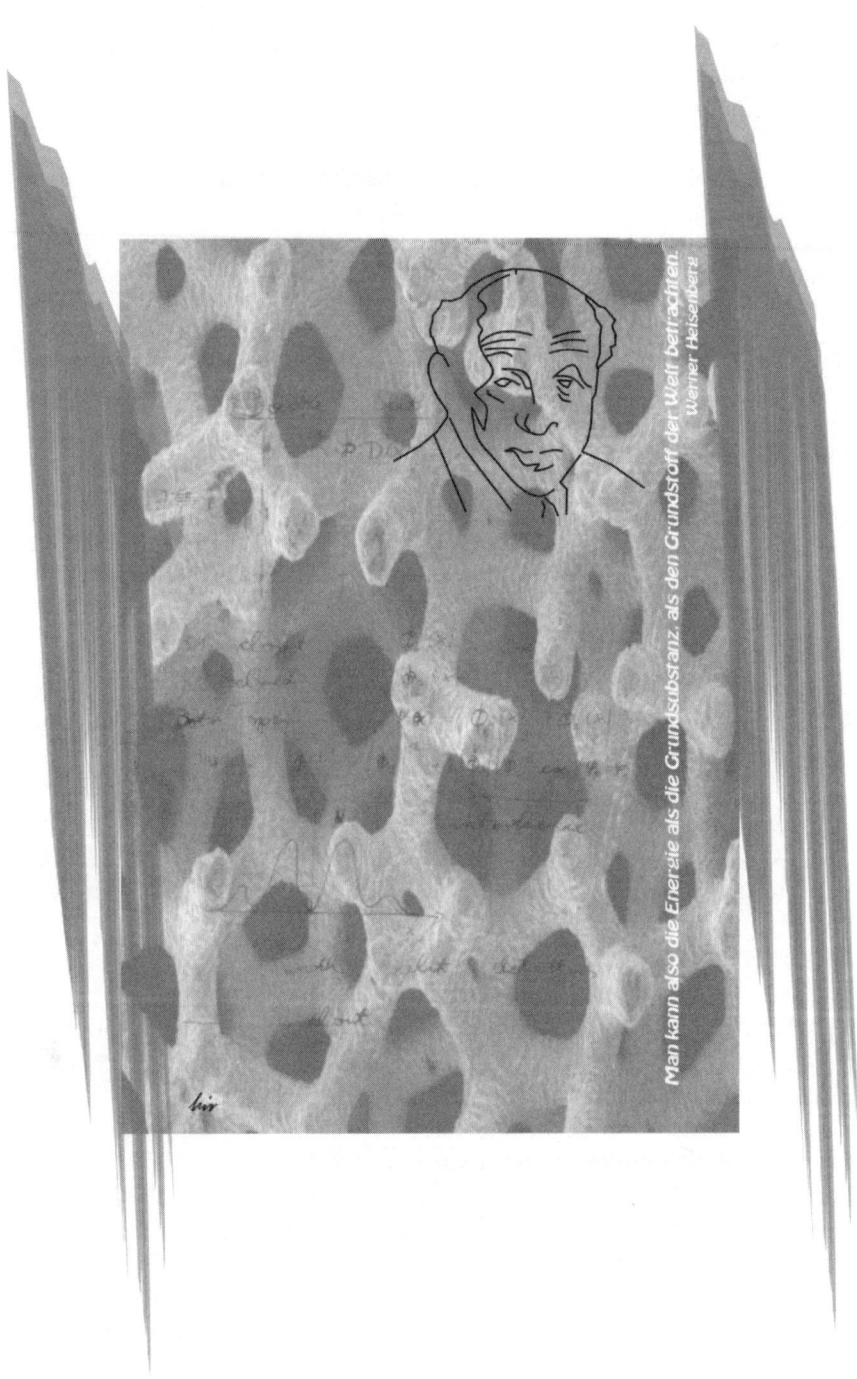

Man kann also die Energie als die Grundsubstanz, als den Grundstoff der Welt betrachten.
Werner Heisenberg

102

In der Quantenidee tanzt der Kosmos den universellen Tanz von Entstehen und Vergehen. Leere ist Form und Form ist Leere.

Aus Potenzialität wird Realität und Realität ist Potenzialität.

Das Universum entsteht und vergeht a-temporal im ewigen JETZT.

Ein Teilchen • ist eine Welle ≈ und eine Welle ≈ ist ein Teilchen •: ☻ ☺ ☻

Materie/Masse und Energie sind äquivalent und ineinander wandelbar: $E = mc^2$.

Auf der mikrophysikalischen Ebene *existiert Materie tendenziell*, auf der makrophysikalischen Ebene der menschlichen Wahrnehmung **ist Materie existent**.

Im subatomaren Bereich lösen sich die festen materiellen Körper der klassischen Physik in wellenartige Wahrscheinlichkeiten auf, und diese stellen die Korrelationen der Wahrscheinlichkeiten dar.

Das zeigt, dass die Welt nicht aus unabhängigen kleinsten Partikeln besteht und immer weiter zerlegt werden kann, sondern dass sie **ein „System"** von *verschränkten Sub-Systemen* ist.

Wenn aber alles ein System ist, hat das ganz grundsätzliche Auswirkungen auf unsere Erkenntnisfähigkeit. Denn der Beobachter, d. h. der Ich-Wahrnehmer der Welt, ist damit selbst Teil der Welt, die er untersucht. Und weil damit die Trennung zwischen Subjekt und Objekt obsolet ist, entfällt auch die Möglichkeit einer objektiven Erforschung, Beschreibung und Erklärung der Natur:

Der Mensch ist Natur, eins mit dem Kosmos, und in das Ganze, in die Quelle, in die Matrix eingewoben: www.!

Das Ende der normalen logischen Wissenschaft ist eingeläutet, da das zu erforschende Objekt – laut Wissenschaftstheorie – isoliert sein muss, aber – laut Quantentheorie – korreliert, verschränkt, verwoben ist.

Experimentell können aus Energie Materieteilchen erzeugt werden und umgekehrt; auf der individuellen Ebene sollte ein Mensch allerdings derartige Erfahrungen besser für sich behalten, es sei denn, es handelt sich um kirchlich zugelassene Engel oder Sie haben keine Angst vor der „Geschlossenen" in der Psychiatrie.

Aus dem Nichts kann keine Materie entstehen – so das Credo der konservativen Wissenschaft. An „so etwas" *glauben* nur Primitive wie die Aborigines mit ihrer Traumzeit; die Wissenschaft **weiß** es besser. Aber: Rein wissenschaftlich sind die Steinzeitmenschen wissenschaftlicher als die Wissenschaftler! Denn die Quantentheorie lehrt uns, dass die Natur keinen Zeitfluss kennt und damit auch keine Vergangenheit. Geschichte ist ein Hirngespinst, ein Fake der Materie. Und damit zerbröckelt auch das ganze Wissen um Ursache und Wirkung, um die Entstehung der Welt und insbesondere um die ach so schlaue Evolutionstheorie: Auf ihrem Trümmerhaufen setzt die Physik das Banner „Es gibt keine Zeit".

5. Leben und Traum als Quantenschaum

Wenn Sie morgens aufwachen, ist es da, dieses Grundgefühl des Ich-bin. Und sollte es einmal fehlen, so ändert das auch nichts, denn wer ist dann beunruhigt? Genau, ein Ich-bin! Ich erwache, und sogleich stellt sich alles ein, das Montag-, Dienstag-, Mittwoch-, Donnerstag-, Freitag-, Samstag-, Sonntag-Gefühl.

Was ist heute zu tun? Was liegt an am Dienstag des Monats A des Jahres B für das Ich X.Y.?

„Guten Morgen, liebe Sorgen, seid ihr auch schon alle da …?"

Summa summarum: Back in/to/in the reality!

Die wahre Wirklichkeit hat uns wieder, die Realität als Ware (Sache) des Gehirns schlägt voll zu. Was zwischenzeitlich an Ereignissen „passierte", wird das Ich schnell als Traum klassifizieren.

Was macht hirnphysiologisch den Unterschied zwischen Wirklichkeit und Traum aus?

Nichts, es gibt keinen!

Es gibt nur das Ich-Bewusstsein, das diese Trennungslinie zieht. Was im Schlaf als real erlebt wird, erscheint dem erwachten Träumer als interner Hirnzustand und damit als Traum. (Eine Ausnahme bilden nur die sogenannten luziden Träume, bei denen der Träumer bereits während des Schlafes wahrnimmt, dass er träumt.)

Nach dem Aufwachen ist für das Ich-Bewusstsein klar, dass es wieder in der richtigen Welt angekommen und nicht mehr den Phantasiewelten seines *schlafenden* Hirns ausgeliefert ist.

In der wahren Wirklichkeit erlebt sich das Ich als (Mit-)Bestimmer seiner Realität. Es kann *das* tun, dieses überlegen, jenes lassen.

Die Welt-da-draußen erscheint getrennt vom Inneren des eigenen Schädels. Innen und außen machen also – scheinbar – den Unterschied ums Janze (wie der Berliner zu sagen pflegt). Innen sind die Gedanken, die Ideen, die Phantasien, die Perzeptionen und Apperzeptionen, die Träume und Wünsche, und außen ist die knallharte Realität, die Welt der materiellen Objekte.

Das Ich weiß, wie wichtig diese Trennung ist: nur nicht den Kontakt zur Realität verlieren. Der Kampf des Lebens ist ein Kampf der subjektiven Objekte um reale Definitionen von richtig und falsch, angemessen und unangemessen, wahr und fiktiv, Ich und Nicht-Ich.

„Glauben Sie, die Dinge, mit denen sich die Leute lächerlich machen, seien weniger wirklich und wahr als die, bei denen sie sich vernünftig zeigen?" (Bernhard Shaw)

Mit Hilfe dieser Frage lässt sich die Kraft der Realitäts-Definitionen brechen. Vor allem dann, wenn wir uns einmal – auch bei der Beurteilung unserer alltäglichen Erfahrungen – die Brille der Quantenphysiker ausleihen. Denn jede Beobachtung, die wir machen, entspricht, quantenmechanisch gesehen, einer Quantenmessung.

Wenn der Zustand eines physikalischen Systems „unsicher" ist (wie der der Katze von Schrödinger), was bedeutet es dann überhaupt zu sagen, er existiere außerhalb von uns? Objektive Realität, definiert als die materielle Wirklichkeit von Objekten außerhalb von uns, scheint nach Heisenbergs Formulierung „verdunstet" zu sein.

„Es fängt an, so auszusehen, dass Materie wie die Cheshire-Katze [in dem Buch ‚Alice im Wunderland' von Lewis Carroll] langsam immer durchsichtiger wird und nichts von ihr übrig bleibt als das Grinsen, hervorgebracht durch die Belustigung über die, die immer noch denken, sie sei da." (Bertrand Russell)

Apropos Lewis Carroll alias Charles L. Dodgson. Dieser schrieb die Alice-Bücher unter einem Pseudonym. Wer also hat letztendlich diese wunderbar-quantische Literatur geschrieben?

Oder nehmen wir Woody Allens Film *Purple Rose of Cairo*. Dort muss sich Cecilia (Mia Farrow) zwischen zwei Männern entscheiden: Der Kinofigur Tom Baxter (Jeff Daniels), die aus der Leinwand gesprungen ist, und dem Schauspieler „selbst", der die Rolle Tom Baxter gespielt hatte und im „richtigen Leben" steht. Die fiktive Figur Baxter hat es dabei Cecilia sehr angetan: Baxter preist sich an, mit all seinen Vorzügen aus der Zelluloid-Traumwelt: Er betont, wie gut er aussieht, welch fantastischer Liebhaber er sei, wie reich, charmant und intelligent dazu. Nur eins hat er nicht: Realität. Aber ist die wirklich so verlockend?

Auch in Shakespeares Stücken gibt es viele Charaktere, die nie existiert haben: Othello z. B. ist nur eine Idee. Und was ist mit Julius Caesar? Wissen Sie es?

Was bedeutet es, etwas *real* zu nennen?

Für die philosophierenden Philosophen war die Existenz der äußeren Welt schon immer ein Problem, anders als für den „naiven Realisten" in uns allen, der sie für bare Münze hält.

Die Sache ist aber nun einmal die, dass wir von der äußeren Welt (falls sie existiert!) nur durch unsere Perzeption wissen (oder laut Kant & Co. auch durch „etwas" a priori). Damit sind es jedoch nur diese Sinneseindrücke und deren Verarbeitung zu Gehirndaten und -fakten, deren Existenz wir uns *sicher* sein können, und dieses „Sicher" ist ein ganz wackeliges *„Sicher"*.

Wenn wir z. B. einen Stuhl wahrnehmen, dann ist alles, was wir wissen, dass unser Bewusstsein mit Hilfe unseres Gehirns Informationen erhalten hat, die mit dem Eindruck „Da ist ein Stuhl" im Einklang stehen.

Vor der Quantenphysik, als es die Relativitätstheorie schon gab, war es möglich zu argumentieren, dass es bei weitem das beste Perzeptions- und Apperzeption-Erklärungsmodell sei, von einem „tatsächlichen Stuhl im Raum" zu sprechen. – Oh! Jetzt habe ich die Zeit vergessen:

Natürlich muss es heißen: „Da steht *tatsächlich* ein Stuhl in Raum und Zeit", oder noch relativitätstheoretischer: „… im RaumZeitKontinuum".

Eine Quantentheorie, die sich auf Bewusstsein gründet, geht jedoch weiter: Die Existenz einer Außenwelt ist durch die Tatsache determiniert, dass der bewusste Geist sie beobachtet und damit hervorbringt. Es folgt daraus, dass es unmöglich ist, die Existenz der Außenwelt zu verifizieren (beweisen).

Als gewichtiges Gegenargument wird an dieser Stelle gerne die Konsens-Realität angeführt. Sie und ich erleben die Dinge doch gleichzeitig in Raum und Zeit – z. B. dass die Ampel gerade grün wird, vor der Sie und ich soeben noch angehalten haben.

Doch da hat der „naive Realist" die Rechnung ohne das Entanglement gemacht: Die Verschränkung macht's möglich.

Wenn das Absolute *ein* Bewusstsein ist, können (nur scheinbar) separierte Ichs eine für sie konsenshafte Realität hervorbringen.

Im Quantenschaum – wir stellen uns die nicht-realisierte Quantenwelt einmal als weißen Rasierschaum oder, wenn Sie ein Leckermäulchen sind, als Sprühsahne vor – steckt die Potenzialität der *materiellen* Quanten-Welt der Träume, die mit der materiellen Quanten-Welt der Realität letztlich isomorph ist. Leere ist Form und Form ist Leere, sagt der Osten. Das Bewusstsein „entscheidet" darüber, ob NICHTS ist oder ETWAS, und das ICH-Bewusstsein, ob das ETWAS als Traum deklariert oder als Realität erlebt wird, da das NICHTS (der Zustand des Totseins) von keinem ICH-Bewusstsein erfahren werden kann. Dabei sind sprachliche Begriffe wie „Wahl" oder „Entscheidung" anthropomorph, also menschlich, allzu menschlich. Aber es sei uns Menschen verziehen, wir können nicht anders.

Ein Ich, ein Tiger und etwas Salz

Ein Ich streute immer Salz auf den Fußboden, bevor es zu Bett ging. Als Grund dafür gab es sich selbst und anderen gegenüber an: „Ich will den Tiger fernhalten." Auf den Einwand, dass man in Hannover, Germany, noch nie einen freilaufenden Tiger gesehen habe, antwortet das Ich, das zeige, wie intelligent der Tiger sich verstecke und wie gut das Salz wirke.

Die Frage ist durchaus berechtigt: Wie viele „Tiger" enthält die Quantentheorie?

Viele, da sie eine von Menschen entwickelte Idee ist.

Verlassen Sie sich also letztlich auf Ihre Ahnung von der Wirksamkeit von „Salz", wenn Sie sich mit der *skurrilen Quantenwelt* beschäftigen.

Eine auf das Bewusstsein begründete Quantenmesstheorie konstatiert, dass die *Wahl* möglicher Zustände eines Quantensystems nicht getroffen wird, bis die Informationen den Geist des bewussten Beobachters (oder das Bewusstsein des Beobachters) erreicht hat: Schrödingers Katze ist weder tot noch lebendig, bis ein Beobachter die Schachtel öffnet und entscheidet – womit aus dem Sowohl-als-auch ein Entweder-oder wird.

Kunst hilft manchmal weiter, wenn es gilt, einen mentalen Schock zu verkraften, daher an dieser Stelle ein Limerick:

There once was a man who said, "God
Must think it exceedingly odd
If he finds that this tree
Continues to be
When there's no one about in the quad."

Dear Sir, your astonishment's odd
I am always about in the quad
And that's why the tree
Will continue to be
Since observed by, yours faithfully, God

Es gab einmal einen Mann, der sagte: „Gott
muss es äußerst seltsam finden,
wenn er feststellt, dass dieser Baum
weiterexistiert,
wenn sich gar niemand im Hof aufhält."

Lieber Herr, Ihr Staunen überrascht mich.
Ich halte mich immer im Hof auf,

und das ist der Grund,
warum der Baum
immer weiterexistiert,
weil er beobachtet wird von, hochachtungsvoll, Gott.

Aber kommen wir auf den Begriff „Wahl" zurück.

„Das ist noch nicht der wahre Jakob", sagte Albert E. über die Quantenmechanik und fügte weise hinzu „Der Alte (Gott, G.W.) würfelt nicht."

Im Jahre 1916 äußerte sich Einstein über die „Wahl" in der Quantentheorie folgendermaßen:

„Die Schwäche der Theorie liegt … darin, dass sie Zeit und Richtung der Elementarprozesse dem ‚Zufall' überlässt."

Die Quantentheorie behauptet (natürlich behaupten Quantenphysiker!), dass man viele Vorgänge grundsätzlich nicht vorhersagen kann, weil sich manche Größen naturbedingt nicht beliebig genau messen lassen. Die sogenannte Heisenbergsche Unschärferelation bringt dieses Phänomen zum Ausdruck. Unzählige Beispiele zeugen vom *Zufall* in der Quantenwelt. Einstein war dennoch Zeit seines Lebens überzeugt, dass sich alle Vorgänge beliebig genau vorausberechnen lassen, sofern man alle dafür notwendigen physikalischen Größen genau kennt: „Zu einem Verzicht auf die strenge Kausalität möchte ich mich nicht treiben lassen, bevor man sich nicht ganz anders dagegen gewehrt hat als bisher … Wenn schon, dann möchte ich lieber Schuster oder Angestellter in einer Spielbank sein als Physiker."

Wohl kaum werden Menschen der Art Homo sapiens sapiens je alle nötigen physikalischen Größen (was immer das auch sein mag) kennen, aber denken wir auch an dieser Stelle daran, dass alle wissenschaftlichen Ergebnisse ein Verfallsdatum haben und Einstein mit seinem „Gott würfelt nicht" langfristig gesehen durchaus „Recht" behalten könnte.

„Wollen Sie Recht haben oder glücklich sein?", höre ich Albert, philosophischer Physiker und Nobelpreisträger, aus dem Jenseits fragen.

Haben Sie ihn auch gehört?

„Kraft macht keinen Lärm, sie ist da und wirkt", sagte noch ein Albert, diesmal mit dem Nachnamen Schweitzer, seines Zeichens Arzt und Friedensnobelpreisträger.

Sollte es die unergründliche Kraft (Schweitzer) oder der Wille (Schopenhauer) sein, die/der alles „entscheidet", oder ist „Entscheidung" nur eine menschliche Idee?

„Wenn ich den Eindruck gewinne, dass die Natur selbst die entscheidende Auswahl trifft, welche Möglichkeiten verwirklicht werden in Situationen, in denen die Quantentheorie voraussagt, dass mehr als ein Ergebnis möglich

Die Physik erklärt die Geheimnisse der Natur nicht, sie führt sie auf tieferliegende Geheimnisse zurück.

Carl Friedrich von Weizsäcker

ist, dann schreibe ich der Natur, die etwas ist, das immer überall ist, Personenhaftigkeit zu. Allgegenwärtige ewige Personenhaftigkeit, die mit Allmacht ausgestattet ist im Treffen von Entscheidungen, die von den physikalischen Gesetzen nicht festgelegt sind, das ist genau, was man in der Sprache der Religionen *Gott* nennt." (F. J. Belinfante)

Wenn wir jetzt wie Albert E., Sie wissen schon, der philosophische Physiker, pantheistisch argumentieren und Gott und Natur als identisch ansehen, haben wir dann das Problem gelöst?

Ich ja. Und wie ist es mit Ihrem Ich?

Albert E. antwortete stets auf die Frage, ob er an Gott *glaube*:

„Ja, an den Gott Spinozas", und Benediktus de Spinoza entwarf ein pantheistisches Universum, in dem Kosmos, Natur und Gott identisch waren. Das haben Sie doch schon gelesen, werden Sie als aufmerksamer Leser jetzt denken. Aber dann denke ich zurück: Und wie oft haben Sie schon Ihren Lieblingssong gehört? Eben! Und genau deshalb erlaube ich mir hier und da und überall gewisse Redundanzen, wenn es ganz wichtig wird. Sorry!

Viele Welten = viele Ichs

Hugh Everett III. schlug eine Interpretation der Quantenphysik vor – ja, ja, es gibt nicht die Quantenphysik, sondern nur Meinungen von Physikern zu ihr –, die als Viele-Welten-Interpretation bezeichnet wird.

H. E. der Dritte argumentiert, dass ein Photon nicht einem Weg folgt, also eine mögliche Quantenwelt realisiert (im Sinne des Beobachters versteht sich), sondern es spaltet sich und folgt allen (im Doppelspaltexperiment beiden) Möglichkeiten.

Wenn eine Spaltung stattgefunden hat (Sie lesen hoffentlich den Glaubensartikel *Zeitpfeil* heraus!), dann haben die Zweige (Welten) keine Möglichkeit, voneinander zu wissen. Was sie/Sie wissen, wird ihnen/Ihnen nicht bewusst. Jeder Beobachter/jede Person/jedes Messinstrument existiert weiterhin, ist sich aber seiner/ihrer jeweiligen anders-weltlichen Existenz nicht bewusst.

Da jeder Beobachter mit der Welt und letztlich mit dem Ganzen (Universum, Kosmos) wechselwirkt, folgt, dass jede Komponente des gespaltenen Beobachters eine Kopie des gesamten Universums mit sich herumschleppt. Immer wenn eine Messung/Beobachtung stattfindet, verzweigt sich die Quantenwelt in so viele Komponenten, wie es Beobachter gibt.

„Fast nie" findet eine Überlappung (Interferenz) statt, und wenn, dann wird es zu einem Deja-vu-Erlebnis des Beobachters oder zu etwas sogenannt Para-normalem, zu etwas Ver-rücktem, zu einer Vision, Utopie, zu (Science-)Fiction.

Das Ich-Bewusstsein ist dann als eine Art Frequenz in einem Quantenuniversum zu denken, die tunlichst nicht am „Rad" drehen sollte, so wie wir die Frequenz am Radio von NDR III auf Everett III verstellen könnten.

Die Postulate der Viele-Welten-Interpretation mögen ungeheuer radikal sein, aber das wird zum Teil dadurch ausgeglichen, dass viele andere Rätsel und Paradoxa des Messproblems gelöst werden. Man beachte, wie die Theorie auf Schrödingers Katze angewendet wird, wenn wir das menschliche Erkenntnisvermögen mit einbeziehen. Nichts von der wie auch immer (nicht-)lebenden Katze nehmen wir wahr. Nur Hirnmuster in unseren Köpfen lassen ein Ich etwas wahrnehmen, und unser Hirn ist kein geschlossenes System, es korreliert mit der (vermeintlichen) Katze.

Wo befinden sich all diese Universen? Hier! Hier und dort und überall, da es nichts anderes *gibt*. Der Raum ist ebenso ein Artefakt der menschlichen Denkwahrnehmung wie die Zeit, mit dieser Erkenntnis müssen wir uns wohl oder übel arrangieren, auch wenn Ihnen dieser „starke Tobak" schwer im Magen liegen sollte.

„Das Eine ist zwar nicht irgendwo, aber keineswegs nirgendwo", sagte der große Neu-Platoniker Plotin, und wo er Recht hat, hat er Recht. „Das Absolute ist Eins ohne ein Zweites", heißt es in den Upanischaden, und Platon himself ergänzt: „Eins ist das Ganze."

„Das Relative ist die Aufspaltung des Einen in scheinbar Viele", sagt sich der „gesunde" Menschenverstand *nicht*, da sich ihm die Welt als eine Welt der vielen Objekte präsentiert.

„Avidya" (Nicht-Wissen) sagt die Vedanta-Philosophie dazu. Das Nicht-Wissen der Ichs vermag zwischen Wirklichem und Unwirklichem nicht zu unterscheiden.

Jetzt brauchen wir „Avidya" nur noch durch „Entanglement" zu ersetzen, und schon sind wir zurück in der Quantenphysik: Verschränkte (Quanten-)Systeme bilden die verschränkte Quantenwelt, und dieses Quantenuniversum kennt in seinem Wellenzustand keine Grenzen, die das Ganze aufteilen in Teilchen. Zwar nehmen wir Teilchen wahr, aber diese Wahrnehmung ist menschlich, allzu menschlich, und eben nicht der „wahre Jakob". Aber die Wellen-Wahrnehmung liegt leider jenseits der sensorischen Möglichkeiten des „normalen" Menschen. Nur große Mystiker und weise Philosophen und philosophische Physiker haben diese transzendentale Ebene des Seins „erhascht", und so konnte Teilhard de Chardin sagen: „In seiner konkreten Realität betrachtet, kann der Stoff des Universums sich nicht teilen, sondern er bildet als eine Art von gigantischem Atom in seiner Gesamtheit das einzig wirklich Unteilbare ... Je weiter und tiefer wir mit Hilfe zunehmend wirkungsvoller Methoden in die Materie eindringen, desto mehr werden wir durch die wechselseitige Abhängigkeit ihrer Bestandteile verwirrt ... Man kann in dieses Netzwerk nicht hineinschneiden, keinen Teil von ihm isolieren, ohne dass er ausfranst und rundum aufgefasert wird." Und sein „Katzen-Kollege" Schrödinger fügt hinzu: „Ihr Leben, das Sie leben, ist nicht nur ein Teil dieser gesamten Existenz, sondern es ist im gewissen Sinne das Ganze. Dieses Ganze ist allerdings nicht so ausgebildet, dass es mit einem einzigen Blick erfasst werden kann."

Und falls Ihnen eine alternative Idee lieber ist oder verdaulicher erscheint, bitte sehr:
Man könnte sich die Universen in einigen weiteren Dimensionen des Raumes „aufgestapelt" vorstellen, von denen wir nichts wissen.
Da die anderen Universen (das Universum gibt es letztendlich *nur* im Plural), die Kopien aller anderen enthalten, „fast-nie" mit dem Zweig, in dem wir uns verorten, wechselwirken können, und da sie keine Informationen über ihren gespaltenen, schizophrenen Zustand weitertragen können, ist es uns vernunftbegabten Menschen niemals möglich, eine rationale Antwort auf diese Fragen zu finden.
Ahnen Sie, worum es geht?
Jede Entscheidung, die Sie „zufällig als Wahl" getroffen haben, kann man mit einem Quantenereignis in unserem Gehirn in Verbindung bringen, und wenn das so ist, dann gäbe es Universen mit anderen Ausgaben unserer selbst, die gleichsam die Folge all dieser Quanten-Gedanken durchlebten bzw. durchspielten.
Es gibt kein Zurück, wenn dein Hirn im Kopf des Tigers steckt.

Illusion = Realität
Das Personalpronomen der 1. Person Singular meint, ein Subjekt denkt subjektive Gedanken in der Quantenwelt.
„Wovon man nicht sprechen kann, darüber muss man schweigen", postulierte Ludwig Wittgenstein, und eine ganz spezielle philosophische Gemeinde applaudierte ihm.
Der Positivismus dagegen, also die wissenschaftstheoretische Position, die ihre Forschung auf das ihrer Meinung nach Positive, Tatsächliche, Wirkliche und Zweifellose beschränkt, behauptet, dass Fragen, die nicht verifiziert werden können, „Un-Fragen" sind. Wie viele Engel tanzen auf der Spitze einer Nadel?, war eine Frage, die mittelalterliche Gelehrte beschäftigt haben soll.
Lebten diese Weisen etwa in jeder menschlichen Hinsicht abstinent und vertrieben sich die Zeit mit „Un-Fragen"?
Die Frage ist inhaltslos, weil Engel empirisch nicht beobachtbar oder gar beweisbar sind, sagen die Positivisten oder auch das „Positive" in uns.
Aber es gibt viele, viele Menschen, die von Erfahrungen mit Engeln berichten.

„Existiert die Welt nach meinem Tod weiter?"

„Waren die Amerikaner auf dem Mond?"

Wir, Sie und ich, waren nicht dabei. Wir lesen es, wir hören es, wir müssen es (nicht) glauben.

Wurde Ihnen auch das Hirn gewaschen?

Alle schulische Ausbildung, alles Studieren, alles Lesen, alles Hören, alles Wissen, alles Glauben ist Gehirn-Wäsche.

Einen Kessel Buntes, bitte.

Welches Waschprogramm bevorzugen Sie?

Welches Waschmittel ist Ihr Favorit?

Welche Waschmaschine können Sie sich leisten: Quelle, Miele oder SuperXWash?

Physiker, die der Gehirnwäsche der Kopenhagener Deutung der Quantenmechanik unterworfen waren – „ein Fall von Hirn-Folter", sagen die Kollegen mit anderen Überzeugungen –, glauben dieser netten Interpretation.

Ich bin fest von meinem Standpunkt überzeugt, so wie Sie an Ihrem festhalten oder den veränderten für das Nonplusultra halten.

Falls es Ihnen der Perturbation (Verunsicherung) zu viel wird, legen Sie dieses Buch schleunigst beiseite, denn: **BILD** bildet auch!

Gibt es wirklich Atome?

Sind Atome, Quarks und all diese „Dinger" aus der mikroskopischen Quantenwelt real?

Sind sie direkt verifizierbar oder nur indirekt abgeleitete, weil für die Konsistenz der Theorie benötigte Variablen (= Ideen)?

Sein oder Nicht-Sein – das ist hier die Frage.

Wenn Wirklichkeit nur das ist, was beobachtet wird, wer führt dann das Beobachten aus?

Sie und ich nur scheinbar.

Wenn Schrödingers Katze ein Quantenobjekt ist, was ist es, das innerhalb oder außerhalb der Schachtel entscheidet, ob sie tot oder lebendig ist?

Sollte es die absolute Kraft, der absolute Wille sein?

Sein und Nicht-Sein, das ist die Antwort.

Der Quantenschaum ist allgegenwärtig. Kaufen Sie sich eine Sprühdose mit Rasierschaum (oder je nach Persönlichkeitsstruktur Ihres Ich mit Sahne), ein paar Plätzchenausstechformen und Lebensmittelfarbe. Sprühen Sie den weißen Schaum auf ein Backblech, stechen Sie Formen aus und markieren Sie diese farbig.

Rot sind Sie, blau der Partner, gelb …?

Entfernen Sie die Formen und rühren Sie das Ganze zu Kalamatsch:
Form ist Leere und Leere ist Form.
Das Problem sind Sie und Ihre Gedanken.
Ist die Frage nach Ihrer Existenz beantwortbar?
Leider nein, ich muss Sie enttäuschen.
Da hilft nur Empirie pur. Der Verstand kommt an seine Grenzen und kann nicht über seinen Tellerrand (sprich: Schädelrand) schauen.

6. Erwin Schrödinger: Meta-Physik eines Nobelpreisträgers

Demokrit lässt den Verstand sich mit den Sinnen streiten, was „wirklich" ist. Hierbei sagt der Verstand: „Nur scheinbar gibt es Farben, nur scheinbar Süße, nur scheinbar Bitterkeit. In Wirklichkeit gibt es nur die Atome und den leeren Raum." Darauf antworten die Sinne: „Armer Verstand! Hoffst du, uns zu schlagen, wo du doch deine Beweise von uns borgst? Dein Sieg ist deine Niederlage!"

Nun ist Demokrit mit seinem „atomistischen Materialismus" sicher kein guter Anwalt für unser Anliegen, die Welt der Erscheinungen von einer raum- und zeitlosen Wellen-Energie abzuleiten. Aber was der Vorsokratiker richtig bemerkt, ist die Tatsache, dass das Denken und die Wahrnehmung eine unendliche Rückkopplungsschleife bilden. Denn keiner dieser zerebralen Vorgänge kann sich über den anderen erheben und behaupten, er komme vor ihm. Vielmehr bedingen sie sich gegenseitig, ja, sie bilden eine Einheit.

Wir technisierten Menschen neigen demgegenüber dazu, an den scheinbar festen Boden der Tatsachen zu glauben. Gehören Sie auch dazu, dann befinden Sie sich u. a. in Gesellschaft mit dem jungen Werner Heisenberg und Sie haben es nicht minder verdient als er, von Albert Einstein den provokativen Satz um die Ohren gehauen zu bekommen: „Erst die Theorie entscheidet darüber, was man beobachten kann."

Dies ist etwas pointiert formuliert und in dieser Schärfe von den meisten Menschen wohl nur als Gegengift zur Ideologie des Realismus genießbar. So aber wird deutlich: Jedes Denken ist eine Wahrnehmung und jede Wahrnehmung bedeutet Denken. Wahrnehmung und Denken sind keine dualen Phänomene, sondern bilden eine Einheit: Die Denkwahrnehmung!

Die so entstehenden Verkettungen von Wahrnehmen und Denken können sehr faszinierend sein, führen zu immer ausgefeilteren Theoriegebäuden und lassen uns technisch reüssieren – doch wirklich verstanden haben wir damit nichts. Denn wir können auf diese Weise nicht die Ebene dieser Rückkopplungsschleife verlassen. Das gelingt uns – wenn überhaupt – nur durch einen Quantensprung des Denkens. Voraussetzung dazu ist aber, dass wir uns des Zirkelschlusses der Denkwahrnehmung bewusst werden, um nicht in ihm gefangen zu bleiben.

Auf diesem Weg ist Erwin Schrödinger ein hervorragender Begleiter. Er formuliert hierzu:

„Der Tatbestand, über den ich mich … des längeren verbreitet habe, wird oft so dargestellt, daß man sagt: Indem die Meßtechnik verfeinert wird, wird der beobachtende Mensch Schritt für Schritt durch immer kunstvollere Meßmittel ersetzt. Das ist nun nicht wahr. Aber auch dann beruhen alle Informationen letztlich immer auf Sinneseindrücken einer oder mehrerer Personen, obwohl vielleicht viele ausgeklügelte Vorrichtungen benutzt worden sind … So kommen wir auf jenen seltsamen Sachverhalt zurück. Die unmittelbare sinnliche Wahrnehmung eines Phänomens sagt uns nichts über sein objektives physikalisches Wesen (oder was wir so zu nennen pflegen) und muß von vornherein als Informationsquelle ausscheiden. Aber dennoch beruht das theoretische Bild, das wir erhalten, schließlich ganz und gar auf einer Reihe von Informationen, die sämtlich durch unmittelbare sinnliche Wahrnehmung gewonnen sind.“ (Erwin Schrödinger)

Schrödinger macht damit auf das große Problem der Wissenschaft aufmerksam: Die Objektivierung der menschlichen Wahrnehmung.

Es ist immer der Mensch, der sich die Daten der von ihm gebauten technischen Apparate anschaut, und zwar immer als erkennendes Subjekt:

„Die erstaunliche Bewährung der fundamentalen allgemeinen Einsichten der Physik in der Erfahrung, so hatte Immanuel Kant schon gelehrt, rührt daher, daß sie notwendige Bedingungen darstellen, unter denen Erfahrung überhaupt erst möglich ist. Die physikalische Welt erscheint als eine Konkretisierung der Transzendenz. Arthur Eddington hat die Beziehung zwischen physikalischer und eigentlicher Wirklichkeit in seinen Schriften mit überzeugender Anschaulichkeit beschrieben. So vergleicht er in seinem Beitrag ‚Die Naturwissenschaft auf neuen Bahnen‘ die physikalische Welt mit den Wellen im die Transzendenz symbolisierenden Wasser des Meeres.“ (Hans-Peter Dürr)

Der geneigte Leser mache sich bitte bewusst, dass bis in die zwanziger Jahre des vergangenen Jahrhunderts die „erdliche“ Milchstraße als ganzer Kosmos angesehen wurde. Erst als der Andromeda-Nebel als eine eigenständige Galaxie außerhalb unserer Milchstraße identifiziert wurde, erweiterte sich die Vorstellung des Weltalls bis hin zu einem von Milliarden Galaxien bevölkerten Universum. Durch die bunten Fotos und deren Interpretation durch die Astrophysik ist dieses All anschaulich geworden, sonst würde kaum jemand an die Weiten des Kosmos glauben.

Die Erdpracht und die Erbpacht

Durch die Erbpacht der „erdlichen" Ausstattung ihrer Gehirne sind die Menschen dazu verdammt, die Erdpracht so zu sehen, wie sie sie sehen. Um es deutlich zu sagen: Was wir erkennen, erkennen wir nicht etwa deshalb, weil wir mit einer objektiven Denk- und Erkenntnisfähigkeit ausgestattet wären, mit der wir die Welt von außen betrachten könnten. Nein, wir meinen die Welt zu erkennen und sind mit unserem Gehirn doch nur ein Teil von ihr. Indem wir sehen, sieht sich die Welt, weil sie so ist, wie sie ist. Von hier aus ist es nur ein kleiner Schritt zu der Erkenntnis, dass wir die Welt sind – und damit beißt sich die Katze in den Schwanz. So viel wir auch sehen, es existiert immer nur eins: Ein Ich, das die Welt sieht und von ihr nicht getrennt ist.

Der Mensch aber glaubt, dass die Natur verstanden werden kann, verstanden und erklärt vor allem durch die (Natur-)Wissenschaften.

Das Prinzip erster Ordnung ist dabei die Objektivierung. Schrödinger versteht darunter „genau dasselbe, was auch oftmals die Hypothese der realen Außenwelt genannt wird. Ich behaupte, es handelt sich dabei um eine gewisse Vereinfachung, die wir einführen, um das unerhört verwickelte Problem der Natur zu meistern.

Ohne es uns ganz klarzumachen und ohne dabei immer ganz streng folgerichtig zu sein, schließen wir das Subjekt der Erkenntnis aus aus dem Bereich dessen, was wir an der Natur verstehen wollen. Wir treten mit unserer Person zurück in die Rolle eines Zuschauers, der nicht zur Welt gehört, welch letztere eben dadurch zu einer objektiven Welt wird ... ich selbst (bilde) einen Teil dieser realen Außenwelt. Ich versetze (dann) sozusagen mein eigenes wahrnehmendes und denkendes Selbst (welches diese Welt als geistiges Produkt konstruiert hat) in sie zurück – mit dem Ergebnis, daß als logische Folge dieser ganzen Kette von Fehlschlüssen nunmehr die Hölle los ist." Und der geniale Physiker insistiert: Wo ist die Stelle, wo der Geist auf die Materie wirkt, da Menschen immer in Raumkategorien denken. Die materielle Welt der Wissenschaften konnte bloß konstruiert werden um den Preis, dass das Selbst, der Geist, daraus entfernt wurde. Der Geist gehört nicht dazu und kann darum getrost herausgenommen werden, da er die materielle Welt weder beeinflussen noch von ihr beeinflusst werden kann.

Der Begründer der Wellenmechanik war sich also sehr wohl bewusst, welch hohen Preis „seine" Wissenschaft für ihre Wissenschaftlichkeit zu zahlen bereit war. Schrödinger ging durch die Hölle und kam als Metaphysiker wieder heraus. Nun hatte er durchschaut, dass vor lauter äußerem, objektivem Erkenntnisinteresse das Subjekt aller Erkenntnis bis zur anscheinenden Nichtexistenz in den Hintergrund gedrängt wird. Die Menschen tun das, um ein leidlich zufriedenstellendes Weltbild zu formen. Was sie dabei aber übersehen, ist, dass damit das Weltbild schon von seinem Ansatz her nicht zufriedenstellen kann. Es hat nur den Schein von Objektivität, geschützt durch das Verbot, die Wahrheit über das Subjekt der Erkenntnis auszusprechen.

„Es liegt also der folgende merkwürdige Sachverhalt vor. Während alles Material zum Weltbild von den Sinnen qua Organen des Geistes geliefert wird, während das Weltbild selber für einen jeden ein Gebilde seines Geistes ist und bleibt und außerdem überhaupt keine nachweisbare Existenz hat, bleibt doch der Geist selbst in dem Bilde ein Fremdling, er hat darin keinen Platz, ist nirgends darin anzutreffen. Wir sind so sehr gewohnt, die Persönlichkeit eines Menschen … eben doch in das Innere seines Leibes hineinzudenken, dass es uns erstaunt, zu erfahren, und wir es nur zweifelnd und zögernd glauben, daß sie sich dort in Wirklichkeit nicht vorfindet …

Es wird uns ganz schwer, uns klarzumachen, daß die Lokalisierung der Persönlichkeit im Leibe nur symbolisch, nur für den praktischen Gebrauch bestimmt ist … Die Sackgasse ist eine Sackgasse, der tote Punkt ist ein toter Punkt. Sind wir denn also nicht die Täter unserer Taten? Und doch fühlen wir uns für sie verantwortlich, werden für sie bestraft oder geehrt, wie es sich gerade trifft."

Die Maske des roten Todes

In seiner Meisternovelle erzählt Edgar Allan Poe die Geschichte eines jungen Prinzen, der sich mit seinem Gefolge auf ein einsames Schloss zurückgezogen hat, um einer fürchterlichen Seuche zu entgehen, die im Land wütet und der Rote Tod genannt wird. Die erlauchte Gesellschaft vergnügt sich dort einige Tage und veranstaltet schließlich gegen die Langeweile einen Maskenball. Eine der Masken hat sich total in ein scharlachrotes Kostüm gehüllt.

Die hohen Herrschaften sind erstaunt und verunsichert, da sie nicht wissen, wer sich hinter diesem gewagten „Outfit" verbirgt. Endlich, um den Bann zu brechen, nähert sich ein Verwegener der roten Maske und reißt plötzlich mit einem kühnen Ruck Gesichtsmaske und Kopfschleier fort. Es zeigt sich, sie waren leer.

„Was ist dieses Ich?", fragt Erwin Schrödinger 1944 im Epilog „Über Determinismus und Willensfreiheit" seines Buches „What is Life?", einem Meisterwerk der naturwissenschaftlichen Literatur, das die Entwicklung der modernen Biologie maßgeblich beeinflusst hat.

„Doch haben wir alle den unbestreitbaren Eindruck, daß die Gesamtheit unserer persönlichen Erfahrungen und Erinnerungen eine Einheit bildet, die von derjenigen irgendeiner anderen Person durchaus verschieden ist. Wir nennen diese Einheit unser ‚Ich‘. *Was ist dieses ‚Ich‘*? Bei näherem Zusehen wird es sich meines Erachtens herausstellen, daß es etwas mehr ist, als nur eine Anhäufung einzelner Gegebenheiten (Erfahrungen und Erinnerungen), nämlich sozusagen die Leinwand, *auf welcher* diese festgehalten sind. Und man wird bei eingehender Selbstprüfung gewahr werden, daß das, was man wirklich unter dem ‚Ich‘ versteht, eben jener Grundstoff ist, auf dem sie gesamthaft aufgetragen sind … Das Bewußtsein findet sich in engster Beziehung und Abhängigkeit vom physikalischen Zustand eines begrenzten Teiles des Stofflichen, des Körpers. (Man beachte die geistigen Veränderungen während der körperlichen Entwicklung in der Pubertät, dem Altern, beim Vergreisen usw., oder man denke an die Wirkungen von Fieber, Rausch, Narkose, Gehirnverletzungen usw.) Nun gibt es eine große Vielzahl gleicher Körper. Daher liegt es nahe, sich Bewußtsein oder Geist in der Mehrzahl zu denken. Wahrscheinlich teilen alle einfachen und unverbildeten Menschen diese Denkweise mit den meisten westlichen Philosophen.“

Schrödinger war hochgebildet, mit den Denksystemen der alten Griechen ebenso vertraut wie mit denen der östlichen Tradition.

Sein Herz schlug für den Vedanta, mit dem er sich schon als junger Mann durch die Lektüre von Schopenhauers „Die Welt als Wille und Vorstellung“ vertraut machte.

„Die eigentliche Schwierigkeit für die Philosophie liegt in der räumlichen und zeitlichen Vielheit anschauender und denkender Individuen. Würde alles Geschehen sich nur in einem Bewußtsein abspielen, so wäre der Sachverhalt höchst einfach … Ich glaube nicht, daß die Lösung des Knotens auf logischem Wege durch folgerichtiges Denken innerhalb unseres Intellekts möglich ist. Wohl aber läßt sie sich leicht in Worten aussprechen, nämlich: die wahrgenommene Vielheit ist nur S c h e i n, sie besteht in W i r k l i c h k e i t g a r n i c h t. Die Philosophie des Vedanta hat dieses ihr Grunddogma durch manches Gleichnis zu verdeutlichen gesucht … Das ist es bekanntlich, was die Brahmanen ausdrücken mit der heiligen, mystischen und doch eigentlich so einfachen und klaren Formel: Tat twam asi (Das bist du).“

Exkurs: Das Ich bleibt unauffindbar

Ich sehe, also bin ich. Ich höre, also bin ich. Ich fühle, also bin ich.

ICH denke, also bin ICH!

Gefällt Ihnen diese Logik?

Oder können Sie eine Portion Skeptizismus vertragen?

Wie Sie ja bereits wissen, existiert das Gegebene aus quantentheoretischer Sicht gar nicht, weil es im Augenblick seines Da-Seins keinen (bestimmbaren) Ort und keine (gleichzeitig bestimmbare) Zeit hat.

Diese Überlegung findet ihre Entsprechung in der Erkenntnistheorie. Diese stellt nämlich fest, dass Ort und Zeit mittels des Gedächtnisses erst zugeordnet werden, wenn beide Aspekte schon vergangen, also nicht mehr sind. Das scheinbar so unumstößliche Hier und Jetzt ist das genaue Gegenteil einer ontischen Gegebenheit. Bei genauer Betrachtung zerfließt es zu einer „angenommenen", rekonstruierten Existenz.

Unsere Wahrnehmung will davon freilich nichts wissen. Doch da unsere Erkenntnisse darauf keine Rücksicht nehmen können, wäre es leichter, wenn wir das Ich außen vor hielten.

Das wäre aber das Gleiche wie ein Denken und Wahrnehmen ohne ein Ich, das da denkt und wahrnimmt. Und das wäre eine Revolution, die uns aus dem Zirkelschluss unseres Ichs zwischen Subjekt und Objekt herausführen und die zugleich die Existenz, wie wir sie denken, leugnen würde.

„Es ist möglich, dass die Ansichten der Philosophen nicht an sich existieren, sondern nur in der Geschichte, die Geschichte wiederum nur im Historiker, der Historiker wiederum nur im Leser, und der Leser selbst nur für sein eigenes Bewusstsein, das nicht wirklich sein eigenes ist, sondern absolutes Bewusstsein, das ihn denkt", schreibt Michael Hauskeller und schlussfolgert: „Der Glaube an die Existenz ist also *animal faith*, animalischer Glaube.

Dieser animalische Glaube freilich ist so stark, dass es schier unmöglich ist, sich des Glaubens an die eigene Existenz zu enthalten. Auch die Wissenschaft kommt über bloße menschliche Ansichten nicht hinaus."

Nach allem, was wir bisher gesagt haben, ist es nur selbstverständlich, dass dieses Urteil nicht nur auf das Denken der Wissenschaftler zutrifft oder auf die angeblich „weichen" Geistes- und Sozialwissenschaften reduziert werden kann. Es trifft vielmehr mit besonderer Härte die vorgeblich „harten" Naturwissenschaften inklusive ihrer empirischen Basis. **Fakten, Fakten, Fakten** sind eben keine Fakten, sondern Hirngespinste.

„Wir haben festgestellt, dass der Geist dort, wo die Naturwissenschaft am weitesten fortgeschritten ist, von der Natur nur das wiedergewonnen hat, was er selbst hineingelegt hat. An den Küsten des Unbekannten haben wir eine seltsame Fußspur gefunden. Um ihren Ursprung zu erklären, haben wir eine tiefschürfende Theorie nach der anderen aufgestellt. Schließlich ist es uns gelungen, das Geschöpf zu rekonstruieren, das die Fußspur hinterlassen hatte. Und siehe da – sie stammt von uns selbst!", schreibt ein Mr. Eddington.

Wer ist dieser Arthur Stanley Eddington?

Der, der Alberts Allgemeine Relativitätstheorie „bewiesen" hat.

Die Bestätigung der Lichtablenkung durch Eddington machte Albert E. plötzlich weltberühmt. Einsteins Allgemeine Relativitätstheorie war (und ist) eine Theorie und damit Alberts „Hirngespinst", die der empirischen Verifikation bedurfte.

Albert Einstein hatte 1905 das Äquivalenzprinzip ge-/erfunden und daraus die Lichtablenkung und Rotlichtverschiebung berechnet. 1911 bemerkte er, dass die Lichtablenkung (sie soll die Raumkrümmung beweisen) im Schwerefeld der Sonne mit knapp einer Bogensekunde groß genug für astronomische Beobachtungen sei. Auch Albert kannte Ehrgeiz und hatte es gern, wenn seine Gedanken mit den Experimenten wohlgesonnener Kollegen übereinstimmten.

Arthur Stanley Eddington, „Plumian Professor of Astronomy" in Cambridge, war Einstein-Fan und wurde mit der Mission beauftragt, die Alberts irdischen Ruhm besiegelte: der Sonnenfinsternisexpedition am 29. 5. 1919.

Eddington fotografierte die Sonnenfinsternis und kam zu der delikaten Erkenntnis, dass Albert richtig lag mit seiner Ablenkung des Lichts durch die Gravitation und dass damit die ganze Allgemeine Relativitätstheorie stimmig sei.

Delikat ist Eddingtons „Beleg" deshalb, weil die von Einstein errechnete Abweichung von einer Bogensekunde auf den Fotoplatten einen Unterschied von nur einem sechzigstel Millimeter bedeutete und diese winzige Differenz leicht durch vielfältige Fehler entstanden sein konnte, von temperaturbedingten Verzerrungen im Instrument bis zum Quellen der Fotoemulsion im Tropenklima. Es war letztlich eine einzige Aufnahme, die Einsteins Theorie „bewies" und die den Einstein-Fan Eddington befriedigte.

Liebe Leser, so entstehen Fakten!

„In einer holländischen Zeitung stand, dass beide Expeditionen wohlgelungene Aufnahmen der Sonnenfinsternis erhalten haben, so dass innerhalb von 6 Wochen das Ergebnis bekannt werden dürfte", schrieb Einstein im Juni seiner Mutter und musste noch einige Monate warten, bis die Engländer die längst überfälligen Ergebnisse veröffentlichten und seine Kollegen vom Physikalischen Kolloquium in Zürich einen Vierzeiler gen Berlin schickten:

„Alle Zweifel sind entschwunden,
Endlich ist es nun gefunden:
Das Licht, das läuft natürlich krumm
Zu Einsteins allergrößtem Ruhm!"

Und das, obwohl neben der zweifelhaften Auswertung der Messergebnisse auch noch das Problem besteht, dass derartige Ergebnisse nur im Rahmen einer Theorie interpretierbar sind:

„Die Theorie entscheidet darüber, was wir beobachten", schrieb Albert einmal höchstpersönlich.

Aber sei's drum, jetzt war er ein globaler Science-Star, der Albert aus Ulm. Ohne PR-Berater, Visagist, Coiffeur und Coach meisterte er fortan sein Leben im Medienrampenlicht.

Was aber ist mit Eddingtons Meinung, die Naturgesetze spiegeln die Gesetze des Menschlich-Mentalen?

Ich, das Ich der Autorin, hat keine Ahnung von Sonnenexpeditionen, Bogensekunden und Raumkrümmungen. Woher will ich also wissen, wie Alberts Theorie verifiziert wurde? Ich habe es gelesen, d. h. visuell wahrgenommen. Es steht in den schlauen Büchern und ich glaube es.

Wie aber funktioniert Naturwissenschaft, wenn sie, wie Eddington behauptet, letztlich eine Geisteswissenschaft ist?

Der Geist des Menschen untersucht die Natur. Das scheint unstrittig und ohne Zweifel zu sein. Doch wie? Wie machen das die Menschen, die sich Naturwissenschaftler nennen?

Zuerst ziehen sie eine Grenze zwischen Ich und Nicht-Ich. Das Nicht-Ich wird dann wissenschaftlich untersucht. There is no business like science-business.

Oder: Science-business is like show-business.

Als Nächstes wird alles klassifiziert, was Nicht-Ich ist, also die Welt mit ihren Bäumen, Häusern und Sternen, ihrer Materie und Anti-Materie, ihren Schweinen und Eseln, ihren Genies und Verrückten, ihren Quarks und Strings.

Es gibt also Käse und Butter (Kategorie Lebensmittel), Berge und Frösche (Kategorie Natur pur), Planeten und Tsunamis (ebenfalls Natur pur).

Dann beginnt das Übersetzen in Zahlen. Drei Orangen und drei Zecken sind immer drei! Sieben Zwerge sind ebenfalls immer sieben wie sieben

Monster. Die Zahl als Symbol wird zu einer Meta-Ebene. Aber zu jeder Meta-Ebene dieser Art gibt es eine Meta-Meta-Meta-Ebene. (*Metta* heißt auf Sanskrit übrigens Liebe.)

Die Meta-Meta-Meta-Ebene der Mathematik (die Sprache der Physik) sind mathematische Symbole der höheren Ebene, z. B. „x" oder „Y" (oder noch komplexer Ψ, Φ, π).

Sie tauchen dann in mathematischen Formeln auf, die so funktionieren: Irgendein mathematisches Symbol („Buchstabe") stellt irgendeine Zahl dar. Ich kann die Zahl Drei auf drei Orangen, auf drei Lügner und drei Weise beziehen, aber auch auf alles andere, was 3 x *ist*.

„x" und „y" und Co. wiederum kann ich auf jede Zahl beziehen, da sie Meta-Ebene sind. Durch sie werden Beziehungen hergestellt, die sich dann als Theorie und Gesetze niederschlagen.

Letztlich ist der Mensch aber nichts als Natur und kann deshalb nur mit der Natur seines Geistes die Natur, also sich selbst, untersuchen.

Solche Gesetze der Natur lauteten früher beispielsweise: „Übt ein Körper auf einen anderen eine Kraft aus, so wirkt dieser mit einer gleich großen Kraft von entgegensetzter Richtung auf den ersten Körper zurück (actio = reactio)."

Heute teilt uns Sander Bais in seinem Buch „Die Gleichungen der Physik: Meilensteine des Wissens" mit:

„Die endgültige Struktur von Raum und Zeit. [Noch nie vom Verfallsdatum physikalischer Theorien gehört, Mr. Bais?] Welche Bedeutung hat es, dass die Raum-Zeit aus Strings aufgebaut ist? Die Raum-Zeit ist eine gemeinsame Erscheinungsform von Strings, ein kohärenter Untergrund aus Gravitations-Moden vieler Strings. Raum und Zeit als solche sind ein auftauchendes Phänomen der String-Theorie: Unterhalb einer gewissen Skala verliert der Begriff der Raum-Zeit seine Bedeutung, und Fragen danach, was genau geschieht, sollten durch Betrachtung der Strings selbst beantwortet werden. Das ist, wie wenn man Wasser auf immer kleineren Skalen verstehen will und am Ende die einzelnen Moleküle studiert, die nicht mehr die Eigenschaften des Kollektivs mit Namen Wasser besitzen. Unterhalb einer gewissen Skala ist es daher vermutlich nicht mehr sinnvoll, noch von Raum und Zeit zu sprechen."

Also lassen wir es, da wir sonst gar nichts mehr unterscheiden können.

Wo bleibt aber bei dem ganzen Spektakel das Ich, das diese Formel erfindet, errechnet, liest, versteht, nicht versteht, das zweifelt oder aufhört zu lesen? Sie lesen diese Zeilen, also sind Sie. Was Sie als Subjekt gerade lesen, nämlich dieses Buch, ist dasselbe wie das lesende Subjekt. Was Sie als die objektive „Welt da draußen" empfinden, ist identisch mit dem Ich, als das Sie sich als subjektives „Selbst hier drinnen" empfinden.

Sie erleben sich als Sehenden, der sieht. Oder als Hörenden, der hört. Die drei scheinbar getrennten Elemente: der Sehende, das Sehen, das Gesehene oder der Hörer, das Hören, das Gehörte sind dasselbe.

Gibt es so etwas wie einen Sehenden ohne Sehen oder ohne etwas Gesehenes? Laut Quantentheorie ist der Mond nicht „da", wenn ihn keiner anschaut. Etwas, was Albert zur Verzweiflung gebracht hat.

Und ähnlich verrückt geht es mit dem scheinbaren Subjekt zu: Weil das Ich sieht, glaubt das Ich zu sein.

Halten Sie doch einmal einen Moment inne und hören Sie.

Hören Sie das Miauen einer Katze? Hören Sie Musik? Hören Sie Autos? Hören Sie Kinder lachen? Hören Sie Vögel zwitschern?

Was auch immer – *etwas* ist auf keinen Fall darunter: der Hörende. Sie können keinen Hörer im eigentlichen Sinne hören, weil keiner da ist.

Freilich bezeichnen Sie sich als Hörer, denn so haben Sie es gelernt. Wenn Sie jedoch die Wahrnehmung, in Ihrem Gehirn ein „Hörender" zu sein, sich im Hören auflösen lassen, werden Sie feststellen, dass es kein hörendes Ich gibt.

Das Subjekt, das sich als Hörer empfindet, ist unauffindbar. Und das Ich ist sozusagen durchsichtig. Es ist ein Phantom. Es ist ein Phänomen. Man kann es als Abstraktion des Gehirns bezeichnen; dann ist es wie eine transparente Folie.

Was bleibt, ist die Einsicht, dass sich Wahrnehmer und Wahrgenommenes rekursiv hervorbringen. Und dasselbe gilt für den Denker und das Denken.

Wenn es aber so ist, wenn also Subjekt und Objekt ineinander verschmelzen, dann sind wir, kaum dass dieses *neue* Denk-Wahrnehmungsmuster formuliert ist, auch schon wieder mit unseren Worten am Ende. Denn dann gibt es für uns ja keinen separierten, objektiven Standpunkt, von dem aus wir konkrete Aussagen über das Denken und Wahrnehmen treffen könnten.

Pech gehabt, denkt sich da unser in die fassbare „Realität" verliebtes Ego. Doch was soll's, denkt sich das Ich der Zukunft. Denn das, was wirklich interessant ist, weist über den Zirkelschluss aus Subjekt und Objekt hinaus. Und es winkt ein Preis, der den Verlust des Konkreten wert ist. Er ist nicht mehr, aber auch nicht weniger als der „Hauch einer Ahnung". Gleichnisse, Bilder und Andeutungen über die wahre Existenz.

Alfred North Whitehead behauptet, dass die wissenschaftliche Methodik blind für den wesentlichen Aspekt der Realität mache, nämlich die Erfahrung. Dadurch leugne sie die Wahrheit. Wie wahr, wie wahr.

Denn wenn wir das Subjekt der Erkenntnis aus dem Bereich dessen, was wir an der Natur untersuchen und verstehen wollen, ausschließen, geraten wir in die Falle. Und wenn wir das Subjekt gar mit dem kleinen Ego-Ich gleichsetzen, das denkt, sieht, hört und fühlt, dann fallen wir noch tiefer ins Loch der Nicht-Erkenntnis.

„Ülkiger und ülkiger!", rief Alice (und in ihrer Überraschung entging ihr, dass man das eigentlich gar nicht sagen kann.)" (Lewis Carroll)

Immer „ülkiger" wird das Ich, wenn man über es nachdenkt. Und dasselbe gilt für die wahrgenommenen „Objekte": So, wie mein Spiegelbild lediglich meine Erscheinung reflektiert und nicht mein Ich enthält, so besitzt die ganze Welt der Erscheinungen kein Sein, keine Realität.

Ihr Ich ist zwar mit Ihrem Körper verknüpft, aber es *ist* nirgendwo wirklich.

Die Natur, das Ganze, das Absolute schaut; *ICHs* schauen sich vergeblich nach einem Ich um.

Das **Absolute** ist das **Subjekt**; *ICHs* sind *Objekte* im **Subjekt**.

Es erübrigt sich zu sagen, dass das Absolute wissenschaftlichen Methoden nicht zugänglich ist. Deutlicher hingegen muss man das beim Ich betonen: Auch dieses kann – auf unserer Realitätsebene des Nicht-Absoluten – definitionsgemäß nicht objektiviert werden.

Schauen Sie dieses Buch an. Sie sehen es, weil Licht *von* ihm auf Ihr Auge fällt. Zweifellos besteht in unserer alltäglichen Wahrnehmungswelt eine Grenze zwischen Ihrem Buch und Ihnen. Doch betrachten Sie sich nun beim Betrachten Ihres Buches! Dann beobachten **Sie** *sich* beim Sehen.

Was ist geschehen? Ganz einfach: Sie haben sich, das Subjekt, zugleich zum Objekt gemacht. Der Sehende wird vom Sehenden gesehen. Da aber bei einer Wahrnehmung im Subjekt-Objekt-Modus Ihr Ich das Subjekt ist, kann das „Ich", das Sie als Objekt wahrnehmen, nicht das Subjekt der Erkenntnis sein. D. h., Sie können sich gar nicht in dem Maße sehen, wie es Ihnen Ihr Ich glauben machen will. Sie können sich, den wirklich Sehenden, nicht sehen!

„Ich beginne, über meine eigenen Gedanken nachzudenken. Ja, ich denke sogar darüber nach, dass ich nachdenke, und gelange so zu einer unendlich zurückreichenden Reihe von ‚Ichs', die sich jeweils selbst betrachten. Ich weiß nicht, wie weit ich zurückgehen muss, um das wirkliche ‚Ich' zu finden, und in dem Augenblick, in dem ich bei einem Ich stehen bleibe, gibt es wieder ein ‚Ich', das dahinter zurückgeht, um es zu betrachten. Ich fühle mich verwirrt und schwindlig, als blickte ich in einen bodenlosen Abgrund." (Poul Martin Mollers)

Lassen Sie uns noch mal zu dem Bild des Träumers zurückkehren: Die *Realität* einer *Traumfigur* ist das *Bewusstsein* des *träumenden Ich*. Der *Träu-*

mende, d. h. die *reale Person*, die im Bett liegt und *träumt*, ist **nicht** eine der geträumten *Traumfiguren*. Den Traumfiguren immanent ist ein *Ich-Gefühl* der *träumenden realen Person*. Dementsprechend gilt für die höhere Ebene: *Die Realität einer realen Figur – eines Ich –* ist **das Bewussteins des Subjekts**.

Das Subjekt ist niemals ein *Objekt*, es *träumt* nur *Objekte*, die sich für reale Ichs halten.

„Denken wir uns einen Traum. Wir haben dabei eine Reihe von aufeinanderfolgenden Gedanken, die sich alle auf die unbekannte Mitte beziehen – auf jene Person, die den Traum hat. Das Wesen im Traum hat zwar das Gefühl, wirklich zu existieren …, aber die Wirklichkeit geht von der Person aus. Die Ansammlung von Gedanken ist das, worum es in dem Traum geht. Und diese Gedanken kreisen um die Wirklichkeit der Person. Wenn wir jedoch die Gedankensammlung betrachten und erwarten, dort ein reales Ich zu finden, werden wir nur einen Gedanken nach dem anderen entdecken. Mit anderen Worten, es gibt eine Ebene des höheren Seins, die wir mit der Person gleichsetzen, und eine niedrigere Ebene, von der wir sagen, dass es der Traum ist. Die Person ist dem Traum immanent. Diese Immanenz verleiht dem Ich das Gefühl, *etwas* zu sein. Dies ist ein Missverständnis, eine Fehldeutung. Es ist nur die Immanenz im Traum der träumenden Person, die es ermöglicht, dass ein Traum-Ich entsteht. Die Mitte dieses Strudels ist *nicht* neutral. Die Mitte des Strudels ist die Gegenwart des „ICH BIN" in der Matrix der Möglichkeiten." (Anthony Damiani)

Das Ich ist unauffindbar. Was auffindbar ist, ist das **Absolute**.

Dazu bedarf es der Transzendierung des Subjekt-Objekt-Modus. D. h., nicht innerhalb unserer relativ-realen Welt lässt sich ein Objekt vom Subjekt trennen. Vielmehr geschieht dies auf der Meta-Ebene des **Absoluten (=Subjekt)**. Das relativ-kleine Ich kann nur durch einen Quantensprung auf diese Ebene gelangen, die jenseits des Denk-Wahrnehmungs-Modus und damit jenseits des Subjekt-Objekt-Modus liegt.

III. Das Ich im 21. Jahrhundert

1. Die Heilung vom Ich

„Ich kann nicht bezweifeln, dass ich existiere." Falls Sie so argumentieren, befinden Sie sich in bester Gesellschaft. Ihr Ich befindet sich unter den philosophischen VIPs. Das ist doch was.

Wenn Sie jedoch versuchen, in Ihr eigenes Bewusstsein zu schauen, was finden Sie dann? Nichts! Denn Bewusstsein ist nicht raum-zeitlich. Sie können es also gar nicht finden. Alles, was Ihnen begegnet, sind Ihre Erfahrungen, Ihre Denkinhalte, aber niemals das Ich. Oder sollten wir allen Ernstes behaupten, das Bewusstsein wird sich des Bewusstseins bewusst? Das Subjekt der Erfahrungen solle zugleich Erfahrung sein? Nein, einen solchen stupiden Zirkelschluss wollen wir Ihnen nicht zumuten. Da könnte man ja gleich behaupten, eine Kamera könne sich selbst fotografieren – so ganz direkt, ohne Spiegel oder andere Hilfsmittel.

Nein, das Subjekt bleibt in unserer relativen Welt ein Subjekt, und deshalb können wir das Ich grundsätzlich nicht beweisen. Daran kann auch unser Gehirn nichts ändern, auch wenn es seine Leidenschaft ist, uns ständig das Gegenteil vorzugaukeln. Dieses freche Teil behauptet doch einfach, ich sei es, der an seinem Ich zweifelt. Und so kommt es zu dem Satz: „Ich zweifle, also bin ich." Doch mit Verlaub, lieber Denkkasten, das ist Bullshit. Und lass dir gesagt sein, du kannst es besser. Also fang noch mal von vorne an und reflektiere auf eine Weise, die deiner intellektuellen Fähigkeiten würdig ist.

„Wir sollten sagen ‚Es' denkt, so wie man sagt: ‚Es blitzt'. Zu sagen ‚Cogito', ist schon zuviel, sobald man es durch ‚Ich denke' übersetzt." So wandte sich schon Georg Christoph Lichtenberg im 18. Jahrhundert gegen den angeblichen Ich-Beweis des René Descartes.

Der Rückschluss vom Denken auf ein „Ich" als ein Ding oder Subjekt des Denkens ist eine Illusion. Denn das, was wir als ein „Ich" wahrnehmen, ist ja die Folge und nicht die Ursache unserer Hirnfunktionen. (Dies gilt zumindest, wenn wir kausal argumentieren – aber letztlich entzieht sich das Absolute ja jeglicher gedanklichen Kausalität des Relativen.) Wir müssen also kapitulieren und einsehen, dass an das „Es", also das eigentliche SUBJEKT, nicht heranzukommen ist. Meinen wir dennoch, die Existenz unseres spürbaren Ich bewiesen zu haben, denken wir im Kreis. Doch damit beweisen wir nicht uns, sondern nur unsere Dummheit.

Es denkt also in uns. Schön. Aber was heißt das? Gar nichts! Denn das „Es" ist nicht das, was uns unser Hirn als Ich verkauft. Dieses von uns erspürbare und denkbare Ich kann nämlich nur ein nachgeordnetes Pseudo-Ich sein. Das Bewusstsein indes, wie immer es aussehen mag, kommt *vor* den Hirnprozessen und entzieht sich somit unserer Wahrnehmung.

Stimmt also der Satz „Es wird gedacht"? Die Antwort lautet: Ja – wenn wir damit nicht den Fehler machen, ein dingliches „Es" zu beweisen. D. h., auch wenn die Versuchung noch so groß ist, dürfen wir uns nicht dazu verleiten lassen, dem Es mit unserer irreführenden, raumzeitlichen Denke zu Leibe zu rücken. Sonst verändern wir es nämlich ganz entscheidend und es verliert seinen Wahrheitsgehalt. Denn es ist von einem Subjekt zu einem Objekt mutiert, und wir stehen als die Idioten da, die groß verkünden, einen Beweis in Händen zu halten, und wenn wir ihn vorzeigen sollen, ist da nur eine Illusion.

„Es gibt eine andere Art des Skeptizismus, die aller Forschung und Philosophie vorangeht und die von Descartes und anderen als ein hervorragendes Schutzmittel gegen Irrtümer und voreilige Urteile sehr gepriesen wird. Sie empfiehlt uns einen allgemeinen Zweifel nicht nur an all unseren früheren Meinungen und Prinzipien, sondern auch an unseren eigenen Fähigkeiten, von deren Wahrhaftigkeit, sagt man, wir uns durch eine Kette von Denkakten erst überzeugen müssen, die wir aus einem ursprünglichen Prinzip gewinnen, das uns unmöglich täuschen oder trügen kann. Aber weder gibt es ein solch ursprüngliches Prinzip, das anderen gegenüber, die von selbst einleuchtend und überzeugend sind, den Vorrang besäße, noch könnten wir, wenn es ein solches gäbe, einen Schritt über es hinaus tun ohne den Gebrauch eben der Fähigkeiten, denen wir doch bereits misstrauen wollten. Der cartesianische Zweifel also, wäre er einem menschlichen Wesen zu erreichen möglich (was er ersichtlich nicht ist), würde vollkommen unheilbar sein; keine Vernunfttätigkeit könnte uns je einen Zustand der Sicherheit und Überzeugung über irgendeinen Gegenstand beschaffen."

Diese Worte schrieb David Hume, und wo er Recht hat, hat er Recht: Das Ich ist mit der Vernunft, dem Verstand, nicht beweisbar.

Aber wenn das Ich im Dunkeln bleibt, dann können unsere relativen Pseudo-Ichs auch nicht mehr bei dem Realitätsbegriff bleiben, der ja von dem nun verworfenen, wahrnehmenden Subjekt-Ich abhängt. Wenn wir nicht mehr die Alten sind, dann wird sich auch unsere Denkweise verändern. Seit Galilei galt als wahr, was sich durch wissenschaftliche Untersuchungen als wahr belegen oder beweisen lässt. Doch diese „empirische"

Sichtweise verliert in dem Maße an Wirkungskraft, in der die Wahrnehmungsmöglichkeit durch Subjekte bezweifelt wird. Und das heißt, die Ichs, die sich ihres relativen Charakters bewusst werden, liefern den Naturwissenschaften einfach keinen Stoff mehr. Denn das empirische Futter müsste so sein, wie die Welt nun einmal ist – so und nicht anders. Aber als integraler Teil einer verschränkten Wirklichkeit kann der Mensch seinen Wahrnehmungen und Messungen nicht mehr trauen. Wie immer die Seins-Basis beschaffen sein mag, Homo sapiens wird sich sicher sein, dass sie bestimmt nicht so ist, wie sie sich seinem vom Hirn produzieren Pseudo-Ich darstellt. Und das bedeutet: Der ehrliche Mensch der Zukunft wird den Naturwissenschaften die Datenlieferung verweigern, da er nicht mehr für deren Echtheit bürgen kann.

Andere, eher pragmatisch denkende Menschen, werden vielleicht versuchen, den Paradigmenwechsel dadurch abzuwenden, dass sie sagen: „Ist mir doch egal, dass alles nur Einbildung ist, solange innerhalb dieser irrealen Welt alles so funktioniert, wie es das immer getan hat." Oder einfach nur: „Ich pfeife auf die komplizierte Realität und lebe lieber in der Matrix."

Doch diesen Pragmatikern müssen wir antworten, dass sie bald selbst nicht mehr an ihre perfekt funktionierende Realität glauben werden. Immer mehr verwirrende Botschaften über „die Realität" werden an der Absolutheit und Evidenz ihres Selbst- und Weltbildes rütteln. Und wer erst einmal an einer Stelle eingesehen hat, dass sein „Gott" nur ein ganz normaler Sterblicher ist, wird auch in anderen Situationen nicht mehr von seiner Allmacht überzeugt sein. Damit wird die unbewusste Akzeptanz des Realitätsglaubens dem permanenten Zweifel weichen – ein instabiler Zustand, der so nicht lange anhalten kann.

Hat sich also diese Skepsis erst einmal in den Hirnen der Menschen festgesetzt, wird kein Beschluss einer Kultusministerkonferenz, kein kirchliches Dogma, kein Krieg und keine Exkommunikation mehr die Veränderung unseres Weltbildes verhindern können. Der Zeitgeist wird ein neuer sein, und er wird die grundlegende Art der Wahrnehmung, des Denkens, des Wertens, des Handelns und der Sichtweise der Wirklichkeit für die Menschen bestimmen.

Doch es kommt gleich wieder eine Bremse: Bei aller Aufbruchsstimmung und Fortschrittseuphorie darf nämlich nicht übersehen werden, dass hier zwar ein seltenes, aber doch gewiss kein endgültiges Ereignis vor der Tür steht. Eine neue, scheinbar zwingende Vorstellung von dem, was Realität ist, wird nämlich immer nur bleiben, was sie ist: eine Vorstellung. Was kommt, ist also keine endgültige Wahrheit und schon gar keine Weltformel, sondern

"Zwei Dinge sind unendlich, das Universum und die menschliche Dummheit, aber bei dem Universum bin ich mir noch nicht ganz sicher."

Albert Einstein

nicht mehr (aber auch nicht weniger) als ein Paradigmenwechsel. Wir werden dessen Axiomen folgen, werden sie für evident halten und uns nach ihnen richten, aber wir werden sie nicht beweisen können. Doch gemäß unserem veränderten Erkenntnisstand wird unser neues Weltbild „funktionieren", und dieses (zeitlich befristete und bedingte) Realitätsempfinden wird in uns dringen und uns dazu verleiten, es gläubig und unreflektiert zur Grundlage unseres Denkens und Handelns, Erklärens und Verstehens zu machen. Damit verbindet sich – wie bei jedem Paradigma – eine absolut evident erscheinende Sichtweise dessen, was Wirklichkeit ist.

Das klingt vielleicht nicht schön, ist aber menschlich – mehr haben wir einfach nicht drauf.

Und so werden es unsere Nachfahren irgendwann wieder mit neuen Erkenntnissen zu tun haben, die unser heute revolutionäres Weltbild zum alten Eisen verkommen lassen. Dann wird eben dieses neue und störende Wissen das Unreflektierte an unseren Axiomen des 21. Jahrhunderts bewusst machen und ein neuerlicher Quantensprung des Bewusstseins anstehen.

Doch bis dahin ist noch ein weiter Weg, und wir machen uns erst einmal daran, für den aktuell anstehenden Quantensprung des Bewusstseins zu werben.

Hierzu erst einmal eine Ortsbestimmung: Es gibt drei meta-physische Sichtweisen. In der ersten, dem „Materialistischen Monismus", erschafft die Materie den Geist. Was das Bewusstsein auch immer sein mag, es entspringt dem evolutionären materiellen Prozess.

Der zweite Ansatz ist dualistisch. Es gibt zwei verschiedene Grundsubstanzen des Universums: Materie und Geist, und daraus entwickeln sich zwei komplementäre Wissensbereiche, die der Natur und die des Menschen.

Der dritte Ansatz, „Transzendentaler Monismus" genannt, geht vom Bewusstsein als „Grundstoff" des Universums aus. Die physische Welt ist für den kollektiven Geist das, was ein Traumbild für den individuellen Geist ist.

Der Paradigmenwechsel, der Ihnen unweigerlich bevorsteht, ist der vom ersten oder zweiten Ansatz zum dritten. Sie werden hypnotisiert sein und an ihn glauben, weil das Wissen über ihn so überzeugend ist, dass sich Ihre Hirnwindungen auf Dauer gegen diese freundliche Übernahme nicht erfolgreich sträuben können. Oder mit Antoine de Saint-Exupéry: „Wahrheit ist nicht das Beweisbare. Wahrheit ist das Unausweichliche."

William James, der große amerikanische Psychologe, hat in seinem Werk „Die Vielfalt religiöser Erfahrung" die These aufgestellt, dass der Mensch sein reales Ich mit dem „aufkeimenden höheren Teil seiner selbst" identifiziert und sich dann „bewusst wird, dass dieser höhere Teil mit einem ähnlich beschaffenen, außerhalb von ihm im Universum wirkendem MEHR identisch ist und weiter besteht. Mit diesem MEHR kann der Mensch in kooperativer Verbindung bleiben, er kann sozusagen bei ihm an Bord gehen und sich selbst retten, wenn sein niederes Selbst bei einem Schiffbruch in Trümmer gegangen ist."

Derartige Themen gehören heute nicht zum Kanon der Psychologie; höchstens Philosophen und Theologen dürfen sich damit beschäftigen. Ein Naturwissenschaftler indes muss sich von solchen Thesen fernhalten, jedenfalls dann, wenn er staatlich (oder anderweitig institutionell) für sein Denken subventioniert werden will. Die absolute Wahrheit ist nicht das wissenschaftlich Verifizierbare.

Aldous Huxley schreibt in seinem Buch „Philosophia perennis":

„Nichts in unserer alltäglichen Erfahrung deutet eindeutig darauf hin, dass der Geist des durchschnittlichen Sinnesmenschen neben anderen Komponenten aus etwas besteht, das der Realität, die die vielfältige Welt ausmacht, ähnelt oder mit ihr identisch ist; und dennoch, wenn dieser Geist bestimmten, recht drastischen Behandlungen unterzogen wird, manifestiert sich das göttliche Element, aus dem er zumindest teilweise besteht … Nur durch psychologische Forschung und Untersuchungen über die Moral können wir die ureigene Natur des Geistes und sein Potential ergründen. Unter den normalen Umständen eines gewöhnlichen, auf die Sinne ausgerichteten Lebens bleibt das geistige Potential latent und manifestiert sich nicht. Falls wir es erfahren möchten, müssen wir uns an bestimmte Bedingungen und Regeln halten, die sich durch Erfahrung empirisch als gültig erwiesen haben." Zu diesen Dingen gehören bestimmte Formen des Yoga, meditative Praktiken, asketisches Streben, schamanische Rituale etc.

Auch wenn es lange nicht den Anschein hatte, die „Ewige Philosophie", die immerwährende Weisheit, ist mit der Wissenschaft vereinbar. Das haben Wissenschaftler – wie z. B. Francisco Varela durch seine engen Kontakte mit dem Dalai Lama – „bewiesen". „Die Welt in einem einzigen Atom" heißt ein neueres Buch des Dalai Lama, in dem er die tibetisch-buddhistische Bewusstseinserforschung, die durch ein Ich geschieht, der westlich-wissenschaftlichen Bewusstseinsforschung, die durch Wissenschaftler erfolgt, gegenüberstellt.

Östliche Weisheitslehren glauben allen Ernstes, dass das Ich das Ganze repräsentiert und daher – wissenschaftlich ausgedrückt – extrapoliert werden kann.

Wenn auf höherer Systemebene Charakteristika auftauchen, die sich von denen auf niederer Ebene qualitativ unterscheiden, werden die den verschiedenen Systemebenen entsprechenden wissenschaftlichen Ansätze sich ebenfalls qualitativ unterscheiden.

Sie bekommen einen Schnupfen. Nicht, dass Ich Ihnen eine Krankheit an den Hals wünsche, nein, es passiert einfach. Warum passiert Ihnen diese leidige Geschichte mit dem, Ihrem, Schnupfen? Ihr Schnupfen wurde durch einen Virus verursacht, mit dem Sie dummerweise in Kontakt gekommen sind. Dass Ihr Körper mit diesem läppischen Virus nicht fertig geworden ist, verdanken Sie Ihrem angegriffenen Immunsystem. Eine Dysfunktion in Ihrem Immunsystem hat also Ihren Schnupfen verursacht. Der Grund für Ihr „defektes" Immunsystem war der Stress, den Sie gerade mit sich und Ihrem Leben haben. „Fight or flight": Sie wollten flüchten, aber Ihr Körper gehorchte Ihnen nicht! Na, so was, nicht mal Herr/Frau über den eigenen „body".

Stress ist eigentlich etwas Psychisches, also etwas tendenziell Immaterielles; aber da wir keine Dualisten sind, trennen wir nicht zwischen Psyche und Soma und erklären alle Krankheiten zu psycho-somatischen.

Die Vorstellung psychosomatischer Krankheiten stieß bei Dualisten auf ebenso viel Widerstand wie die, dass positive Gefühle das Immunsystem günstig beeinflussen können oder gar das Bewusstsein vegetative Prozesse. Das Bild von den Abläufen im Körper schien nachhaltig gestört.

Doch die Aufregung beruhte auf einem Missverständnis. Die Dualisten setzten nämlich mal wieder ihre Vorstellung von der Welt mit der Welt als solcher gleich, und das, obwohl die Physiker schon seit längerer Zeit deutlich gemacht hatten, dass die Wissenschaft, auch die „knallharte" Physik, mit Modellen der Realität arbeitet und nicht mit der Realität. Physiker sind aufgrund dieses Wissens (hoffentlich) davor gefeit, neue Erkenntnisse abzublocken, nur weil diese das aktuelle Modell stören. Denn sie wissen um die Tatsache, dass keines ihrer Modelle alle Aspekte des Seins umfassen kann, und so nehmen sie Modifikationen und Revisionen der Vorstellungen von der Wirklichkeit mit der gebotenen Gelassenheit hin.

Solch ein Umsturz der gängigen Vorstellungen von der Realität war die Einführung des Konzeptes der Komplementarität in die Quantenphysik durch Niels Bohr. Er hat dargelegt, dass Wellentheorie und Teilchentheorie zur Erklärung des Lichts sich ergänzen statt widersprechen, da beide Aspekte beobachtbare Teilphänomene des Mysteriums Licht widerspiegeln.

Die Welt ist seither eine andere: Zwar benutzen wir nach wie vor Bilder wie „Welle" und „Teilchen", doch wir glauben nicht mehr an die Identität das Phänomens mit unseren Vorstellungen. Die Gefahr, in das alte Denken zurückzufallen, ist umso geringer, als wir gezwungen sind, einander widersprechende Vorstellungen auf dasselbe Phänomen anzuwenden. Das Modell ist nur ein relatives Vehikel, um eine an sich unbeschreibbare Wirklichkeit zu beschreiben. Hat man das erst einmal verstanden, fällt es auch auf anderen Gebieten nicht mehr so schwer, flexibel mit Modellen umzugehen, die man fälschlicherweise für den Ist-Zustand gehalten hat.

So geschieht es nämlich derzeit mit unseren Vorstellungen vom Bewusstsein: So sehr sich Wissenschaftler und Laien auch anstrengen, mit klassischen Entweder-oder-Vorstellungen an das Hirn und sein Ich heranzugehen, so sehr man Henne oder Ei bzw. Ursache und Wirkung beschreiben möchte, und so sehr man bestrebt ist, dualistisch das Ich vom Hirn zu trennen, so sehr kommen wir doch immer mehr zu dem Schluss, dass auch hier das Konzept der Komplementarität weiterführt als das Festhalten an unseren scheinbar zwingenden Axiomen. So, wie das Mysterium Licht unsere Vorstellung von „So ist es" sprengt, sind wir auch beim Mysterium Bewusstsein gut beraten, die scheinbare Determinante Hirn viel flexibler und relativierender zu betrachten, als wir es in unserer scheinbar realen und kausalen Welt gewohnt sind. Energie-Materie-Modelle und Hirn-Bewusstseins-Modelle könnten beispielsweise komplementäre Aspekte des Rätsels „Ich" sein:

Das Ich als relative Abstraktion des Hirns!

Das Hirn als materielle Energie!

Was bleibt, ist das echte, aber undenkbare Ich sowie das illusionäre, dafür aber konkrete Ich. Was unsere neue Vorstellung von uns aus diesem Dilemma machen wird, ist noch nicht so ganz klar. Fest steht jedoch, dass wir uns bei dieser Aufgabe so unhandlicher Instrumente wie der Komplementarität und Äquivalenz bedienen werden müssen.

Damit wir hierzu wenigstens eine theoretische Chance haben, ist es notwendig, sich die konkreten Bilder vom Menschen vor Augen zu führen, da unsere komplementären Konzepte nur auf solchen Axiomen aufbauen können.

Grob gesehen stehen uns hierfür drei Sichtweisen vom Menschen zur Verfügung:

1. Theologisches Paradigma: Der Mensch als Schöpfung Gottes
2. Evolutionäres Paradigma: Homo sapiens sapiens als Produkt der natürlichen Entwicklung
3. Non-duales Paradigma: Der Mensch ist als vom Absoluten getrenntes Wesen eine Illusion

Zu 1. Theologisches Paradigma: Der Mensch als Schöpfung Gottes
Unsere Referenz hierzu ist das Buch Genesis:
„Am Anfang schuf Gott Himmel und Erde; die Erde war wüst und wirr, Finsternis lag über der Urflut, und Gottes Geist schwebte über dem Wasser. Gott sprach: Es werde Licht. Und es ward Licht. Gott sah, dass das Licht gut

war. Gott schied das Licht von der Finsternis, und Gott nannte das Licht Tag, und die Finsternis nannte er Nacht.

Gott, der Herr, formte den Menschen aus Erde vom Ackerboden und blies in seine Nase den Lebensatem. So wurde der Mensch zu einem lebendigen Wesen."

Zu 2. Evolutionäres Paradigma: Homo sapiens sapiens als Produkt der natürlichen Entwicklung

Nach dem Verständnis der Evolutionstheorie ist der Mensch ebenso wie die Flora und Fauna auf dem blauen Planeten Erde im Laufe der erdgeschichtlichen Entwicklung entstanden. Evolution (lat. *evolvere* „sich aus etwas herauswickeln") ist damit einerseits das Kontrastprogramm zu dem Glauben an einen oder mehrere göttliche Schöpfungsakte eines (Monotheismus) oder mehrerer (Polytheismus) Götter; andererseits ist die Evolutionstheorie auch denk-gläubig kompatibel mit der Vorstellung eines göttlichen Schöpfungsaktes am Anfang (der Zeit), aus dem sich dann eine Weiterentwicklung (in der Zeit) ergab.

Zu 3. Non-duales Paradigma: Der Mensch ist als vom Absoluten getrenntes Wesen eine Illusion

Das Absolute (Gott, Tao etc.) ist identisch mit dem Relativen (Menschen, Tiere, Pflanzen etc.).

„Das Tao, von dem man sprechen kann, ist nicht das wahre Tao.

Der Name, der sich nennen lässt, ist nicht der ewige Name.

Alles Sein entsteht aus dem Nichtsein.

Das Nichtsein, das Namenlose, ist der Ursprung.

Das Sein ist die Mutter, die Schöpferin aller Dinge.

Folge dem Nichtsein des Tao, so kannst du ihm gleichen – und schaust die Wunder, die Wurzel allen Seins.

Folge dem Sein, so kannst du das Nichtsein zwar nicht erfassen, doch erkennst du in allem noch etwas vom Tao.

Diese beiden sind eins, verschieden nur ihre Namen –

geheimnisvoll ist dieses Einssein und wunderbar." (Tao-te-king)

„Ich und der Vater sind eins." (Jesus)

„Brahman, das ewige, unvergängliche Absolute, ist mit dem Atman, dem wirklichen, unsterblichen Selbst des Menschen, identisch." (Hinduismus)

Dies zum Menschen innerhalb der Schöpfung. Doch wir können auch noch weiter ins Detail gehen und versuchen, Ordnung auf der Ebene des Bewusstseins zu schaffen. Ich möchte Ihnen hierzu drei Modelle anbieten, die

Sie und Ihre Hirnwindungen bitte auf sich wirken lassen mögen. Damit meine ich, dass Sie versuchen sollten, so lange, wie es eben geht, nicht zu urteilen. Auf diese Weise haben Sie die größte Chance, sich von den Ideen beein-drucken zu lassen. Sollten Sie sich jedoch dagegen sperren, so würden die Tore dennoch nicht so dicht schließen, wie Sie vielleicht hoffen. Denn die Ideen werden auf jeden Fall Eindrücke in Ihrem Hirn hinterlassen, ob Sie nun wollen oder nicht; denn schließlich macht dieses Organ, was „es" will.

Axiome zur Anatomie des Bewusstseins:
1. Es gibt ein universelles, absolutes Bewusstsein. Dieses Bewusstsein ist die Quelle aller Ich-Gedanken.
2. Das Gehirn eines Ego ist ein Empfänger von Bewusstseins-Informationen.
3. Die Quanten-Verschränkung zeigt die Einheit des Seins.

Zu 1. Es gibt ein universelles, absolutes Bewusstsein. Dieses Bewusstsein ist die Quelle aller Ich-Gedanken.

Diese „Meinung" wird von allen Mystikern, Religionsstiftern, von Philosophen, Physikern, Weisheitslehrern und anderen vertreten, die das „Being no one" für sich als Ego und die Einheit des Seins erlebt haben.

„Eins ist das Ganze." Platon formulierte es so.

„Das Absolute ist Eins ohne ein Zweites" – so eine Aussage aus den Upanishaden.

„Das Ich weiß von sich nur, sofern es sich auf etwas bezieht, das es selbst nicht ist. So gehören Selbst und Welt unauflöslich zusammen" – so fasste Hegel seine Erkenntnisse zusammen und knüpfte damit bei Plotin an. „Es ist zu unterscheiden zwischen dem, daß eines ein anderes denkt, und dem, daß eines sich selbst denkt. Dies letztere entgeht in höherem Grade der Notwendigkeit, zweierlei zu sein. Es müssen also beide Eines sein." Und unserem Albert E. schwante: „Ein menschliches Wesen ist ein Teil des Ganzen, das wir ‚Universum' nennen, ein in Raum und Zeit begrenzter Teil. Es erfährt sich selbst, seine Gedanken und Gefühle, als etwas von allem anderen Getrenntes – eine Art optische Täuschung seines Bewusstseins."

„Wenn du die Zwei zu Einem fügst und das Innere zum Äußeren, das Äußere zum Inneren und das Hohe zum Niedrigen werden lässt, wenn du das Männliche und das Weibliche in ein Einziges verwandelst, dann wirst du das Himmelreich betreten." (Bibel)

Zu 2. Das Gehirn eines Ego ist ein Empfänger von Bewusstseins-Informationen.

Diese „Meinung" wird z. B. von dem Medizinnobelpreisträger John Eccles vertreten, von Rupert Sheldrake und in Variationen auch von Benjamin Libet und dem indischen Philosophen Ramesh S. Balsekar.

Libet formuliert eine „Theorie des bewussten mentalen Feldes". In Übereinstimmung mit Sir Karl Popper stellt er sich dieses bewusste mentale Feld in Analogie zu bekannten physikalischen Kraftfeldern vor, über die Einstein sagte, sie seien die eigentliche Realität. Ein solches Feld wird durch neuronale Aktivitäten des Gehirns erzeugt; es ist aber nach Benjamin Libet eine phänomenologisch unabhängige Kategorie, denn es kann nicht in Begriffen irgendwelcher gegenwärtig bekannter physikalischer Theorien beschrieben werden, sondern ist eine nur introspektiv dem Ich zugängliche Dimension, das diese Ich-Bewusstseinsinhalte wahrnimmt. Dieses Bewusstseinsfeld gehört einer anderen Kategorie als rein neurologisch-physische an und ist, obwohl mit den Hirnprozessen eng verbunden, nicht auf diese reduzierbar.

Ein solches Feld müsste „eine Kommunikation innerhalb der Gehirnrinde ohne neuronale Verbindungen und Bahnen ermöglichen", so Libet im Jahre 2005.

Libet versteht diese These durchaus rational, möchte mit ihr also keinesfalls einer Art mentaler Telepathie das Wort reden. Vielmehr beruft er sich wie auch Eccles auf Sperrys „Split-Brain-Experimente", also auf empirisch abgesicherte medizinische Experimente.

Wie wir bereits dargelegt haben, zeigten diese, dass nicht einmal eine Hirnhemisphäre mit der anderen kommunizieren kann, wenn die sie verbindenden Nervenstränge gekappt sind. Dennoch fühlen sich Split-Brain-Patienten als dieselbe Person wie vor dem Eingriff, was nach Libet dafür spricht, dass das mutmaßlich bewusste mentale Feld tatsächlich die beiden getrennten Hemisphären überbrücken kann. Es existiert aber nicht unabhängig von diesen.

Stellt man diese Konklusion in unseren Zusammenhang, können wir formulieren, dass das Ich als eine Abstraktion des bewussten mentalen Feldes interpretiert werden kann. Diese löst sich mit dem Ende des bewussten mentalen Feldes auf – also spätestens mit dem Tod.

Auch die empirischen neurowissenschaftlichen Untersuchungen unserer Tage scheinen damit zu bestätigen, dass „nach allem, was sich wahrnehmungsmäßig über das Bewusstsein ausmachen lässt, es in unserer räumlichen Welt gespenstischer als ein Gespenst einhergeht. Unsichtbar, ungreifbar ist es ein Ding ohne jeglichen Umriss, es ist überhaupt kein „Ding". Es bleibt unbestätigt durch die Sinne und bleibt es so für immer." (Sherrington 1964)

Akzeptiert man die Existenz eines solchen „gespenstischen" Bewusstseins, lässt sich feststellen, dass das Hirn für das Ich eine notwendige, aber keine hinreichende Bedingung ist. Das ist eine starke Einschränkung für unseren bislang für so wichtig genommenen Denkkasten. Doch damit nicht genug: Nicht nur, dass er nicht alles ist, wenn es um unser Ich geht. Er ist ja auch selbst nicht aus jener materiellen Struktur, die den Menschen vor der Quantentheorie so plausibel vorkam. Denn nun gilt ja, dass **Materie** nicht *Materie* ist, und so „verflüchtigt" sich die materielle Teilmenge unseres Ich in Leere, in Energie und Wellen und Wellenenergie mit Wellenfunktion.

John Eccles gelangte aufgrund seiner Hirnforschungen, für die er den Nobelpreis bekam, zu der 1994 in seinem Buch „How the Self Controls Its Brain" dargelegten Ansicht, dass das Gehirn als eine Art Empfängeranlage für Energiemuster dient, die im Bewusstsein selbst beheimatet sind und in Form von Ich-Gedanken wahrgenommen werden. Das absolute Bewusstsein drückt sich durch relative Ichs aus, die jeweils ein Bewusstsein ihrer selbst entwickeln.

„Das Erscheinen eines Gedankens geschieht spontan ... Der Gedanke der Relativitätstheorie, der im Gehirn von Einstein erschien, hätte nicht irgendwo anders erscheinen können", schreibt R. Balsekar. Das universelle Bewusstsein ist, verglichen mit dem individuellen Bewusstsein, wie eine Sonne im Vergleich zu einer Kerze. Im Grunde gleichen wir Marionetten mit scheinbar freiem Willen, doch irgend-„etwas" hält die Fäden in der „Hand".

Der Physiker Eugene Wigner, Physiknobelpreisträge des Jahres 1963, gibt uns eine entscheidende Antwort, wenn er schreibt: „Indem das Bewusstsein uns verändert, verändert es die Welt." Und Meister Eckhart sagte: „Wenn ich nicht wäre, wäre Gott nicht."

„Die Mystiker erklären es so, dass das unpersönliche, universale Bewusstsein durch den individuellen Geist wirkt – den individuellen Mechanismus ... und es tut dies durch Veränderung der Aktivität unserer Quantenteilchen, unserer Hirnwellen."

Auf diesem Hintergrund ist der Äußerung des Mitentdeckers der DNA-Struktur Francis Crick (Nobelpreis für Medizin 1962) zuzustimmen, „dass alle Aspekte des Verhaltens des Hirns auf die Aktivitäten der Neuronen zurückzuführen sind" und darüber hinaus auf Libet'sche bewusste mentale Felder und auch darüber hinaus noch auf ganz andere Weiten, die dem menschlichen Verstand verschlossen bleiben. Es gibt daher auch für Crick kein separates Ich, das unabhängig vom Feuern der Neuronen irgendetwas erkennen könnte.

Sehr richtig, Mr. Crick, nur – was sind Neuronen?

„Ihr Leben, das Sie leben, ist nicht nur ein Teil dieser gesamten Existenz, sondern es ist im gewissen Sinne das Ganze. Dieses Ganze ist allerdings nicht so ausgebildet, dass es mit einem einzigen Blick erfasst werden kann." (Erwin Schrödinger)

Wir Menschen haben ständig das Gefühl, einigermaßen Kontrolle über unser alltägliches Leben zu haben, und doch können wir das hartnäckige Gefühl nicht leugnen, dass wir hilflose Opfer eines anderen Willens sind, einer anderen, unglaublich überlegenen Ordnung, die Schopenhauer eine „metaphysische Wesenheit, eine Art universelles Bewusstsein" nannte, „mit dem verglichen das individuelle Bewusstsein wie ein Traum gegenüber der Realität erscheint."

Ein Gedanke kann vom Ich nicht willentlich erzeugt werden.

„Wenn ich mein Fernsehgerät auf den Sender PBS stelle und man verschiedene Bestandteile der Feinabstimmung misst, wird man herausfinden, dass bestimmte Teile mit bestimmten Frequenzen mitschwingen. Wenn ich es auf einen anderen Sender einstelle, wie zum Beispiel Fox News, wird es in den verschiedenen Bestandteilen des Fernsehgeräts messbare Veränderungen der Frequenz geben. Das heißt aber nicht, dass der komplette Inhalt des Programms von PBS oder Fox News innerhalb dieses Bestandteils des Fernsehgeräts produziert wird. Ich denke, dass die Ansichten, die hinter vielen Behauptungen der Neurowissenschaft stehen, genauso naiv sind wie in diesem Beispiel, weil sie auf der Annahme gründen, dass sich alles innerhalb des Gehirns abspielt. Daher lautet die nächste Frage: Mit welchen Bestandteilen des Gehirns lässt sich das erklären? Wenn das Gehirn aber nicht so ist, wenn das Gehirn eher wie die Feinabstimmung eines Tuners ist – ein Zentrum, um unsere Handlungen und unsere Empfindungen zu koordinieren, dann gibt es keinen Grund anzunehmen, dass all unsere geistige Aktivität auf das Innere des Kopfes begrenzt ist." R. Sheldrake geht mit dem grundlegenden Axiom der Neurowissenschaften ins Gericht, zu Recht!

Wenn wir die Schrödinger'sche Wellenfunktion, die Heisenberg'sche Unschärferelation und die Einstein'sche Äquivalenz von Energie und Materie ernst nehmen und auch für das „physikalische System Mensch" gelten lassen, dann kann das Denken eines Individuums nicht wirklich individuell sein.

Auch wenn Analogien immer Schwächen haben, so illustriert doch das Bild vom Hirn als Receiver einiges: Wenn das absolute Bewusstsein alles ist und die individuellen Gehirne Gedanken-Empfänger innerhalb (es gibt nichts außerhalb der Matrix) des absoluten Bewusstseins sind, die Inhalte auf eine „relativ-individuelle" Frequenz „herunterfahren", dann würden sich viele Rätsel auflösen.

Das Ego wäre „geknackt", entlarvt als „Wellengespenst".

Du gleichst dem Geist, den du begreifst. Oder etwas genauer: Weil du relativ bist, ist das, was du vom absoluten Bewusstsein empfängst, nur noch ein relatives. Willst du jedoch das absolute Bewusstsein selbst erfahren, musst du dein Hirn transzendieren, oder, etwas handlicher: Du musst deine engen kognitiven Fesseln sprengen.

Der Quantensprung des Bewusstseins löst das Ich aus der Sklaverei seines relativen Bewusstseins. Nun kann es sich auf den Weg ins Absolute machen.

Ist der Weg das Ziel oder ist das Ziel der Weg?

Wenn wir den Zeitpfeil ad absurdum führen, ist das Ziel immer schon da: „Jetzt seht ihr es durch einen Schleier – es offenbart sich ständig." (Bibel)

Zu 3: Die Quanten-Verschränkung zeigt die Einheit des Seins.

Was wir gemeinhin als feste Bausteine der Materie betrachten, Elektronen, Protonen usw., sind nach David Bohm „eine Gruppe zusammenhängender Faktoren, die sich nur in bestimmten Momenten als lokalisierbare Größe zeigen", und diese Momente bedürfen eines Wahrnehmers dieser Momente.

Und das gilt nicht etwa nur für die Mikroebene der Materie, sondern für alle materiellen Objekte – darüber herrscht in der akademischen Welt heute immer mehr Einigkeit. Für uns Menschen, die wir uns selbst im Meso- oder Makrobereich ansiedeln, heißt das zu akzeptieren, dass auch wir den Regeln der Quantenphysik unterliegen. Unsere Körper bilden keine Ausnahme und weisen daher dieselbe Doppelnatur von Teilchen (Materie) und Welle (Energie) auf wie alle anderen materiellen Erscheinungen auch. Dass das Ich sich bzw. seinen Körper als lokalisierbare Größe in Raum und Zeit wahrnimmt, ist also nicht absolut gegeben, sondern kann nur an der Art und Weise liegen, wie es die Welt betrachtet.

Was nun unsere Alltagserfahrung anbelangt, sind wir Beobachter, Messapparatur (Gehirn) und Beobachtungsobjekt in einem. Dieser Komplex weist allerdings eine Besonderheit auf, die uns freilich so normal vorkommt, dass sie uns zumeist gar nicht weiter auffällt: Das von dem Ich-Komplex hervorgebrachte Bewusstsein ist auf „Teilchen" (sprich: Materie) geeicht und damit auf die Subjekt-Objekt-Dualität eingestellt. Bin ich auch Welle, wenn ich mich doch nur als Ansammlung von Teilchen (sprich: Körper) wahrnehmen kann? Diese uns in die Wiege gelegte Einseitigkeit macht es dem Ich schwer, ein Mehr als die scheinbare Realität mit ihren Gesetzen zu akzeptieren, wenngleich wir es bereits besser wissen:

„Manche halten allein die Frage schon für esoterischen oder hypothetischen Quantenokkultismus, aber es ist zunächst eine logische Folgerung aus den bekannten und wiederholbaren Experimenten." (Wolfgang Mueller)

Eine Möglichkeit des relativen Ich, auf kognitivem Wege zu dieser Erkenntnis zu gelangen, ist das Konstrukt „Verschränkung" (engl. Entanglement) von Erwin Schrödinger.

Der vedantische Hinduismus kennt vier Yoga-Wege zum Absoluten:
- Karma-Yoga
- Bhakti-Yoga
- Raja-Yoga
- Jnana-Yoga.

Karma-Yoga (sanskrit Yoga „Joch", im Sinne von Anschirren an Gott) bedeutet, aus selbstlosem Tun die Vereinigung mit dem Absoluten anstreben. Das strebende Ich sollte sich als Zuschauer und nicht als Handelnder betrachten.

Bhakti-Yoga praktizierende Ichs geben sich dem Absoluten absolut hin. Alles erinnert diese Ichs an das Absolute, alles bezieht sich auf das Absolute.

Raja-Yoga besteht aus acht Stufen, die als Vorbereitung auf die Erkenntnis bzw. Vereinigung mit dem Absoluten gelten:
1. Yama (Selbstbeherrschung)
2. Niyama (Studium spiritueller Schriften)
3. Asana: Körperübungen, der im Westen als Hatha-Yoga bekannte Yoga
4. Pranayama: Atemübungen, da der Atem als Lebensenergie einen großen Einfluss auf das Denken und die Psyche ausübt
5. Pratyahara: das Abziehen der Sinne von den Sinnesobjekten, damit das Denken nicht mehr abgelenkt wird
6. Dharana, Konzentration: die Fähigkeit, das Denken bei einem Objekt verweilen zu lassen, ohne dass es abschweift und der Kontrolle entgleitet
7. Dhyana = Meditation: Auf dieser Stufe sollte das Denken nicht mehr seine eigenen Vorstellungen auf das Objekt der Meditation projizieren, sondern mit ihm verschmelzen.
8. Samadhi: der überbewusste Zustand, in dem die Dualität und die Erscheinungswelt nicht mehr existieren.

Jnana-Yoga ist der Yoga, der durch intellektuelle Analyse und Erkenntnis zum Absoluten findet. Auf diesem Weg zum Absoluten muss jede Nicht-Erkenntnis überwunden werden, vor allem die Grundlegende des Dualismus.

So weit die östliche vedantisch-hindustische Variante der Verschränkung. Nun zu der westlich-akademischen Variante, dem Entanglement.

Kreiert von dem bereits mehrfach zitierten Erwin Schrödinger, der in seinen Werken so vedantisch-zauberhafte Dinge schrieb wie:

„Die Vielheit der empfindenden Wesen ist nur Schein (*maya*), in Wirklichkeit sind sie alle nur Aspekte des e i n e n Wesens ... Die Philosophie des

Vedânta hat dieses ihr Grunddogma durch manches Gleichnis zu verdeutlichen gesucht, wovon eines der ansprechendsten das vom Kristall, der von einem nur einmal vorkommenden Gegenstand Hunderte von kleinen Abbildern zeigt, ohne daß doch der Gegenstand dadurch wirklich vervielfacht würde. Wir Verstandesmenschen von heute sind nicht gewohnt, bildhafte Gleichnisse für philosophische Erkenntnis gelten zu lassen, wir verlangen eine logische Deduktion … Unter solchem Anschaun und Denken kann es geschehen, daß urplötzlich die tiefe Berechtigung jener vedântischen Grundüberzeugung aufleuchtet: unmöglich kann die Einheit, dieses Erkennen, Fühlen und Wollen, das du das deine nennst, vor nicht allzulanger Zeit in einem angebbaren Augenblick aus dem Nichts entsprungen sein; vielmehr ist dieses Erkennen, Fühlen und Wollen wesentlich ewig und unveränderlich und ist numerisch nur eines in allen Menschen, ja in allen fühlenden Wesen. Aber auch nicht so, daß du ein Teil, ein Stück bist von einem ewigen, unendlichen Wesen, eine Seite, eine Modifikation davon, wie es der Pantheismus des Spinoza will. Denn das bliebe dieselbe Unbegreiflichkeit: welcher Teil, welche Seite bist gerade du, was unterscheidet, objektiv, sie von den anderen? Nein, sondern so unbegreiflich es der gemeinen Vernunft scheint: du – und ebenso jedes andere bewußte Wesen für sich genommen – bist alles in allem. Darum ist dieses dein Leben, das du lebst, auch nicht ein Stück nur des Weltgeschehens, sondern in einem bestimmten Sinn das ganze. Nur ist dieses Ganze nicht so beschaffen, daß es sich mit einem Blick überschauen läßt. – Das ist es bekanntlich, was die Brahmanen ausdrücken mit der heiligen, mystischen und doch eigentlich so einfachen und klaren Formel: Tat twam asi (das bist du). – Oder auch mit Worten wie: Ich bin im Osten und im Westen, bin unten und bin oben, ich bin diese ganze Welt."

Was Erwin Schrödinger möglich war, die „Formel" **Tat twam asi** zu begreifen, ist für die „gemeine Vernunft" blanker Unsinn, irr-rationales Geschwätz, Esoterik.

Schrödinger ist auf Grund seiner physikalisch-mathematischen Forschungen zu dieser meta-physischen Erkenntnis gelangt. Irgendwann wurde das Denkvermögen einer real existierenden relativen Person namens Erwin Schrödinger transzendiert, das universelle Bewusstsein bahnte sich seinen Weg bis in die Teilchen-Wellen-Struktur des Schrödinger'schen Hirns. Für einen knallharten Physiker sind die Aufzeichnungen, die er in seinen Büchern „Mein Leben, meine Weltsicht" und „Geist und Materie" zu Papier brachte, sensationell zu nennen.

Wie kommt es zu derartigen Durchbrüchen? Wie verschafft sich das absolute Bewusstsein „Eingang" in das relative Ich-Bewusstsein?

Drei Quantensprünge zur Transzendierung des Ich
1. Kognitive Einsichten in die Illusion des Ich
2. Lebenspraktiken, die die Einsicht verstärken
3. Erfahrung als Erkenntnis

Zu 1. Kognitive Einsichten in die Illusion des Ich

Hier ist der Verstand gefragt, Ihr relativ gemeiner Verstand. Entsprechend Ihres relativ-individuellen Receiver-Hirns werden Sie relativ viel oder relativ wenig verstehen. Machen Sie sich keine Sorgen, es liegt nicht in Ihrer Entscheidungsmacht, was Sie kapieren oder auch nicht. Sie sind auf jeden Fall entschuldigt!

Sie und Ihr Ich sind von jeder „Erkenntnis-Schuld" entlastet. Es gibt keine intellektuelle Rechtssprechung, die über Sie urteilen darf oder kann. „Dummheit" und/oder „Intelligenz" sind „Ihnen" gegeben. So wie das Universum unendlich ist, ist auch die menschliche Dummheit unendlich, meinte schon Albert E., obwohl er sich beim Universum nicht so ganz sicher war.

Das Absolute sprengt jede menschliche Hirnleistung. Wie sollte etwas Relatives wie ein Organ das Absolute begreifen können?

Aber trotzdem ist eine intellektuelle Annäherung an das Absolute und das Relative möglich, da das Absolute relativ und das Relative absolut ist. Das Absolute spiegelt sich nämlich im Relativen und das Relative spiegelt das Absolute.

Wir hatten im Verlauf des Buches viele Argumente angeführt, die für den illusionären Charakter des Ich sprechen. Ob Sie diesen Argumenten Glauben schenken, sie verhöhnen, sie logisch widerlegen zu können meinen, ob Sie allergisch auf das Gesagte reagieren – all das liegt nicht in Ihrem Ermessen; jedenfalls nicht nach unseren Axiomen und unserem Paradigma, die wiederum nur Ausdruck der Arbeit unserer Hirne sind.

Was Ihnen einleuchtend erscheint oder absurd, ist Ausdruck der Arbeitsweise Ihres Hirns. Aber denken Sie an die Felder und an die Wellen; irgendwie sind unsere Hirne gar nicht voneinander getrennt.

Wenn Sie, ja Sie, mit mir in Resonanz gehen, ist das ein Phänomen, was mit gängigen neurowissenschaftlichen Erkenntnissen nicht erklärbar ist.

„Ich bin Positivist – ich glaube, dass physikalische Theorien lediglich von uns konstruierte mathematische Modelle sind und dass es sinnlos ist, danach zu fragen, ob sie der Wirklichkeit entsprechen ... Ich kann mir nicht vorstellen, dass das Gehirn Systeme enthält, die hinreichend isoliert sind, dass objektive Reduktion von durch die Umgebung verursachter Dekohärenz unterschieden werden könnte. Wenn die Systeme so gut isoliert wären, würden sie nicht schnell genug miteinander wechselwirken, um an mentalen Prozessen teilnehmen zu können." (Stephen Hawking)

Unsere Hirne sind also auch nach Stephen Hawking „offene Systeme", wenn mein Hirn Stephen Hawking im Sinne des Stephen-Hawking-Hirn-Systems verstanden hat (d. h. wenn die Resonanz im Sinne der Interpretation stimmig ist).

Wenn wir mit einem anderen Ich in Resonanz gehen und meinen, einen Konsens hergestellt zu haben, beruht das letztlich auch auf Illusion. Illusionäre Ichs können nur illusionäre Übereinstimmung erzielen, die aber nichtsdestotrotz sehr wohltuend für Ichs sein kann.

Alles fake but fake for real! Ohne Maya, die mächtige Einbildungskraft, kein Ich.

Auch wenn unser Ich als Artefakt, als Kunstprodukt erkannt wurde, ist es unser Ein-und-alles. Ohne mein Ich ist mein Leben einfach nicht lebenswert.

Gehen Sie gerade mit mir in Resonanz?

Nehmen Sie ein d'accord wahr, oder sind Sie auf Krawall gebürstet?

Wirklich schwer zu glauben, dass es nicht wirklich existieren soll, dieses Zustimmung oder Ablehnung spürende Ich.

Sie wollen sich von Ihrem quälend-geliebten Ego befreien?

Dann stellen Sie sich bitte vor, es gäbe nur absolutes Bewusstsein. Ihr Ich-Bewusstsein ist ein integraler Bestandteil dieses universalen Bewusstseins. Stellen Sie sich weiter vor, dass Ihr Gehirn als eine Empfängeranlage, als eine Art Receiver für Energiemuster dient, die im universalen Bewusstsein beheimatet sind bzw. dieses absolute Bewusstsein sind und sich in Ihrem Hirn in Form von Ich-Gedanken ausdrücken.

Ihr Gehirn nimmt Impulse auf, setzt sie in „Daten", Gedanken um, die dann von Ihrem Ich-Bewusstsein begriffen werden. Die Gedankenenergie kommt aus einer nicht mehr messbaren Ebene des Seins, die aber von einem transzendierten Ego erfahren werden kann. Sie nehmen als Ich Gedanken wahr und halten diese Gedanken für Ihre Gedanken. Genies haben oftmals einen „Sinn" für die Quelle ihrer kreativen Bewusstseinssprünge, ihrer Quantensprünge, und ordnen sie der Quelle, der Matrix zu, die allgemein als das „Göttliche" bezeichnet wird.

So formulierte Einstein, dass er „seine" Spezielle Relativitätstheorie nach vorherigen Überlegungen mit „seinem" Verstand eines Morgens im Jahre 1905 „nur" noch in Form von mathematischen und sprachlichen Symbolen aufzuschreiben hatte, und Mozart berichtete von „himmlischen Tönen im Kopf", die er in Form von Noten niederschreiben konnte.

Die Eitelkeit des Ego beansprucht normalerweise Copyright© auf „seine" Gedanken; großen Künstlern, Denkern und Wissenschaftlern war hingegen oft bewusst, nicht die Quelle ihrer Eingebungen zu sein, sondern nur der „Ausführer" von Wahrnehmungen, welcher Art sie auch immer waren. In der Bibel ist von „Hallstimmen" die Rede, und Heiligen wird durchaus zugebilligt, göttliche Offenbarungen vernommen zu haben.

Das individuelle Bewusstsein des Menschen ist, obwohl diese Analogie schwierig ist, wie ein Computer, der mit der universellen Datenbank verbunden ist.

Die Vorstellung, das Handeln eines Individuums beruhe auf durchdachten Entscheidungen, ist eine große Illusion, so wie das Individuum als solches „fake" ist. Das Ich ist Artefakt des Bewusstseins, ein Kunstprodukt, ein Resultat von Ein-Bildung.

Entlasten oder belasten Sie diese Gedanken?

Sicherlich ist es eine ambivalente „Geschichte", von sich ent-sorgt zu werden.

So quälend das Ich auch sein mag, letztlich ist es alles, was das Ich hat.

Also lieber Ich sein als gar nicht sein, sagt sich das geliebte Ich.

Die Natur des Bewusstseins

Können Sie sich vorstellen, eine Struktur von starker Energie zu sein, die mit unglaublicher Geschwindigkeit nach einem bestimmten Muster vibriert?

Können Sie sich vorstellen, ein „Feld" zu sein ohne wirkliche materielle Substanz?

Das Ich ist ein imaginäres Konzept, das sich nicht selber finden kann. Alles, was das Ich erfährt, erfährt es auf der Folie dieses illusionären Ich-Modells. Die eigentliche Erfahrung jedoch ist un-persönlich. Die Person kommt erst durch das Wahrnehmen und Nachdenken der Erfahrung zustande.

Der Kollaps der Wellenfunktion ist zeitlos. Erst die erfahrende Person bringt den Zeit-Aspekt mit ins Spiel, da der menschliche Verstand die Anschauungsform Zeit benötigt, um erfahren zu können.

Ohne Moos nichts los und ohne Raum und Zeit und Sie keine Erfahrung für Sie.

Stellen Sie sich eine Erfahrung ohne Zeit und Raum vor?

Ich garantiere Ihnen, es wird nichts mit der Erfahrung.

Da ist kein „Sie", was eine Erfahrung machen könnte.

„Sie" tauchen erst mit der Erfahrung in der RaumZeit auf, ansonsten sind „Sie" nicht da. Stellen Sie sich eine Erfahrung ohne Sie vor! Es geht alles nicht!

Waren Sie vor Ihrer Zeit da? Werden Sie nach Ihrer Zeit da sein?

So absurd es klingt, durch die Begrenzung Ihrer Existenz durch Geburt und Tod leben Sie ewig; denn diesen temporären Spalt Ihres Da-Seins wird es ewig geben. Es gibt überhaupt nur dieses ewige JETZT des absoluten Bewusstseins und das kleine Jetzt des relativ-individuellen Bewusstseins, das in der Vergangenheit verschwunden ist, wenn Sie sich der Gegenwart bewusst werden und die Zukunft antizipieren.

Ihr Ich der Gegenwart ist immer ein Ich der Vergangenheit, da dem individuell-relativen Ich-Bewusstsein in seinem Raum-Zeit-Gefüge alles Erleben, alle Gedanken und alle Erinnerungen mit Verspätung bewusst werden.

Ein etwas in die Jahre gekommenes, aber immer noch sehr aktuelles Buch des Dänen Tor Norretranders (Spüre die Welt. Die Wissenschaft des Bewusstseins [1997]) lehrt uns, dass wir die Welt mit ca. einer halben Sekunde Verspätung „serviert" bekommen. Es beginnt mit einem „Spruch" des großen James Clerk Maxwell (Sie wissen schon, der mit dem Dämon), der 1879 auf seinem Sterbebett formulierte:

"What is done by what is called myself is, I feel, done by something greater than myself in me."

Denken ist größtenteils nicht bewusst. Dies gilt auch für das wissenschaftliche Denken. Es gilt für den mentalen Akt des Verfassens dieser Zeilen wie für deren Kenntnisnahme durch den Leser. Das Bewusstsein hat die Person nur begrenzt im Griff. Unser Körper ist Schauplatz einer Verarbeitung zahlloser Informationen, von denen das Bewusstsein nichts erfährt. Tor Norretranders setzt zu einem Parforceritt durch die Wissenschaftsdiskussion bezüglich des Bewusstseins der letzten 150 Jahre an und kommt als Tor N. zu derselben Erkenntnis wie James C. M. „Ich denke, also bin ich? Wohl nicht. Nicht ich denke, sondern es denkt in mir, und dem, was wir ‚ich' nennen, wird nur das Resultat bewusst, ein winziger Bruchteil dessen, was ‚es' wahrgenommen und verarbeitet hat." Dieses „es" ist nach Tor Norretranders das Selbst. Es ist das höhere Selbst der Esoteriker und das absolute Bewusstseins unserer Lesart.

„Das Bewusstsein ist das unmittelbar Gegenwärtigste und zugleich das am wenigsten Handgreifliche im menschlichen Dasein. Wir können miteinander über Bewusstsein reden, aber erleben kann es nur jeder für sich: von innen. Es besitzt einen fundamentalen, unausrottbaren Charakter der Subjektivität. Es ist ein Phänomen, das wir nur von innen erleben können. Das Bewusstsein ist eine Selbstverständlichkeit: Wir erleben, dass wir erleben, wir wissen, dass wir wissen, wir spüren, dass wir spüren. Was aber ist das, was dieses Erlebnis erlebt? … Die Vorstellung einer zentralen erlebenden und beschlussfassenden Instanz im Menschen, eines bewussten Ich, herrscht erst seit hundert Generationen … Die Epoche des Ich geht ihrem Ende entgegen".

Schön wär's. Indes: Das Ich ist nicht auszumerzen, da es die Basis von allem ist, was das Ich zum Ich und die Welt zur Welt macht. Denn die Welt ist nicht prä-existent. Sie ist nicht bereits „da" und muss nur noch von einem „Ich" erlebt werden. Nein, anders wird ein Schuh daraus: Ich und die Welt sind identisch.

Wer erlebt hier was?

Das Ich erlebt die Welt.

Die Welt erlebt das Ich?

Das Absolute beinhaltet das Relative?

Das Relative ist das Absolute und das Absolute ist das Relative!

Tat twam asi. Brahman und Atman sind identisch.

Aber zurück zu den wissenschaftlichen „data and facts". Klingt so wie „Brahman und Atman", finden Sie nicht auch, nur auf einer realen Ebene?

Sie wissen doch, Wissenschaft ist die Religion und die Museen sind die Gotteshäuser der Gegenwart.

Die Maxwell'schen und Einstein'schen und Schrödinger'schen Gleichungen sind von einer solchen Brillanz, dass sie auch als T-Shirt-Aufdruck zu haben sind.

Populär ist $E = mc^2$. Kaum bekannt ist hingegen $\Psi (x, t) = \Psi_1 (x, t) + \Psi_2 (x, t)$, denn die „wahre Wellenbewegung" als $\Psi (x, t)$ zu definieren ist nicht jedermanns/jederfrau Sache.

Die Wirklichkeit ist uns nur zugänglich in den Formen, die dem menschlichen Verstand immanent sind. Bewusstsein beeinflusst Materie unterhalb der Ebene der Unschärfe, ist also für den Menschen nicht direkt wahrnehmbar, entzieht sich also dem individuellen Bewusstsein. „Die höchste letzte Wahrnehmung entsteht nicht im Gehirn oder in irgendeiner materiellen Struktur, obwohl eine materielle Struktur erforderlich ist, um sie zu manifestieren. Der subtile Mechanismus des Wissens um die Wahrheit entsteht nicht im Gehirn." (David Bohm)

Das Bewusstsein bringt das Gehirn hervor und nicht umgekehrt.

„Die erstaunliche Bewährung der fundamentalen allgemeinen Einsichten der Physik in der Erfahrung, so hatte Immanuel Kant schon gelehrt, rührt daher, dass sie notwendige Bedingungen darstellen, unter denen Erfahrung überhaupt erst möglich ist." (Hans-Peter Dürr)

Wahrgenommene Welt und Wahrnehmer der Welt spiegeln sich ineinander.

Erfahrung und Einsicht bilden eine Rückkopplungsschleife, so wie Theorie und Empirie.

„Die naturwissenschaftliche Wirklichkeit findet man nicht als ein fertiges Gebilde vor, welches man bloß entdecken müsste, so ähnlich, wie wenn man eine Decke hochhebt, unter der etwas verborgen ist. Im Gegenteil, durch die Kreativität des Naturwissenschaftlers wird die naturwissenschaftliche Wirklichkeit sozusagen konstruiert und damit geschaffen." (G. Fasching)

Jede „Objektivierung" durch den „objektiven" Wissenschaftler bedeutet Unterscheidung, d.h. Zerstörung der nichtobjekthaften Einheit, in der Beobachter und beobachtetes System miteinander, ja ineinander verschmolzen sind. Das Ich, das beobachtet, ist das Beobachtete, und als Beobachtung bilden sie die letztlich untrennbare Einheit.

Die Supersposition der Quantentheorie liefert verschränkte, korrelierte Gesamtzustände von Systemen, deren Teilsystemzustände nicht lokalisierbar sind. Hier haben wir es mit der Ebene des absoluten Bewusstseins zu tun.

Auf der relativen Ebene hingegen wird die Schrödinger'sche Katze als „tot" *oder* „lebendig" wahrgenommen. Aus dem absoluten Gesamtsystem Mensch und Kasten und Tier wird das scheinbare Teilsystem: Mensch beobachtet Tier in einem bestimmten Zustand, der den entgegengesetzten ausschließt. Das erscheint dem beobachtenden Menschen zwingend, da seine Ich-Folie diesen Eindruck höchster Evidenz empfindet, also von absolut zwingend erscheinender Gewissheit. Aber da das Ich-Bewusstsein nur relativ ist, ist die anscheinend absolute Gewissheit auch nur relativ. Das nehmen wir zwar nicht wahr, und die Ego-Allmacht möchte von eigener Relativität erst recht nichts wissen, aber de facto verhält es sich doch so.

Der Zauber der Maya hat den relativen Menschen fest im Griff. Und dabei gilt: Je stärker er sich in ihren Bann ziehen lässt, umso mehr hält er sich für einen Realisten – und umso mehr glaubt er damit nur an seine „hausgemachten" Hirngespinste. Er gleicht einem Autofahrer, der die Stelle, an der ihm das Benzin ausgeht, für das Ende der Welt hält.

Die Alternative zu dieser Dummheit ist die Einsicht in die Unfassbarkeit der eigentlichen Welt. Wollen wir über sie sprechen, bleiben uns nur Bilder, Analogien oder Gleichnisse. Entscheidend ist, dass wir uns von diesen tatsächlich berühren lassen können, d.h. wir erahnen etwas von der transzendenten Welt und spüren, dass sie dem, was wir rational beschreiben können, unendlich überlegen ist. Vielleicht liegt es ja daran, dass wir – wie es uns die Quantenphysik lehrt – tatsächlich in einer ungeteilten Einheit leben und somit im Fluss des *einen* Bewusstseins eine absolute Wahrheit erahnen können. Aber das ist auch wieder nur so ein Bild einer relativen Autorin.

Zu 2: Lebenspraktiken, die die Einsicht verstärken

Die kognitive Einsicht und die transzendente Ahnung brauchen „Futter".

Erfahrungshunger treibt den Menschen um auf der Suche nach der Einheit des Seins. Ist es der Ashram in Indien oder die Kirche in Deutschland, ist es das Lesen von Büchern, der Besuch von Seminaren, das Praktizieren von Hatha- oder Tantra-Yoga, die Kontemplation oder Meditation, die die herbeigesehnte Erfahrung, die Erleuchtung, das Erwachen bringt?

Die Verstandeserkenntnis ist da, wo aber bleibt die Erfahrungsevidenz?

Das Ich möchte endlich erwachen und die Erleuchtung erfahren. Klappt das nicht, wartet es schnell mit Verurteilungen auf: „Humbug, Spinnerei, Esoterik, New-Age-Gelabere", ruft es dann aus Ungeduld oder Enttäuschung.

„Das Leid ist das schnellste Pferd zu Gott", sagt Meister Eckehart, und die ahnungsvollen Menschen leiden, sie leiden Höllenqualen an ihrem Ego.

„Unser Ich gibt den Kampf um die Selbsterhaltung – besser Icherhaltung – nicht leicht auf. Dieser Konflikt verläuft manchmal dramatisch und quälend ... Verwirrung, Schmerzen, Angst vor dem Wahnsinn, Hoffnungslosigkeit sind der Preis, der für die spirituelle Entfaltung zu entrichten ist. Wohl dem Menschen, der dann einen Begleiter findet, der ihn nicht gleich in die Psychiatrie einweisen will, sondern seine spirituelle Depression von einer gewöhnlichen Enttäuschung des Ich unterscheiden kann! ... Das Ichbewusstsein scheint ein notwendiger Durchgang zu sein." (Willigis Jäger)

Dieser Durchgang ist erkenntnistheoretisch ein Tunnel. Doch manches spricht dafür, dass nun tatsächlich Licht an dessen Ende aufscheint. Dieses Licht allerdings verheißt Veränderung, und da wir offensichtlich unter Tage zu Maulwürfen geworden sind, haben wir Angst vor dem Portal und spüren eine Krise. Denn hier, gegen Ende des Tunnels, merkt das Ich, dass die Ego-Ebene nicht mehr tragfähig ist. Der Point-of-no-return ist erreicht. Die alte Ich- und Weltanschauung ist ins Wanken geraten. Und anstatt sich darüber zu freuen, sucht das ertrinkende Ich nach einem rettenden Strohhalm. Aber der Zug fährt weiter.

„Horror vacui" – eine abgrundtiefe Leere tut sich für unser Maulwurf-Ich auf.

Der spanische Mönch Johannes vom Kreuz (Juan de Yepes, 1542–1591) hat in seinem Buch „Die dunkle Nacht" diesen dramatischen Reinigungsprozess, den Weg vom Relativen (Ich) zum Absoluten (Gott) beschrieben. Der Mensch verwechselt in seiner Angst das Licht mit „dunkler Nacht", in die er geworfen wird – eine Nacht, die leider viel länger als ein paar Stunden dauert. Die vergangenen „hellen Ich-Tage" (des Maulwurfs unter der Erde) sind vorbei und eine Hoffnungslosigkeit ohne Zukunft tut sich auf, da es ohne ein Ich kein Morgen zu geben scheint.

Der Reinigungsprozess ist eine Höllenfahrt ohne Rückkehrticket.

Bei Johannes vom Kreuz heißt das Absolute „Gott". Der Ich-Mensch erlebt mit, wie Gott ihn „nach seinem Bilde" formt. Der Weg zum Ziel besteht in der Liebe. „Am Abend deines Lebens wirst du nach der Liebe gefragt." Johannes weiß um die quälenden egozentrischen Bindungen der Menschen, die als *Liebe* verkauft werden. „Der Meister, der selber schon zur ‚Liebeseinigung mit Gott' gelangt ist und die ‚beengende Mühsal und Bedrängnisse' des Weges bestens kennt, wendet sich hier als kundiger Wegbegleiter und Führer an die ‚Anfänger'. Die Einsicht, dass materielle Werte, höherer Lebensstandard oder Berufskarriere in sich selbst noch nicht Erfüllung des Lebens sein können, wird beim Leser allerdings schon weitgehend vorausgesetzt. ‚Die dunkle Nacht' spricht zu Menschen, die ein ernsthaftes Interesse am geistlichen Leben gefunden haben, die sich zu lösen beginnen von der gezielten Gier nach Reichtümern, Ehre, Anerkennung um jeden Preis, Genuss …, die verstanden haben oder wenigstens ahnen, dass ehrliche, existentielle Hinkehr zu Gott Leben ist, vertieftes und fruchtbares Dasein für die Mitmenschen bewirken kann und den wirklichen Weg nach vorn bedeutet." (Dobhan/Körner)

Ein Meister unserer Zeit von einem anderen Kontinent ist Ramana Maharshi (1879–1950), der immer und immer wieder Be-Suchern die unsterbliche Frage stellte: „Wer bin ich?"

Be-Sucher: Wie erkennt man das Ich?

Ramana: Wessen Ich? Finden Sie das heraus.

Be-Sucher: Mein Ich. Aber, wer bin ich?

Ramana: Das müssen Sie selber herausfinden.

Be-Sucher: Ich weiß nicht wie.

Ramana: Denken Sie nur über die Frage nach. Wer ist es, der das fragt: „Ich weiß nicht wie?" Wer ist das Ich in Ihrer Aussage? Was wird nicht erkannt?

Be-sucher: Jemand oder etwas in mir.

Ramana: Wer ist dieser Jemand? Und in wem?

Ein schriftlicher Dialog mit einem seiner Schüler vertieft diesen Ich-Frage-Gedanken:

Schüler: Wer bin ich? Und wie wird Befreiung vom Ich erlangt?

Ramana: Durch die stetige innere Erforschung „Wer bin ich?" Das wirkliche Ich ist nicht der Körper, auch nicht die Sinne, nicht die Sinnesobjekte, nicht das Handeln, nicht die Lebensenergie, nicht das Empfinden, nicht einmal der Zustand des Tiefschlafs, wo dieses alles nicht wahrgenommen wird.

Schüler: Wenn ich nichts von all dem bin, was dann?

Ramana: Nachdem du dieses alles zurückgewiesen hast und feststellst „Das bin ich nicht", bleibt nur das Ich übrig, das reines Bewusstsein ist.

Schüler: Ist es nicht möglich, das Ich zu erkennen, während wir die äußeren Dinge wahrnehmen?

Ramana: Nein, denn der Seher und das Gesehene sind wie das Seil, die als Sinnestäuschung, als Schlange erscheint. Bist du das Phänomen der Schlange nicht losgeworden, kannst du nicht erkennen, dass das, was du siehst, das Seil ist.

Schüler: Wann verschwinden die äußeren Dinge?

Ramana: Wenn der Verstand, der die Ursache aller Gedanken und Handlungen ist, verschwindet.

Schüler: Wie verschwindet der Verstand?

Ramana: Durch die Frage „Wer bin ich?" Obwohl diese Frage auch ein mentaler Prozess ist, zerstört sie alle mentalen Vorgänge, auch sich selbst. Der Stock, mit dem das Bestattungsfeuer geschürt wird, wird selber zu Asche, nachdem das Holz des Scheiterhaufens und der Leichnam verbrannt wurden.

Zu 3: Erfahrung als Erkenntnis

„Der erste und wichtigste aller Gedanken, der ursprüngliche Gedanke im Verstand eines jeden Menschen ist der Gedanke ‚Ich'. Erst nach dem Entstehen dieses Gedankens können sich weitere Gedanken erheben. Erst nachdem das erste Personalpronomen ‚Ich' im Verstand sich erhoben hat, kann das zweite Pronomen ‚du' in Erscheinung treten. Wenn Sie mental dem ‚Ich'-Faden folgen könnten, bis er Sie zurück zu seinem, Ihrem Ursprung führt, würden Sie entdecken, dass es nicht nur der erste Gedanke ist, der erscheint, sondern auch der letzte, der verschwindet. Das ist etwas, was man erfahren kann. Es ist möglich, nach innen zu tauchen, bis der erste und letzte Gedanke, ‚Ich', allmählich verschwindet. Das Ich-Gefühl gehört zur Person, zu Körper und Verstand. Wenn ein Mensch sein wahres Selbst zum ersten Mal erkennt, erhebt sich auch etwas anderes in der Tiefe seines Wesens und ergreift von ihm Besitz. Dieses andere ist hinter dem Verstand, es ist unendlich, göttlich, ewig. Einige Menschen nennen es das Königreich des Himmels, andere Seele, wieder andere Nirwana, und die Hindus nennen es Befreiung. Man mag es nennen, wie man will. Wenn es geschieht, hat der Mensch sich selbst nicht verloren, er hat sich vielmehr selbst gefunden."

(Ramana Maharshi)

2. Das Äquivalenz-Ich

Es gibt es noch, das gute, alte Ich. Das ist die angenehme Nachricht für alle, die es gerne etwas konventioneller haben: Wer will, der kann sich weiterhin für eine Person halten, ein feuriges Bekenntnis auf seine Individualität ablegen und, wenn's denn unbedingt sein muss, auch an seinen freien Willen glauben. Glauben Sie doch, was Sie wollen! Leisten Sie sich ruhig ein Selbstbild auf dem Niveau des Musikantenstadls!

Aber bitte, stehen Sie dann auch dazu. Ziehen Sie sich den Folklorekitsch rein, aber halten Sie es dann auch aus, wenn andere von tieferen Erlebnissen berichten, die Konzerte der Berliner Philharmoniker oder der Arctic Monkeys besucht haben. Behaupten Sie nicht, alles andere sei gar keine Musik, dieser Brit-Punk, diese Klassik, dieser Expressionismus, dieser Lärm und dieses Gefiedel, das alles existiere für Sie gar nicht. Erst dann nämlich würden Sie zu einem Ignoranten.

Denn so ist es nun einmal: Der Zug der Zeit ist über das alte Ich hinweggerauscht und hat dabei dessen schöne, geordnete Welt zerbersten und in tausend Splitter auseinanderfliegen lassen. Und jetzt sitzt es da, das Ich, verschreckt und dennoch trotzig, und blickt auf die Trümmer seiner einstmals heilen Welt. Und immer noch hofft es, dass das alles nur ein böser Traum war.

War es aber nicht, ihr vielen Ichs da draußen! Denn ihr habt eure Unschuld verloren. Zwar werdet ihr euch – schwach, wie ihr seid – wieder Illusionen von Realität, Freiheit und Objektivität machen, und ihr werdet wieder die Ärmel hochkrempeln und Städte und Glaubenssätze aufbauen, aber ihr werdet dabei nie wieder den Gedanken loswerden, dass ihr euch das alles nur vorstellt.

Und damit sind wir bei der ersten großen Veränderung, die die Ich-Forschung und die Quantenphysik dem Ich-Verständnis der Zukunft bescheren: Das gute, alte Ich steht zwar noch auf seinem Sockel, aber der bröckelt gewaltig. Das soll heißen, dessen Solidität und Absolutheit gehen verloren, nichts an einem selbst und an der von diesem Selbst „erkannten" Welt ist mehr sicher, auch wenn wir als Menschen auf diesem Planeten nicht anders können, als weiterhin so zu tun, als gäbe es uns mit eben dieser Gewissheit. Der Unterschied zur bisherigen Sichtweise ist, dass wir uns lächerlich machen, wenn wir behaupten, es sei alles tatsächlich so, wie wir es täglich sehen. Unser Handeln – ob nun dadurch verändert oder auch nicht – verliert seinen Absolutheitsanspruch, sobald wir darüber reflektieren. Anders als es uns unsere Wissenschaftsgläubigkeit vorgaukeln möchte, müssen wir immer mehr Gewissheiten ablegen, je mehr wir uns auf die Reflexionsebene vorwagen. Denn eben die gibt es ja gar nicht, sie ist nur ein Zirkelschluss der Subjekt-Objekt-Betrachtung und trotz allen Geredes von Objektivität nur deren pures Gegenteil: die ins Gewand der Wissenschaft gehüllte Manifestierung unserer Relativität und Beschränktheit; je hochtrabender sie daherkommt, umso lautstarker beweist sie nur unsere Unfähigkeit, uns selbst zu beweisen. Wenn sich ein Mensch als Beobachter absolut setzt, ist das in seiner Naivität und intellektuellen Einfalt geradezu bemitleidenswert.

Ein solches neues Ich-Bewusstsein hat Auswirkungen auf unser tägliches Miteinander. Denn wenn keiner objektiv ist, kann auch keiner gleicher sein als andere. Niemand kann sich mehr auf das hohe Ross des Wissens setzen, um von da oben Aussagen über das wahre Wesen eines anderen Ichs zu treffen. Die intellektuelle Überheblichkeit der studierten Ich-Forscher und anderer Besserwisser gelangt an ihr Ende, das prophezeie ich.

Und wenn Sie fragen, woher ich die Gewissheit nehme, sage ich: Weil sich jeder Drübersteher automatisch zum Clown macht, sobald er seiner Leidenschaft zur intellektuellen Selbstaufwertung erliegt. Indem das, worauf er sich vorgeblich stützt, als Popanz dechiffriert wird, bleibt nur noch übrig, was auch den gemeinen Primaten antreibt, wenn er andere klein macht: der pure Trieb, ein Alphatierchen zu sein. Ob das mit den dicksten Keulen oder buntesten Computerbildern geschieht, tut nichts zur Sache.

Was es also nicht gibt, ist das sichere und stringente Gedankengebäude, das in der Lage wäre, einen Sachverhalt, ein Ich oder die ganze Welt objektiv und stimmig zu erklären. Versuchen wir es daher gar nicht erst, überspannen wir den Bogen nicht, bleiben wir auf dem Boden der relativen Ichs, die zwar denken, aber nicht wirklich erklären können. Ergötzen wir uns ruhig an unseren mentalen Konstruktionen, es ist gewiss nicht schlechter, als sich im Freizeitpark zu vergnügen oder Briefmarken zu sammeln. Aber es ist ein bisschen, als wollten wir ein Perpetuum Mobile konstruieren: Wir können die genialsten Ideen hineinstecken, können uns intellektuell austoben wie Kinder im Sandkasten und versuchen, die Besten auf dem Spielplatz zu sein – aber wir werden doch, auch wenn wir noch so toll sind, immer und grundsätzlich scheitern.

Mit diesem Scheitern können wir nun auf zweierlei Weise umgehen, nämlich dumm oder klug. Dumm wäre es, damit zu hadern, dem lieben Gott einen Beschwerdebrief zu schicken oder in unseren Büchern zu schummeln in der Hoffnung, dass es keiner merkt (denn irgendwann geht es auch der stärksten Gewissheit an den Kragen). Klug ist es hingegen, die Grenzen unserer Erkenntnisfähigkeit einzugestehen und zuzugeben, dass wir nur Sandkastenspiele betreiben, und zwar nach Regeln, die wir zuvor mit unseren Spielkameraden festgelegt haben. Nur in diesen engen Grenzen, innerhalb derer wir Unzulänglichkeiten grundsätzlich in Kauf nehmen, weil wir nichts Absolutes schaffen können, können wir noch forschen und schreiben. Wir sind dabei notgedrungen Narren und nehmen uns die entsprechende Freiheit.

Nur so konnte ich – Sie haben es hoffentlich gemerkt – auch vom Zug der Zeit sprechen, wo wir doch oben auseinandergesetzt haben, dass es die Zeit gar nicht gibt. Diesen Widerspruch leiste ich mir, weil ich als Erdenbürgerin gar nicht anders kann, als aus der Perspektive eines relativen Ich zu schreiben. Es ist für sich schon naiv und widersprüchlich, dass ich mich an den PC setze, um mir und hoffentlich auch Ihnen ein klein wenig Klarheit zu verschaffen.

Dass ich mich dieser doch grundsätzlich nicht zu bewältigenden Aufgabe stelle, hat damit zu tun, dass ich mir bereits bei der Entstehung des Textes bewusst bin, dass ich nichts Absolutes von mir geben kann. Wenn ich über das Ich schreibe, weiß ich, dass ich relativ bin, dass mein Denken unzulänglich, aber zugleich auch unvermeidlich ist. Ich denke, weil ich bin, obwohl ich doch erhebliche Zweifel daran hege, dass ich überhaupt so bin, wie ich mich kenne (und wie Sie mich gerade kennen lernen). Wir machen einfach alle unsere Gedankenspiele, doch sollten wir daraus nur nicht zu viel schließen – und schon gar nicht, dass wir *wirklich* existieren. Vielmehr relativieren wir durch unser Schreiben und Lesen über dieses Thema unseren Begriff von Wirklichkeit, ohne freilich über Ahnungen hinauszukommen; denn würden wir etwas Konkretes erkennen, könnten wir uns schon wieder sicher sein, Opfer eines intellektuellen Trugschlusses zu sein.

Was bleibt, ist also das, was auch im Anfang der Frage nach dem Ich war: ein relatives Ich. Der Unterschied ist nur, dass dieses Ich nicht mehr ernsthaft behaupten kann, wirklich und absolut zu existieren. Wenn es das dennoch tut, so beweist es nur umso mehr seine relative Erscheinungsform. Und wenn es klug ist, dann lächelt es dabei.

Setzen wir also einen dicken Smiley vor die Dogmen des relativen Ich:

☺ Es ist die Person, die sich für ein Individuum hält, für ein eigenständiges menschliches Wesen.

☺ Es hat einen Körper, mit dem es sich identifiziert.

☺ Es hat seine Gedanken, die es als seine eigenen erfährt.

☺ Es hat einen Willen, den es höchstens als bedingt unfrei erlebt.

☺ Es hat seine Wahrnehmungen von sich und der Welt.

☺ Es erlebt und interpretiert sich und die Welt aus dieser Ego-Perspekive.

☺ Es ist dieser empirische Mensch, der sich als Subjekt sieht und empfindet.

☺ Dieses Ich ist das materielle Gebilde, das sich als „Inertialsystem" durch sein Leben in Raum und Zeit bewegt.

Lacht das relative Ich über seine Glaubensgrundsätze, so entsteht ein neues Bild derselben Erscheinungsform, die jeden Morgen aufsteht, ihren Geschäften nachgeht und sich abends wieder ins Bett legt: Ihre Realität ist eine virtuelle Welt, die in der Innenansicht jedoch nicht von einer realen Welt zu unterscheiden und verdammt echt simuliert ist.

Wir wissen, wir unterliegen einer Illusion, und doch bleibt uns nichts anderes übrig, als in diesem Spiel mitzuspielen. Wir sind wie Figuren im Mensch-ärgere-Dich-nicht, denen allmählich schwant, dass sie nur bewegt werden, anstatt sich selber durch den Parcours zu schlagen. Aber was hilft es uns? Sagen deshalb die Spieler, o. k., jetzt habt ihr es gerafft und deshalb hören wir auf? Natürlich nicht. Es wird sich also auch in Zukunft grundsätzlich nichts am Spiel der relativen Ichs ändern, auch wenn wir uns noch so sehr als virtuelle Akteure verstehen.

Wirklich oder interpoliert – es lohnt sich auf alle Fälle, die wesentlichen Erscheinungsmerkmale des relativen Ich festzuhalten. Denn wir werden diesem komischen Kameraden in dieser Welt (bzw. in diesem Spiel) nicht entkommen.

Das relative Ich nimmt sich in einem Koordinatensystem aus Raum und Zeit wahr. Wir können das exemplarisch anhand der Biographie von Albert Einstein darstellen:

R

A   Emigration
        1905 Das Wunderjahr Allg. Relativitätstheorie   EPR-Paradoxon
U   Nobelpreis
        1. Heirat   2. Heirat
M
Ulm   Princeton
Geburt ---------------------------- **Z E I T** --------------------------------- Tod
14. 3. 1879   18. 4. 1955

Aus dieser relativen Albert-Einstein-Ich-Perspektive erlebte Einstein sein Leben. Wann der kleine Albert zum ersten Mal das Gefühl von Ich-Identität hatte, ist nicht überliefert. Normalerweise interpretieren Psychologen das Ich-Erkennen im Spiegel und die Benutzung des Wortes Ich (statt Albert) als Indiz für eine erfolgte, erfolgreiche Ich-Identitätsentwicklung. Das ist die Schlüsselkompetenz, die ein relatives Ich erwirbt, denn von nun an kann es die eigenen und die Dinge seiner Umwelt an einem bestimmten Platz einordnen. Es hat eine persönliche Perspektive entwickelt, was bedeutet, dass ein Jemand geboren wurde, der den Job hat, sich und die Welt zu erleben.

Und dieser geradezu heldenhafte Jemand, der der Welt den Dienst erweist, sie zu erkennen, der bin ich, nicht wahr? Wer denn sonst?!

Ich bin ich bin ich bin ich. Wirklich überzeugend!?

Nun ja, es ist eher die normative Kraft des Faktischen, eine Überzeugung, die daher rührt, dass man sich doch ständig erlebt und dass dabei immer alles so ist, wie es ist. Ich bin, weil ich bin, und weil ich bin, bin ich …

So etwas Blödes, denkt sich dann das Ich, wenn es sich selbst eine Weile lang nachspürt. Immer lande ich an dem Punkt, an dem sich alles im Kreise dreht. Und die ganze schöne Ichfindung, das Lieblingskind der Entwicklungspsychologen, hängt sich auf in einer Art von Tautologie, von unaufhörlicher Rückkopplungsschleife:

Ich denke, also bin Ich.

Ich erfahre mich, also bin Ich.

Ich sehe die Welt, also gibt es mich.

Der Zirkelschluss beginnt, sobald meinem Hirn bewusst wird, dass „ich" und „mich" dasselbe sind. Wenn meine Neuronen mit der internen Spaltung von „ich" und „mich" (I and me) das tun, was unabwendbar ist, nämlich beides kurzschließen, stürzen meine Gedanken ab. Error. Please reboot your system.

Aber es ist wie verhext: Nach dem Neustart fange ich sofort wieder damit an. Ich mache mich selber zum Objekt, um mich wahrnehmen zu können. Und dasselbe mache ich mit der Welt. Ich als Subjekt sehe eine Welt voller Objekte, oder noch schlimmer: eine ganze Welt als Objekt. Da kommen schon wieder die Warnmeldungen meines Betriebssystems: Ein Objekt hat mich, das Subjekt, hervorgebracht. Aber dann ist es ja das Subjekt und ich das Objekt. Ein Objekt ist ein Subjekt ist ein Objekt ist ein Subjekt … Denkfehler!

Wieder Neustart: Ich sehe, höre, fühle andere Menschen, Pflanzen, Tiere, Bauwerke, Wolken, Ozeane, Kunstwerke, TV-Bilder, Computeranimationen etc. Ich sehe den Mond, die Sonne und die Sterne, aber anfassen kann Ich sie nicht. Ich denke mir Gott, den Himmel, die Hölle oder anderes Jenseitiges. Schöner wohnen im Himmel kann ich mir nicht so gut vorstellen, und überhaupt: Was tun im Himmel?

Ich nehme also reale Dinge und Wesen wahr und denke über Abstraktes nach.

Den gekrümmten Raum kann ich mir nur vorstellen, wenn ich die Bilder in der entsprechenden Literatur sehe: Da liegt eine Orange auf einem gespannten Tuch und durch ihre Masse bekommt das Tuch eine Beule. Ah, der gekrümmte Raum ist so eine Art universales Tuch, in dem eine runde Form „hängt", und dadurch ist der Kosmos krumm.

Alles Anschauliche ist leichte Kost, denkerische Hardcore fängt erst bei völlig abstrusen Ideen an, z. B. der von der Unendlichkeit des Raumes, dem Big-Bang oder – noch schlimmer – der Verschränkung von Quanten. Eine ineinander verwobene Welt, die nicht prä-existent ist, sondern in jedem a-temporalen Augenblick „entsteht", ist für die Ich-Denke schwer verdauliche „Hirnwichserei" von abgedrehten Physikern und anderen Spinnern.

Das normale Ich mag es normalerweise einige Grade simpler (wenn auch nicht gerade logischer). Und so lebt es normalerweise ziemlich gut mit seinem Ich.

Ich will … Ich kann … Ich sollte … Ich finde … Ich muss … Ich wünsche mir …

Es marschiert unverdrossen durch sein Leben, mal glücklich, mal unglücklich, mal mit Erfolg, mal ohne, und dann endet das Leben tödlich.

Tödlich? Buh, das ist ja schauerlich! Nun, eigentlich hätte das Ich für diesen Fall ja den Herrn Wittgenstein, der – wie wir weiter oben bemerkt haben – sagt, dass der Tod kein Ereignis des Ich-Lebens ist. Logischerweise sollte der Sensenmann das Ich „kalt" lassen, aber das ist – wir sind schon mehrfach an diesen Punkt gelangt – weder besonders logisch noch vernünftig. Unsere Gattungsbezeichnung Homo sapiens sapiens versucht darüber in dreister Weise hinwegzutäuschen, aber das bisschen Vernunft, das wir haben, sagt uns, dass es enorm unvernünftig ist, sich selbst ausschließlich mit dem Merkmal Vernunft zu etikettieren.

Lassen wir also diesen Schwindel beiseite und blicken frank und frei auf ein irrationales Ich, das in ständiger Furcht vor dem Nicht-Ich lebt, vor dem Nicht-(mehr-)Sein, ohne sich bewusst zu machen, dass es ihm auch schnurzpiepegal war, was vor seiner Geburt mit Ich und seinem Sein war. Wer hat sich schon Gedanken über seine Noch-nicht-Existenz gemacht? Höchstens Esoteriker, die den Buddhismus und Hinduismus verhunzt haben und an ihre Ich-Wiedergeburt glauben.

Die Crux beginnt also immer mit der Wahrnehmung des Ich-bin-in-dieser-Welt. Doch nur selten endet sie mit der eigentlich zwingenden Erkenntnis Ich-bin-diese-Welt. Wenn dieser Denkvorgang dann doch einmal stattfindet, haben wir es mit Erleuchtung zu tun, dann ist Erwachen bewusst und Selbstverwirklichung da – aber damit ist auch das vom Ich so heiß geliebte und in der Persönlichkeitsentwicklung so hart erkämpfte Ich wieder futsch.

Das Ich kommt und das Ich geht. Zuerst entwickelt es sich, und dann überwindet es sich wieder als höchste Bewusstseinsstufe. Doch auch diejenigen, die lieber bodenständiger bleiben, verfügen nicht über das Ich als Fels in der Brandung, als feste und unverrückbare Größe, die ihre Form sogar noch über den Tod hinaus behält, damit es (das Ich) im Jenseits vor den Weltenrichter treten kann. Nein, so statisch, wie es uns vorkommt, sind wir beileibe nicht. Vielmehr ist das Ich eine lebenslange Baustelle. Eigentlich sollte auf unserer Stirn ein Zettel kleben: Wegen permanenter Umbaumaßnahmen bitte nicht stören.

Wir haben den Eindruck von uns selbst, jemand zu sein, ein Ich zu sein, ein Ich zu haben. Ich, ich, ich, immer bin ich im Mittelpunkt. Alles dreht sich um mich, denke ich. Als könnte ich mir etwas auf mein Ich einbilden, als wäre ich allmächtig, als wäre ich ewig. Aber damit saufe ich nur im Strudel des Ich-Kurzschlusses ab. Und was darf ich wirklich von mir halten? Fest steht: Dieses Ich ist das Bewusstsein seiner selbst. Das bedeutet aber, das Sein wird sich seiner selbst bewusst. Und das ist etwas ganz anderes!

Selbstbewusstsein ist das Bewusstsein des Seins, also von allem, was ist, und nicht das kleine Egoselbstbewusstsein.

Aber Vorsicht! Hier verlassen Sie den konventionellen Sektor dieses Buches! Hier versuchen wir, durch Nicht-Reales der Realität näher zu kommen, da das scheinbar Reale grundsätzlich in die Irre führt.

Stellen wir uns daher das relative Ich mitsamt seinem Ich-Bewusstsein einmal als durchsichtige Folie vor, auf der sich alles so abbildet, dass es vom Ich wahrgenommen werden kann. Sucht das Ich sein Ich, verschwindet es immer mehr. Das bedeutet, das Ich ist immer nur als Grundtonus da, aber niemals zu erhaschen und dingfest zu machen. Es ist wie eine Leinwand, auf der sich das Leben des Ich abspielt.

Auf dieser Leinwand macht sich mit Vorliebe ein Hauptdarsteller breit, der denselben Namen trägt wie die Leinwand, nämlich Ich. Er nimmt sich extrem wichtig, führt sich auf wie ein Star mit all seinen Allüren und verdrängt alles, was ihn relativiert. Die Leinwand, sein eigentliches Ich, auf der sich sein Lebensfilm abspielt, nimmt er überhaupt nicht wahr, und allen anderen Schauspielern billigt er nur Komparsenrollen zu. Selbst die Liebsten sind vom Ich-Casting lediglich als Nebenrollen besetzt.

Dieser Schauspieler, der ja eigentlich nur auf der Leinwand und durch die Leinwand existiert, ist wegen dieser geteilten Projektionsfläche ganz eng mit den anderen Schauspielern verbunden. Da er aber in seiner ungestümen Selbstüberschätzung sich selbst für den Mittelpunkt seines Systems hält, trennt ihn diese Eigenschaft von den weiteren Akteuren. Seine narzisstische Selbstdefinition trennt ihn notwendigerweise von allem anderen, das doch eigentlich genau so wie er selbst Bestandteil derselben Ich-Wahrnehmungs-

Fläche ist. Aber er müsste aufhören, er selbst (also Individuum) zu sein, wollte er in das Innere seiner Kumpane blicken.

So kommt es, dass noch nie ein Ich-Bewusstsein voll und ganz in das Ich-Bewusstsein eines anderen Ich geschlüpft ist. Empathie und Nächstenliebe sind die höchsten der Gefühle. Und da mehr einfach nicht drin ist, sind die anderen Ichs mit ihrem jeweiligen Bewusstsein gegen das eigene Ich-Bewusstsein hermetisch abgesichert. Jeder kann nur annäherungsweise ahnen, wie ein anderer Mensch denkt und fühlt.

Die Ich-Identität, diese unvermeidliche, aber doch immer auch unzulängliche Selbstüberschätzung der „Filmschauspieler", trennt also ein Ich-Bewusstsein vom anderen ab und sorgt dafür, dass nicht identisch ist, was in den tieferen Dimensionen eins ist (aber nicht als eins erlebt werden kann). Und so können wir unbehelligt von der uns umgebenden „Realität" behaupten: „Mein Ich gehört mir. Ich bin meine Welt. Ich bin der unverrückbare Mittelpunkt meines kleinen Kosmos."

Aus meiner subjektiven Perspektive sehe und erlebe und interpretiere ich die Welt. Da kann sich ein Ich auf den Kopf stellen – es wird daran dennoch nichts ändern können. Und so sehr sich manche Ichs auch um Objektivität bemühen, ihr Ich ist und bleibt ein Subjekt. Ein Subjekt von eigenen Gnaden sozusagen.

So ein Subjekt ist ein erkennendes, denkendes, handelndes, mit Bewusstsein ausgestattetes Ich, das Träger von Zuständen und Wirkungen ist. Es geht ihm ums Überleben, um Glück, um Geld, um Beziehungen, um Gesundheit, um Erfolg, um Erkenntnisse, um die drei Fs.

Doch nicht nur ihm ergeht es so, sondern natürlich auch all jenen von ihm wahrgenommenen menschlichen Objekten, die sich selbst wiederum für Subjekt-Ichs halten. So stehen also einem Subjekt-Ich unzählige Objekt-Ichs entgegen, wobei jedes von ihnen selbst wieder in seinem System das einzige Subjekt-Ich ist.

Da es bei diesen Ichs entscheidend darauf ankommt, aus wessen Perspektive die anderen gesehen werden, weil jedes für sich genommen die Spinne im Netz der Ich-Wahrnehmung ist, haben wir es hier mit der relativen Perspektive aller Subjekt-Ichs zu tun. Alles ist relativ in dieser Welt, also auch die Ichs.

Doch die Wahrnehmung ist nicht nur vom Subjekt-Ich abhängig, sondern das Subjekt-Ich auch noch von seinem Körper. Hier besteht eine existenzielle Verbindung, insbesondere zum Gehirn des Ich. In diesem neuronalen Operator entsteht die Illusion von Individualität und freiem Willen, und hier können natürlich auch Fehler passieren, die das Subjekt-Ich-Gefühl betreffen. Dieses kann, wenn es arg kommt, ganz verloren gehen.

Und unabhängig davon: Spätestens mit seinem Tod gibt das Ich-Bewusstsein auf alle Fälle auf – nicht unbedingt freiwillig – aber unabwendbar. Da helfen weder Balsamierungen noch Beamen noch böse Blicke gen Himmel oder gar neumodische Konservierungsmaßnahmen.

Und auch vor dem Tod ist nicht alles in Butter mit dem relativen Ich, denn es ist eine äußerst störanfällige Konstruktion. Das Leben gestaltet sich oftmals als Kriegsschauplatz, innen wie außen. Krankheit und Gesundheit wechseln sich ebenso ab wie Glück und Unglück. Das Auf und Ab von Lust und Frust begleitet das relativ-subjektive Ich ebenso wie das Entweder-oder. Entweder geht es dem Ich so, oder es geht ihm so.

Entweder ist das relative Ich lebendig, oder es ist tot.

So ist nun mal seine kleine Welt geschaltet. Überlagerungszustände sind dem relativen Ich nicht denkbar. Alles muss seine logisch-kausale Ordnung haben. Wo kämen die Ichs sonst auch hin?!

Das Leben spielt sich in Raum und Zeit ab, und das RaumZeitKontinuum bleibt mentale Onanie von Albert und hält nicht wirklich Einzug in die relativ einfache Ich-Denke.

Das relative Ich liest die Gleichung $E = mc^2$ und „versteht" eventuell die Äquivalenz von Energie und Materie, kennt die Auswirkungen einer Atombombe, aber transferiert diese Äquivalenz keineswegs auf sein relatives Ich. Dieses bleibt Masse (Körpermaterie) ohne c^2 und ohne energetisches Gespür dafür.

Das relative Ich hat Energie, oder es ist ausgepowered. So einfach ist das, denkt es. Dass es selbst Energie sein könnte, kommt nicht in Betracht. Denn es erlebt sich ja nur in seiner vertrauten Körperlichkeit, und dabei soll es auch bleiben. Nur aus Sensationsgier liest es mal von Chi, der chinesischen Lebensenergie, von Prana und Reiki, aber das bleibt an der Oberfläche. Entsprechend groß ist die Verblüffung, wenn es merkt, dass Akupunktur tatsächlich hilft.

Das relative Ich ist eben das relative Ich. Es liebt und hasst, hat Freunde und Feinde, ist Täter und Opfer. Es ist selbstgerecht und hadert ständig mit den anderen Ichs; so nimmt es nicht Wunder, dass es sich viel häufiger als Opfer empfindet denn als Täter. Die Bösen, das sind die anderen – diese Objekt-Ichs, die das Subjekt-Ich in seinem Leben ertragen muss.

Aber die bequeme kleine Welt des relativen Ich beginnt, wie gesagt, zu wanken. Das liegt in der Hauptsache daran, dass es denken kann und immer mehr Erkenntnisse um sich schart. Seine Wissbegier führt zu Antworten, die die Welt vergrößern und zugleich mehr neue Fragen aufwerfen, als alte beantwortet werden. Es ist etwas faul im Staate Ich. Auf der Suche nach mehr

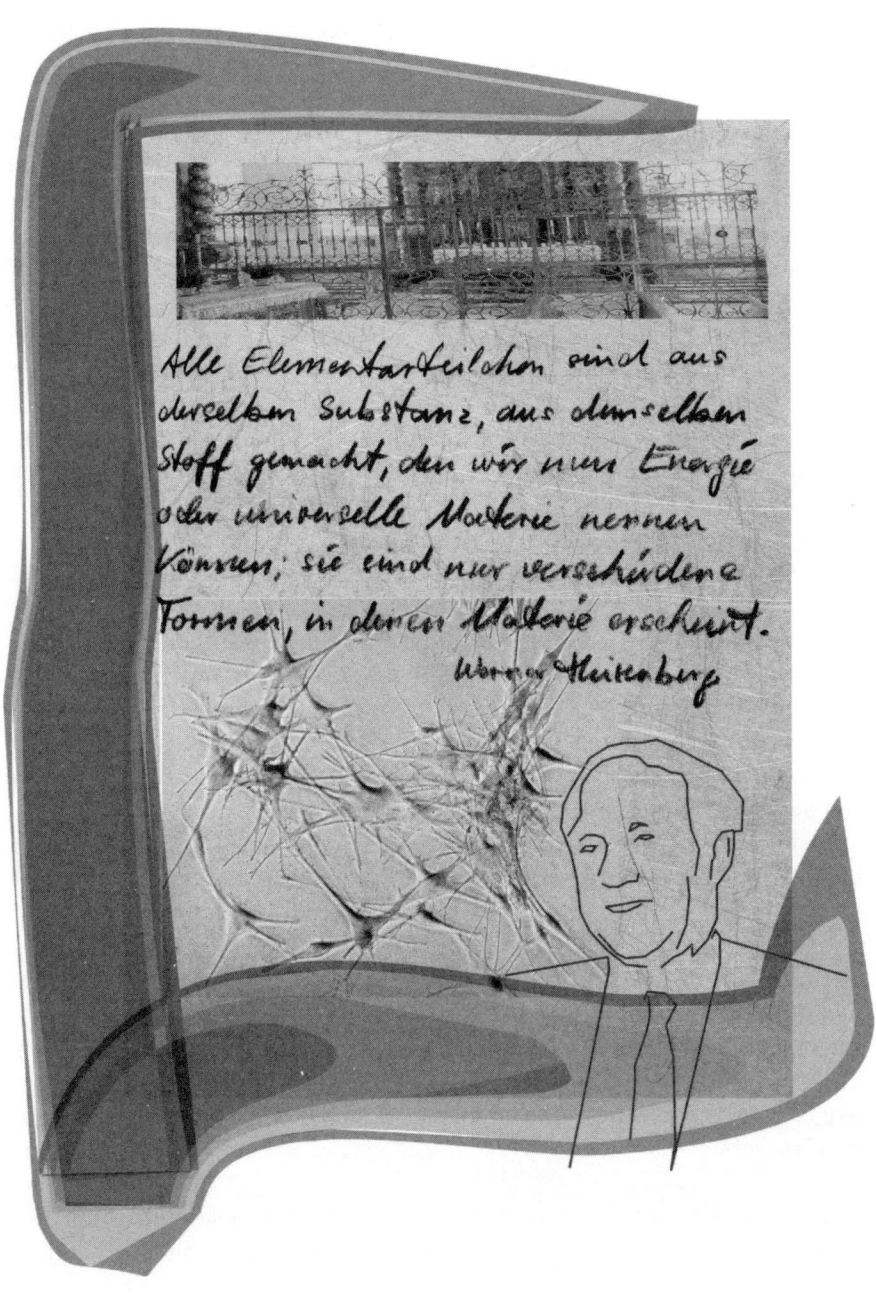

Alle Elementarteilchen sind aus derselben Substanz, aus demselben Stoff gemacht, den wir nur Energie oder universelle Materie nennen können; sie sind nur verschiedene Formen, in denen Materie erscheint.

Werner Heisenberg

Gewissheit über seine Existenz findet es, solange es redlich vorgeht, nur immer mehr Offenes, nicht Greifbares, nicht Verstehbares, nicht Dingliches. Und es weiß, dass es nichts weiß. So gerät das wackere relative Ich in eine schizophrene Situation: Zum einen ist es felsenfest davon überzeugt, dass es materiell existiert, zum anderen lernt es, dass diese Materie gar keine Materie ist. Es kann sich nicht aufgeben, denn sonst könnte es diese Erkenntnisse gar nicht erlangen, aber es kann auch nicht mehr an das glauben, was am Anfang seiner Forschungen stand, nämlich, dass es objektiv existiert und dass in dieser Welt alles nach den Regeln der aristotelischen Logik funktioniert. Und so kommt das relative Ich, obwohl es das überhaupt nicht will, zu paradoxen Erkenntnissen: Es gibt mich und es gibt mich nicht. Es gibt Materie und es gibt sie nicht. Es gibt meinen freien Willen, und es gibt ihn doch nicht.

Das ist natürlich ein Schock: Der Boden, auf dem das Ich steht, schwankt, die Welt, in der es sich befindet, wird größer, die Grenzen fallen, und seine Selbstdefinition wird vom rauen Wind einer kognitiven Globalisierung zerfleddert.

Es gibt nur einen Ort, an dem alles so bleibt, wie es immer war, und der ist ein Reservat. Das relative Ich kann sich dorthin zurückziehen, weiß aber, dass das nicht die ganze Welt ist und dass das Reservat nur existiert, weil um es herum Mauern gezogen sind, die die unbequemen Wahrheiten zurückhalten. Sie existieren aber dennoch. Sein Reservat ist nichts anderes als die verzweifelte Abschottung des relativen Ich vor den „globalisierten" Ahnungen und Erkenntnissen, deren Existenz aber nicht mehr länger verschwiegen werden kann. Wer im Reservat lebt und dies weiß, weiß auch, dass es eine Welt außerhalb dieses Rückzugsraumes gibt.

Noch einmal: Es bleibt dabei, dass es das gute, alte Ich auch weiterhin geben wird. Aber es wird nicht nur damit leben müssen, dass es virtuell ist, sondern auch noch, dass es mitsamt seiner „Realität" Konkurrenz bekommt. Es kann nicht mehr länger behaupten, sein Reservat sei die ganze Welt. Es hat zwar noch nie über die Mauern seiner Begrenzung geblickt und wird das wohl grundsätzlich nicht hinbekommen, aber es wird zugeben müssen, dass es als relatives Ich beschränkt ist und eine weitere Realität, nein, DIE Realität, ausblendet. Es muss es aushalten, dass seine Welt mitsamt seinem Ich ein Fake ist und dass es eine Welt (inklusive Ich) außerhalb seines Vorstellungshorizonts gibt.

Bevor wir uns jetzt unnötig Arbeit machen und ein erweitertes Ich-Verständnis konstruieren, das diesen Paradoxien gerecht wird, blicken wir doch lieber erst einmal nach Asien. Denn dort haben diese „neuen" Überlegungen seit über 2000 Jahren Konjunktur:

In der östlichen Philosophie heißt das relative Ich „Jiva". Der Begriff kommt aus dem Sanskrit, wo *jiv* leben heißt. Ein Jiva ist also ein im Körper Lebender, ein Sterblicher.

Dieses Ich ist das verkörperte Absolute, das sich mit Denken, Wahrnehmung und Materie identifiziert und als Ego Dualitäten (ich und du, ich und die Welt) und Kausalitäten (z. B.: Der andere ist die Ursache meines berechtigten Zorns) schafft.

Als Ich, als Ego, als Jiva ist der Mensch auch ATMAN, das wirkliche, unsterbliche, ungeborene Selbst. ATMAN ist der unbeteiligte Zuschauer des Jiva, jenseits von Körper und Denken und als absolutes Bewusstsein identisch mit BRAHMAN.

Das BRAHMAN ist das ewige, unvergängliche Absolute, die höchste nonduale Wirklichkeit. BRAHMAN = ATMAN. Der relative Jiva ist identisch mit ATMAN = BRAHMAN.

Als absolutes Bewusstsein ist Brahman in seiner Abstraktion dem Denken des kleinen relativen Jiva nicht zugänglich. Der Jiva ist der illusionäre Ich-Aspekt im ATMAN; durch die Identität mit BRAHMAN ist das wahre Selbst des relativen Ich ewiges, absolutes Sein, absolutes Bewusstsein und absolute Seligkeit.

Die Seele (griechisch Psyche) des Menschen ist der ATMAN im Ich, das es zu entdecken gilt, damit das relative Ich sein eigentliches Sein erkennen kann.

Das BRAHMAN hat viele Namen, einer davon ist Gott. Das relative Ich ist gleichzeitig das absolute ICH.

Das relative Ich denkt sich Gott als Person und/oder außerhalb des Seins.

Das relative Ich ist nicht besonders gut im Denken.

Es unterliegt einer mit dem Verstand nicht zu durchschauenden Täuschung: Es bildet sich ein, als unabhängiges Wesen zu existieren, ausgestattet mit einem freien Willen, selbst gedachten Gedanken und einer Außenwelt, die getrennt ist von ihm und unabhängig von seiner Denkwahrnehmung existiert.

Welch ein Irrtum!

Der Umstand, dass ich etwas denke, beweist nicht meine Existenz im eigentlichen Sinne. Ich selbst bin mir gar nicht als derjenige, der denkt, als Subjekt des Denkens, gegeben, sondern höchstens nur als Gedachtes, als Objekt des Denkens. Das absolute Bewusstsein denkt sich Objekte, die sich fälschlicherweise für Subjekte halten. An die Existenz des relativen Ich lässt sich zwar glauben, beweisbar ist sie nicht. Die relativen Ichs sind die *personae*, die Masken der Schauspieler, Masken, die sich für real existierende und autonom handelnde Ichs halten.

Wenn sich das relative Ich, der Jiva, für den Handelnden hält, dann ist das so, als würde sich der Schauspieler auf der Leinwand für den Regisseur halten. Aber ist es möglich, dass der Schauspieler auch nur eine Szene ohne die Leinwand spielt? BRAHMAN-ATMAN, das Absolute, ist die Leinwand, und wir sind die relativen Lichtgestalten auf dieser Leinwand, die ihren Lebensfilm für real und sich für fast allmächtig halten. Relative Ichs sind nicht getrennt von der Quelle. Die Matrix ist das Absolute. Kein relatives Ich ist der denkende und handelnde Mensch, für den es sich selber hält. In seiner Vorstellung ist es ein raumzeitlich von Gott getrenntes Wesen, autark lebend und autonom von der Quelle agierend. Welch ein Irrtum!

Wie aber sollen wir uns in Zukunft verstehen, wenn das, was wir von uns denken, notwendigerweise ein Irrtum ist? Was sollen wir von uns halten?

Nun, die Antwort ist eigentlich schon gegeben, sie entsteht aus dem von uns Gewussten. Wir wissen um das unzulängliche, aber doch so verdammt „reale" relative Ich, und wir wissen um die Existenz der gedanklichen Mauer, hinter der es sich verschanzt. Nach den Regeln des relativen Ich lässt sich daraus schließen, dass auch hinter dieser Mauer etwas sein muss, etwas, das nicht identisch ist mit der kleinen Welt innerhalb der Grenze. Wenn es ein Drinnen gibt, gibt es auch ein Draußen, denkt sich das relative Ich.

Und das ist die eigentliche Revolution. Das relative Ich, das sich für den Mittelpunkt der Wahrnehmung hält und auch noch dazu steht (z. B. indem es dieses Buch schreibt), anerkennt die Existenz eines absoluten, energetischen Aspekts; es weiß um ihn, ohne ihn sich auch nur im Geringsten vorstellen zu können. Es tut also das, was ihm so ungemein schwer fällt, weil es seiner „Realitäts"-Perspektive so zuwiderläuft: Es relativiert sich.

Das bedeutet ganz konkret, dass das relative Ich so ist, wie es ist, dass es sich dabei aber auch bewusst ist, dass eben dies falsch ist. Wer dabei nicht schizophren wird, hat es geschafft: Er erlangt eine höhere Bewusstseinsstufe seiner selbst. Er fängt an, sein aristotelisches Denken, seinen Ursache-Wirkungs-Glauben als zwar schlagkräftiges, aber dennoch in Bezug auf das Sein unzulängliches Instrument in die Ecke zu stellen. Und das ist wörtlich gemeint. In dieser Ecke, also der Einseitigkeit, hat es seinen Platz, kann aber nicht für das Ganze genommen werden. Das Ganze jedoch ist (für uns relative Ichs) paradox, mutet uns Widersprüche und Undenkbares zu. Aus dieser Draufsicht sind wir etwas und zugleich dessen Gegenteil, sind wir sowohl Materie als auch Energie.

Wir als Energie, als die wahren Ichs ohne Raum und Zeit – das ist die Welt außerhalb unserer Reservatsgrenzen. Über sie können wir naturgemäß nichts schreiben, denn wir haben keinen Begriff von ihr. Aber wir können dennoch von ihr profitieren, und zwar nicht nur in Form der alternativen Medizin. Wir profitieren von ihr, indem wir sie als die gegenüberliegende Ecke unseres relativen Ich verstehen, stellen also unserer relativen Welt eine absolute gegenüber. Das ist – wohlgemerkt! – ein typischer Vorgang der guten, alten, relativen Welt, denn die absolute kennt ja gar keine Gegensätze. Aus unserer bescheidenen Perspektive ist es jedoch die durchaus bemerkenswerte Bereitschaft, über uns selbst hinauszublicken.

Damit sind wir bereit, unsere „materielle" Welt als einen Spezialfall zu akzeptieren, der zwar interessant ist, aber niemals wirklich erklärende Aussagen über sich selbst treffen kann. Im wahrsten Sinne wirklicher ist hingegen eine Selbstsicht, die nach holistischen Maximen Widersprüche und Paradoxa als Teile der ganzen Wahrheit versteht. Das ist zwar nicht berauschend viel, aber immerhin doch ein waschechter Quantensprung.

Die neue Qualität ist der Doppel-Aspekt des Ich: Das relative Ich weiß um den anderen „Pol" zu seiner Erscheinung. Es betrachtet sich deshalb nicht mehr aus seiner eingemauerten Perspektive, sondern geht gedanklich in die Vogelperspektive, um über den eigenen Tellerrand hinauszublicken. Das ist zugegebenermaßen virtuell, aber diese Eigenschaft kennzeichnet ja unsere gesamte Existenz!

Diese Vogelperspektive bringt uns in eine gedankliche Superposition. Wir erlauben uns das Sowohl-als-auch, sehen den relativen ebenso wie den absoluten Aspekt unserer Existenz. So entwickelt sich das relative Ich zum Äquivalenz-Ich. In ihm sind das relative und das absolute Ich verschränkt.

Einerseits ist es das „Being one", das relative, körperlich-materielle, empirische Ich. Andererseits ist es aber auch das „Being no one", das absolute ICH, das keine separat von IHM existierenden kleinen relativen Egos „außerhalb" kennt, da sie nur Ideen in IHM sind.

Dieses absolute ICH können sich relative Ichs als energetisches Wellen-Ich vorstellen, da Anschaulichkeit bei relativen Ichs halt nun mal so hoch im Kurs steht. Es ist raumzeitlos und kennt keine Grenzen. *Wellen* sind *Wellen* und **Materie** ist nicht *Materie.*

Auch **Materie**, knallharte, feste *Materie,* trägt die *Wellen*struktur in sich. So geht es auch dem Äquivalenz-Ich: Es ist das materiell-relative **Ich** ebenso wie das absolute Wellen-*Ich*, und wie Schrödingers Katze kennt es kein Entweder-oder seiner Zustände.

So wird scheinbar Unvereinbares miteinander verknüpft: Da ist zum einen das relative Ich, das stirbt, da es als materieller Körper der Entropie unterworfen ist. Da ist aber zugleich auch das absolute Ich, ewig und unsterblich, da nie wirklich geboren.

„Alle Realität verwandelt sich in einen wunderschönen Traum, ohne ein Leben, von welchem geträumt wird, und ohne einen Geist, der da träumt; in einen Traum, der in einem Traume von sich selbst zusammenhängt." (Fichte)

Tod, wo ist dein Stachel?

Nicht nur, dass kein relatives Ich seinen Tod erlebt. Auch das absolute Ich kennt ihn nicht, denn es wird ja nicht einmal geboren, geschweige denn, dass es sterben würde. Das relative Ich „erlebt" als „Being no one" nur das ich-lose Eingehen in die Quelle. Der Wassertropfen versinkt im Ozean, der er immer schon war und immer sein wird.

„Wenn man unter Ewigkeit nicht unendliche Zeitdauer, sondern Unzeitlichkeit versteht, dann lebt der ewig, der in der Gegenwart lebt." (Wittgenstein)

Die Relativitätstheorie des Bewusstseins

Unsere gute, alte Existenz des „Being one" hat in ihrer Einseitigkeit und in ihrem lächerlichen Absolutheitsanspruch ausgedient. Auch das bislang so faszinierende Ich-Bewusstsein verliert seine Bedeutung, da es nur eine Täuschung ist, der unser relatives Ego zum Opfer fällt. Aus der Superposition des Äquivalenz-Ich ist etwas anderes viel interessanter, nämlich das eigentliche Bewusstsein, also dasjenige des SELBST, des Absoluten, des Brahman, von Gott, vom TAO etc. Nicht das alte Ego-Bewusstsein interessiert mehr, sondern das SELBST-Bewusstsein. In ihm spiegelt sich das Absolute, das sich „durch" die relativen Jivas seiner selbst bewusst wird, indem diese sich als Hirngespinst, als Idee Gottes erkennen.

Wir sollten kapieren, dass unsere Realität nur ein Traum Gottes ist, an dem wir teilhaben. Unsere scheinbare Welt ist ein Traum im Absoluten, und wir haben die Chance, wenigstens einen Quantensprung zu machen und ein Stück weit aufzuwachen, d. h. den Traum während des Träumens als Traum zu erkennen.

Sehr weit kommen wir auch damit freilich nicht. Das sind halt die Spielregeln, die wir zu akzeptieren haben. Aber wir können wenigstens versuchen, die vielen Holzwege und Sackgassen zu vermeiden, auf die uns unser relatives Ich in seiner Selbstüberschätzung so gerne schickt. Wir können das „Being one" relativieren und ihm damit immer wieder lächelnd ein paradoxes Denken zumuten. Denn es kann sich verdammt noch mal nicht selbst erklären und ist für sich genommen nicht erkenntnisfähig. Es ist auch nicht ontologisch eigenständig, sondern durch epistemische Konstanten definiert: $ICH = \textbf{Ich } c^2$.

Du gleichst dem Geist, den du begreifst.

Doch auch das absolute ICH liefert dem Ich keine vernünftige Erkenntnis, da es sich in den Sphären der einen Wahrheit (Philosophia perennis) aufhält, was die Resonanzfähigkeit und die Ressourcen des normal-relativen Ich-Gehirns übersteigt. Es ist schon eine Crux mit der Erleuchtung!

Ach ja, die Erleuchtung: das Erwachen jenseits des geliebten, glorifizierten, überhöhten Denkens. Wie soll es geschehen? Was muss dafür passieren? Sechs Jahre in Tibet, drei in Indien, um dann festzustellen, der Guru war ein Scharlatan?

Das relative Ich ahnt zwar, dass es in der „Hintergrundwelt" (im Jenseits, auch so eine merkwürdige Vorstellung des relativen Hirns) als Energie „existiert", aber es mangelt an Anschaulichkeit und Evidenz. Wir Ichs können uns kein „Bild" machen. „Du sollst Dir kein Bildnis machen", diktierte Gott Mose am Berg Sinai in die Gesetzestafeln. Leichter gesagt als getan.

Natürlich, nur die Transzendierung des relativen Ich erlaubt ein Einssein mit dem absoluten Ich. Ist ja gut, Dalai Lama. Aber geht's nicht auch ein bisschen einfacher, mehr so für den Hausgebrauch?

Natürlich, glaubt doch an die Realität, solange ihr wollt. Das Bildnis sollen wir uns ja nur nicht von dem machen, das absolut ist. Die relativen Ichs haben einen Hauch von Ahnung vom energetischen Wellen-Ich und von der Einheit des Seins, von dem also, was gemäß ihrem einfältigen, schiefen Bild auf der anderen Seite der Mauer ist. Lassen wir es bei dem Hauch, versuchen wir um Gottes willen nicht, das Bild weiter auszumalen, denn es könnte nur falsch werden, könnte nur wieder die Verfestigung unseres Schlafes im Traum der Realität sein. Nein, die Ichs der Zukunft werden die Welt weder erklären noch verstehen, das Äquivalenz-Ich wird keine großen Wunder vollbringen. Es wird aber immun sein gegen seine eigenen Legenden, es wird so viel über die Quantenphysik wissen, dass es Raum, Zeit und Materie grundsätzlich in ihrem Absolutheitsanspruch misstrauen wird. Und es wird die Scharlatane auslachen, die unter dem Deckmantel der Erkenntnissuche nur ihren geilen Ego-Machttrieb ausleben wollen.

Das neue Äquivalenz-Ich wird ein bisschen paradoxer, ein bisschen pantheistischer und ein bisschen gelassener sein. Nicht viel, aber massenhaft! In diesem Sinne: Beam me up, Einstein!

Literaturverzeichnis

Abbot, E. A. Flachland, Leipzig 1929

Adams, R.: Stille des Herzens, Teil 1, Bielefeld 2001

Al-Khalili, J.: Quantum, München 2005

Angelus Silesius: Der cherubinische Wandersmann, Zürich 1979

Anzenbacher, A: Einführung in die Philosophie, Freiburg 1999

Apel, M. und *Ludz*, P.: Philosophisches Wörterbuch, Berlin 1958

Aquin, T. v.: Über das Sein und das Wesen, Darmstadt 1989

Aristoteles: Werke in dt. Übersetzung, Berlin 1956 ff.

Arntz, W./*Chasse*, B./*Vicente*, M.: BLEEP. An der Schnittstelle von Spiritualität und Wissenschaft, Kirchzarten 2006

Arroyo Camejo, S.: Skurrile Quantenwelt, Heidelberg 2006

Assagioli, R.: Psychosynthese, Reinbek 1993

Asserate, A.-W.: Manieren, Frankfurt 2003

Audretsch, J.: Verschränkte Welten. Faszination der Quanten, Weinheim 2002

Audretsch, J. und *Mainzer*, K.: Wie viele Leben hat Schrödingers Katze? Zur Physik und Philosophie der Quantenmechanik, Heidelberg 1996

Augustinus, A.: Dt. Augustinusausgabe, Paderborn 1940 ff

Baeyer, H. C. von: Das informative Universum. Das neue Weltbild der Physik, München 2005

Balibar, F.: Einstein. Die Leidenschaft des Denkens, Ravensburg 1995

Balsekar, R. S.: Anmerkungen zu Wissenschaft und Nicht-Dualität, Freiburg 2000

Balsekar, R. S.: Die Lehre erleben, Freiburg 1994

Balsekar, R. S.: Die eine Wahrheit, Der Schlüssel zur Nicht-Dualität, Freiburg 1999

Balsekar, R. S.: Erleuchtende Gespräche, Freiburg 1998

Balsekar, R. S.: Schuld und Sünde – Der IrrSinn des Verstandes, Freiburg 2001

Barrow, J.: Theorien für Alles. Die philosophischen Ansätze der modernen Physik, Heidelberg 1992

Barrow, J. D. und *Silk*, J.: Die asymmetrische Schöpfung, München 1986

Barrow, J. D. und *Tipler*, F. J.: The Anthropic Cosmological Principle, Oxford 1986

Bateson, G.: Geist und Natur, Frankfurt 1987

Bateson, G.: Ökologie des Geistes, Frankfurt 1990

Bauer, J: Warum ich fühle, was du fühlst, München 2006

Beck, F. und *Eccles*, J.: Quantum aspects of brain activity and the role of consciousness. Procceedings of the National Academy of sciences USA, 89, S. 11357–11361, 1991

Bell, E. T.: Die großen Mathematiker, Düsseldorf 1967

Benedikt, H. E.: Die Kabbala, 2001

Berendt, J.-E.: Nada Brahma. Die Welt ist Klang. Reinbek 1985

Berkeley, G.: Eine Abhandlung über die Prinzipien der menschlichen Erkenntnis, Hamburg 1979

Berkeley, G.: Drei Dialoge zwischen Hylas und Philonous, Hamburg 2005

Besant, A.: Die Lehre des Wachstums, München 1981

Bestenreiner, F.: Der phantastische Spiegel, Frankfurt 1991

Bischof, M.: Biophotonen. Das Licht in unseren Zellen, Frankfurt 1990

Blackburn, S.: Denken. Die großen Fragen der Philosophie, Darmstadt 2001

Bohm/Capra/Ferguson/Pribram/Wilber: Das holographische Weltbild, Bern 1988

Bohm, D.: Die implizite Ordnung. Grundlagen eines dynamischen Holismus. München 1987

Bohnke, B. A.: Esoterik, Düsseldorf 1996

Böhme, G.: Der Typ Sokrates, Frankfurt 1988

Borchert, B.: MYSTIK, Königstein 1994

Boyd, D.: Rolling Tunder, München 1978

Breuer, R.: Immer Ärger mit dem Urknall, Reinbek 1993

Broks, P.: Ich denke, also bin ich tot, München 2004

Bröckers, M.: 11. 9. Verschwörungen, Verschwörungstheorien, Frankfurt 2002

Brüggebors, G.: Einführung in die Holistische Sensorische Integration (HSI), Teil 2, Von der HSI zur Holistischen Sensorischen Balance, Dortmund 1994

Bruno, G.: Zwiegespräche vom unendlichen All und den Welten, Darmstadt 1973

Bröckers, M.: Verschwörungen, Verschwörungstheorien und die Geheimnisse des 11. 9., Frankfurt 2002

Buber, M.: Das dialogische Prinzip, Heidelberg 1984

Bublath, J.: Geheimnisse unseres Universums, München 1999

Buddha: Auswahl aus dem Palikanon, Dreieich 1994

Calder, N.: The Key to the Universe, New York 1977

Capra, F.: Lebensnetz: Ein neues Verständnis der lebendigen Welt, München 1999

Capra, F.: Das TAO der Physik, Bern 1992

Carroll, L.: Alice im Wunderland, Frankfurt 1993

Castaneda, C.: Der Ring der Kraft, Frankfurt 1976

Cheiro: Das Buch der Zahlen, Freiburg 1989

Chester, M.: Particles, New York 1978

Ciompi, L.: Außenwelt–Innenwelt, Göttingen 1988

Colgrave, S.: Yin und Yang, Bern 1983

Coreth, E.: Gott im philosophischen Denken, Stuttgart 2001

Dalai Lama: Die Welt in einem einzigen Atom, Meine Reise durch Wissenschaft und Buddhismus, Berlin 2005

Dam, J.: Große Meister Indiens: Ramakrishna, Vivekanande, Sri Aurobindo, Ramana Maharshi, Sri Chinmoy, München 2003

Damasio, A. R.: Ich fühle, also bin ich, München 2002

Davidson, J.: Am Anfang ist der Geist, München 1994

Davies, P.: Der Plan Gottes. Die Rätsel unserer Existenz und die Wissenschaft, Frankfurt 1996

Davies, P.: The Forces of Nature, Cambridge 1979

Davies, P. und Brown, J.: Superstrings. A Theory of Everything?, Cambridge 1988

Davies, P. und *Gribbin*, J.: Auf dem Weg zur Weltformel, München 2001

Davies, P./*Gribbin*, J.: Auf dem Weg zur Weltformel, Köln 2005

Dawson, M.: Im Ursprung liegt die Heilung, Gutach 1997

Deleuze, G.: David Hume, Frankfurt 1996

Delius/Gatzemeier/Sertcan/Wünscher: Geschichte der Philosophie, Köln 2000

Desikachar, T. K. V.: Über Freiheit und Meditation. Das Yoga Sutra des Patanjali, Petersberg 2003

Deutsch, D.: Die Physik der Welterkenntnis, München 2002

Dilts, R. B. und *Bonissone*, G.: Zukunftstechniken, Paderborn 1999

Disse, J. Kleine Geschichte der abendländischen Metaphysik, Darmstadt 2001

Ditfurth, H. v.: Der Geist fiel nicht vom Himmel

Ditfurth; H. v.: Wir sind nicht nur von dieser Welt,

Ditfurth, H. v.: Innenansichten eines Artgenossen,

Doebner, H. D. und *Lücke*, W.: QuantumLogic as a Consequence of Realistic Measurements on Deterministic Systems, J. Math. Phys. 32 (1990) S. 250 – 253

Drewermann, E.: Im Anfang …Die moderne Kosmologie und die Frage nach Gott, Düsseldorf 2002

Driesch, H.: Alltagsrätsel des Seelenlebens, München 1990

Dschuang Dsi: Das wahre Buch vom südlichen Blütenland, München 1994

Dtv-Atlas zur Philosophie, München 1995

Dubben, H.-H./*Beck-Bornholdt*, H.-P.: Der Hund, der Eier legt, Erkennen von Fehlinformation durch Querdenken, Reinbek 2006

Dürr, H.-P.: Physik und Transzendenz, München 1990

Dürr, H.-P. und *Gottwald*, F. T.: Rupert Sheldrake in der Diskussion. Das Wagnis einer neuen Wissenschaft des Lebens, München 1997

Dürr, H.-P. und *Oesterreicher*, M.: Wir erleben mehr als wir begreifen. Ouantenphysik und Lebensfragen, Freiburg 2001

Dürr, H.-P. und Oesterreicher, M.: Wir erleben mehr als wir begreifen. Quantenphysik und Lebensfragen, Freiburg 2001

Eccles, J. C.: Die Evolution des Gehirns. Die Erschaffung des Selbst, München 1989

Eccles, J. C.: Wie das Selbst sein Gehirn steuert, Heidelberg 1994

Eckhart, Meister: Dt. Predigten und Traktate, München 1963

Edwards, B: Garantiert Zeichnen lernen, 1992

Einführung in den Konstruktivismus, München 1992

Epikur: Von der Überwindung der Furcht, München 1983

Evans-Wentz, W. Y.: Das Tibetanische Totenbuch, Freiburg 1991

Ehrhard, F.-K. und *Fischer-Schreiber*, I.: Das Lexikon des Buddhismus, Bern 1992

Einführung in den Konstruktivismus, München 1992

Einstein, A.: Aus meinen späten Jahren, Frankfurt 1986

Einstein, A.: Ideas and Opinions, New York 1954

Einstein, A.: Mein Weltbild, Frankfurt 1988

Einstein, A. und *Bohr*, N.: Briefwechsel 1916–1955, München 1969

Eisenhardt, P.: Der Webstuhl der Zeit. Warum es die Welt gibt, Reinbek 2006

Emerson, R. W.: Die Sonne segnet die Welt, Düsseldorf 1907

Esfeld, M.: Holismus. In der Philosophie des Geistes und in der Philosophie der Physik, Frankfurt 2002

Essler, W./*Mamat*, U.: Die Philosophie des Buddhismus, Darmstadt 2006

Fahr, H. J.: Zeit und kosmische Ordnung, München 1998

Faust, V.: Seelische Störungen heute, München 1999

Feinberg, G. Solid Clues, New York 1985

Ferucci, P.: Unermesslicher Reichtum, Reinbek 1994

Feyerabend, P.: Wider den Methodenzwang, Frankfurt 1986

Feynman, R.P.: What is and What Should be the Role of Scientific Culture, In: Modern Society, Bd. 4, S. 492, 1966

Feynman, R.P.: The Feynman Lectures on Physics, München 1971

Fichte, J. G.: Historisch.-kritische Gesamtausgabe, Stuttgart 1962 ff.

Fichte, ausgewählt von G. Schulte, München 1996

Fiedeler, F.: Yijing. Das Buch der Wandlungen, München 1996

Filk, T./*Giulini*, D.: Am Anfang war die Ewigkeit, München 2004

Fink, E.: Nietzsches Philosophie, Stuttgart 1973

Fischer, E. P.: Sowohl als auch. Denkerfahrungen der Naturwissenschaften, Hamburg 1987

Fischer, T.: Wu Wei: Die Lebenskunst des TAO, Reinbek 1993

Fischer, T.: Laß Dich vom TAO leben, Reinbek 2001

Fleck, L.: Entstehung und Entwicklung einer wissenschaftlichen Tatsache, Frankfurt 1980

Foerster, H. v.: Wissen und Gewissen, Frankfurt 1994

Fölsing, A.: Albert Einstein. Eine Biographie, Frankfurt 1995

Forke, A.: Geschichte der alten chinesischen. Philosophie, Hamburg 1964

Frankenberg, G. v.: Kulturvergleichendes Lexikon, Bonn 1985

Franz, M.-L. v.: ZEIT, München 1992

Freke, T.: Weisheit des ZEN, München 1997

Freke, T. und *Gandy*, P.: Die Welt der Mystik, München 2001

Freud, S.: Totem und Tabu, Frankfurt 1975

Fromm, E.: Haben oder Sein, München 1976

Fromm, E. Die Kunst des Liebens, München 2001

Fromm, E.: Vom Haben zum Sein, München 1989

Fromm, E.: Die Kunst des Liebens, Frankfurt 2001

Fromm, E.: Haben oder Sein, Stuttgart 2001

Fromm, E./*Suzuki*, D. T./*Martino* de R.: Zen–Buddhismus und Psychoanalyse, München 1971

Ganten/Deichmann/*Spahl*: Naturwissenschaft. Alles, was man wissen muss, München 2005

Gasset, O. y.: Der Aufstand der Massen, Hamburg 1956

Gaymann, P.: Die esoterische Kleinfamilie, Frankfurt 2000

Gebser, J.: Gesamtausgabe, Schaffhausen 1986

Gell-Mann, M.: Das Quark und der Jaguar, München 1994

Gegenfurtner, K. R.: Gehirn & Wahrnehmung, Frankfurt 2005

Genz, H.: Wie die Naturgesetze Wirklichkeit schaffen, München 2002

Genz, H.: Die Entdeckung des Nichts, München 1994

Gerthsen Physik, Berlin 2002

Glashow, S. J.: Interactions, New York 1988

Goethe, J.W.: Die Wahlverwandtschaften, München 1991

Görnitz, T.: Quanten sind anderes, Die verborgene Einheit der Welt, Heidelberg 1999

Görnitz, T.: Quanten sind anders, Heidelberg 1999

Görnitz, T./*Görnitz*, B.: Der kreative Kosmos. Geist und Materie aus Information, Heidelberg 2002

Goleman, D.: Soziale Intelligenz, München 2006

Greene, B.: Der Stoff, aus dem der Kosmos ist, München 2004

Greene, B.: Das elegante Universum, Berlin 2004

Greene, L.: Kosmos und Seele, Frankfurt 1991

Gribbin, J.: Auf der Suche nach Schrödingers Katze, München 2000
Gribbin, J. und *Rees*, M.: Ein Universum nach Maß, Frankfurt 1994
Gribbin, J.: Auf der Suche nach Schrödingers Katze, München 2000
Gribbin, J: Schrödingers Kätzchen und die Suche nach der Wirklichkeit, Frankfurt 2001
Grof, S./*Fenwick*, P./*Grosso*, M.: Wir wissen mehr als unser Gehirn, Freiburg 1999
Große Philosophen von der Antike bis heute, Darmstadt 2001
Guellouz, A.: Der Koran, Bergisch Gladbach 1998
Hampden-Turner, C.: Modelle des Menschen. Ein Handbuch des menschlichen Bewußtseins, Weinheim 1986
Hanlon, M.: Per Anhalter durch die Galaxis – im Licht der Wissenschaft, Reinbek 2005
Harman, W.: Bewusst–Sein im Wandel, Freiburg 1989
Hauk, F.: Lust an der Erkenntnis, München 2003
Hawking, S.: Das Universum in der Nussschale, Hamburg 2001
Hawking, S.: Eine kurze Geschichte der Zeit, Reinbek 1988
Hawkins, D. R.: Die Ebenen des Bewusstseins, Kirchzarten 2005
Hayward, J.: Die Erforschung der Innenwelt, Frankfurt 1996
Hayward, J.: Briefe an Vanessa. Über Liebe, Physik und die Wiederverzauberung der Welt, Frankfurt 1998
Heisenberg, W.: Der Teil und das Ganze, München 1986
Heisenberg, W.: Physikalische Prinzipien der Quantentheorie, Mannheim 1958
Heisenberg, W.: Quantentheorie und Philosophie, Stuttgart 1976
Hegel, G. W. F.: Gesammelte Werke, Hamburg 1968 ff.
Helferich, C.: Geschichte der Philosophie, München 2000
Helg, F.: Psychotherapie und Spiritualität, Düsseldorf 2000
Herrmann/Pauen/Rieger/Schicktanz: Bewusstsein, Paderborn 2005
Hey, T. und *Walters*, P.: Das Quantenuniversum, Heidelberg 1998
Hillig, C.: Erleuchtung für Anfänger, Freiburg 2001
Hoffman, K.: Bei Liebeskummer Sokrates, München 2001
Homo ethicus: Was können, was dürfen wir?, Hermann–Knoblauch–Akademie Hannover
Horgan, J. An den Grenzen des Wissens, Frankfurt 2000
Horgan, J.: Der menschliche Geist, Frankfurt 2001
Horster, D.: Das Sokratische Gespräch in Theorie und Praxis, Opladen 1994
Hofstadter, D. R.: Gödel Escher Bach, München 1991
Hubert, M.: Ist der Mensch noch frei? Wie die Hirnforschung unser Menschenbild verändert, Düsseldorf 2006
Hume, D.: Eine Abhandlung über die Prinzipien der menschlichen Erkenntnis, Stuttgart 2005
Huxley, A.: The Perennial Philosophy, New York 1944
Huxley, A.: Die Pforten der Wahrnehmung, München 1986
Huxley, A.: Science, Liberty and Peace, New York 1946
I Ging, Übersetzung: R. Wilhelm, Düsseldorf 1978
Jäger, W.: Suche nach der Wahrheit, Petersberg 2002
Jäger, W.: Suche nach dem Sinn des Lebens, Petersberg 2004
James, W.: Die Vielfalt religiöser Erfahrung, Frankfurt 1997
Jeanmaire, A.: Der kreative Funke, Witten 2006
Joannides, P. (Hrsg.): Wild Thing, München 2001
Johannes vom Kreuz: Die Dunkle Nacht, Feiburg 2000

Jung, C. G.: Die Beziehungen zwischen dem Ich und dem Unbewussten, München 1990
Jung, C. G.: Synchronizität als ein Prinzip akausaler Zusammenhänge, In: Naturerklärung und Psyche, Zürich 1952
Jung, M.: Seele Sucht Sehnsucht, Lahnstein 1999
Kaempfer, W.: Zeit des Menschen, Frankfurt 1994
Kahan, G.: Einsteins Relativitätstheorie, Köln 1987
Kaku, M.: Im Hyperraum. Eine Reise durch Zeittunnel und Paralleluniversen, Reinbek 2001
Kaku, M.: Introduction to Superstrings, New York 1988
Kalweit, H.: Die Welt der Schamanen, München 1984
Kant, I.: Werke in sechs Bänden, Wiesbaden 1956–64 (Nachdruck Darmstadt 1983)
Kiefer, C.: Quantentheorie, Frankfurt 2002
Kinnebrock, W.: Bedeutende Theorien des 20. Jahrhunderts, München 1999
Kast, V.: Paare, Stuttgart 1984
Kenny, A.: Illustrierte Geschichte der westlichen Philosophie, Frankfurt 1995
Khema, A.: Meditation ohne Geheimnis, München 1988
Kiefer, C.: Quantentheorie, Frankfurt 2002
Klein, S.: Die Tagebücher der Schöpfung, Vom Urknall zum geklonten Menschen, München 2004
Kohl, T.: Buddhismus und Quantenphysik, Aitrang 2004
Konfuzius: Gespräche des Meisters Kung, München 1985
Krishnamurti, J.: Die Zukunft ist jetzt, Frankfurt 1994
Krishnamurti, J.: Gespräche über das Sein, Bern 1977
Krishnamurti, J.: Der unhörbare Ton, München 1993
Kuhn, T.: Die Struktur wissenschaftlicher Revolutionen, Frankfurt 1993
Kurzweil, R.: Homo s@apiens, Köln 2001
Kybalion, Heidelberg 1981
Kypta, G.: Burnout: erkennen, überwinden, vermeiden, Heidelberg 2006
Lankavatara-Sutra: Die makellose Wahrheit erschauen, München 1999
Laszlo, E.: HOLOS – die Welt der neuen Wissenschaften, Petersberg 2002
Laszlo, E.: Kosmische Kreativität, Frankfurt 1995
Laszlo, E. : Zu Hause im Universum, Berlin 2005
Laszlo, E.: Wissenschaft und Wirklichkeit, Frankfurt 1994
Lao-Tse: Tao Te King, Zürich 1959
Lauster, P.: Die Liebe. Psychologie eines Phänomens, Reinbek 1993
Lauxmann, F.: Das Philosophische ABC, München 2000
Lauxmann, F.: Die Schöpfung. Philosophische Weg zum Erleben der Welt, München 2004
Lauxmann, F.: Wonach sollen wir uns richten? Stuttgart 2002
Lauxmann, F.: Der philosophische Himmel, München 2001
Lauxmann, F.: Der philosophische Garten, München 2000
Lauxmann, F.: Die Philosophie der Weisheit, München 2004
Lauxmann, F.: Mit Hegel auf der Datenautobahn, München 2001
Law, S.: Warum die Kreter lügen wenn sie die Wahrheit sagen und andere Abenteuer der Philosophie, Frankfurt 2004
Lehmann, J.: Buddha, Frankfurt 1986
Lengsfeld, P. (Hrsg.): Mystik – Spiritualität der Zukunft, Erfahrung des Ewigen, Freiburg 2005
Lerner, E. J.: The Big Bang never happened, London 1991

Leyh, A.: Nur in Deinem Kopf, Löhrach 2001

Liä-dsi: Das wahre Buch vom quellenden Urgrund, Düsseldorf 1974

Lindemann, H.: Konstruktivismus und Pädagogik, München 2006

Linke, D. B.: Das Gehirn – Schlüssel zur Unendlichkeit. Der Geist ist mehr als unser Hirn, Freiburg 2004

Love, J.: Die Quantengötter, Reinbek

Lovelock/Sheldrake/Capra/Davies: Der wissende Kosmos, Freiburg 2001

Loy, D.: NONDUALITÄT. Über die Natur der Wirklichkeit, Frankfurt 1988

Ludwig, R.: Hegel für Anfänger: Phänomenologie des Geistes, München 2003

Ludwig, R.: Die Vorsokratiker für Anfänger, München 2002

Luhmann, N.: Soziale Systeme, Frankfurt 1987

Lütkehaus, L: NICHTS, Zürich 1999

Machiavelli, N.: Der Fürst, Stuttgart 1986

Maharaj, N.: Ich Bin Bielefeld 1998, Ich bin Teil II, Bielefeld 2001

Mair, J./*Becker*, S.: Fake for Real, Frankfurt 2005

Malin, S.: Dr. Bertelmanns Socken. Wie die Quantenphysik unser Weltbild verändert, Leipzig 2003

March, R.: Physics for Poets, New York 1970

Marinoff, L.: Sokrates Coach, Düsseldorf 2000

Mary, M.: Mythos Liebe, Bergisch–Gladbach 2004

Maharshi, R.: Gespräche des Weisen vom Berge Arunachala, Interlaken 1993

Mainzer, K./*Schirmacher*, W. : Quanten, Chaos und Dämonen. Erkenntnistheoretische Aspekte der modernen Physik, Mannheim 1994

Martin, B.: Handbuch der spirituellen Wege, Reinbek 1985

Maturana, H.: Was ist Erkennen?, München 1994

Maturana, H. und Varela, F. J.: Der Baum der Erkenntnis, Bern 1987

Mc Ginn, C.: Wie kommt der Geist in die Materie?, München 2001

Merleau-Ponty, M.: Phänomenologie der Wahrnehmung, Berlin 1976

Merleau-Ponty, M.: Das Sichtbare und das Unsichtbare, München 1986

Metzinger, T.: (Hrsg.) Bewußtsein, Beiträge aus der Gegenwartsphilosophie, Paderborn 2001

Mittelstaedt, P.: Philosophische Probleme der modernen Physik, Mannheim 1989

Mittwede, M.: Spirituelles Wörterbuch Sanskrit–Deutsch,Dietzenbach 1999

Mohl, A.: Die Wirklichkeit des NLP, Paderborn 2000

Möbuß, S.: Schopenhauer für Anfänger: Die Welt als Wille und Vorstellung, München 2001

Morgenstern, C.: Palmström, Palma Kunkel, Frankfurt 1961

Morris, T.: Philosophie für Dummies, Landsberg 2000

Moser, F./*Narodoslawsky*: Bewusstsein in Raum und Zeit. Grundlagen der holistischen Weltsicht, Frankfurt 1996

Müller, M.: Das Gesicht als Spiegel der Gesundheit, München 2000

Müller-Krumbhaar, H. und *Wagner*, H–F.: Was die Welt zusammenhält, Berlin 2001

Mulisch, H.: Die Entdeckung des Himmels, Reinbek 1996

Nadeen, S.: Satsang, Aitrang, 2001

Neuhäusler, A.: Wir sind alle eins, Petersberg 1997

Newberg, A./*d'Aquili* /*Rause*, V.: Der gedachte Gott. Wie Glaube im Gehirn entsteht, München 2003

Nitschke, G.: The Silent Orgasm. Liebe als Sprungbrett zur Selbsterkenntnis, Köln 1995

Nisargadatta M.: Ich Bin, Bielefeld 1998

Norretrandes, T.: Spüre die Welt. Die Wissenschaft des Bewusstseins, Reinbek 2002

Oeser, E.: Das selbstbewusste Gehirn. Perspektiven der Neurophilosophie, Darmstadt 2006

Osho: Intuition, München 2003

Osten, H. v. d.: Über die Welt und über Gott, Bielefeld 1993

Pais, A.: Raffiniert ist der Herrgott … Albert Einstein. Eine wissenschaftliche Biographie, Heidelberg 2000

Paturi, F. R.: Die letzten Rätsel der Wissenschaft, Frankfurt 2005

Poundstone, W.: Im Labyrinth des Denkens, Reinbek 2002

Penrose, R.: Computerdenken, Heidelberg 1991

Penrose, R.: Das Große, das Kleine und der menschliche Geist, Heidelberg 2002

Penrose, R.: Schatten des Geistes, Heidelberg 1995

Permutt, C.: Fotos aus einer anderen Welt, München 1990

Pietschmann, H.: Das Ende des naturwissenschaftlichen Zeitalters, Stuttgart 1995

Pietschmann, H.: Die Spitze des Eisbergs, Stuttgart 1994

Pietschmann, H.: Der Mensch, die Wissenschaft und die Sehnsucht, Freiburg 2005

Pietschmann, H.: Erwin Schrödinger und die Zukunft der Naturwissenschaften, Wien 1999

Planck, M: Die Entstehung und bisherige Entwicklung der Quantentheorie, Nobelvortrag 1920, In: Neue Bahnen der physikalischen Erkenntnis. 1944

Peirce, C. S.: Über die Klarheit unserer Gedanken, Frankfurt 1985

Pirsig, R. M.: ZEN und die Kunst ein Motorrad zu warten, Frankfurt 1976

Platon: Jubiläumsausgabe sämtlicher Werke, Zürich, 1974

Plotin; Ausgewählte Schriften, Stuttgart 200

Poidevin, le R.: Wie die Schildkröte Achilles besiegte oder Die Rätsel von Raum und Zeit, Leipzig 2004

Polkinghorne, J.: The Quantum World, Princeton 1984

Popper, K.R./*Eccles*, J. C.: Das Ich und sein Gehirn, München 1989

Prigogine, I.: Vom Sein zum Werden, München 1979

Prigogine, I. und *Stengers*, I.: Dialog mit der Natur, München 1990

Purce, J.: Die Spirale, München 1974

Quine, W. van O.: Grundzüge der Logik, Frankfurt 1985

Radin, D.: Entangled Minds, Simon & Schuster 2006

Radin, D.: The Conscious Universe, Harper Collins 1997

Rae, A.: Quantenphysik: Illusion oder Realität?, Stuttgart 1996

Ramachandran, V.: Eine kurze Reise durch Geist und Gehirn, Reinbek 2005

Ramakrishna: Ein Werkzeug Gottes sein, Düsseldorf 1997

Raphael: Advaita Vedanta. Der Weg der Nicht–Dualität, Bielefeld 1988

Raphael: Initiation in die Philosophie Platons, Freiburg 2002

Raphael: Tat Tvam Asi. Das bist du, Bielefeld 2000

Raphael: Der dreifache Feuerweg, Bielefeld 2005

Reich, W.: Die Entdeckung des Orgons, Köln 1977

Reps, P.: Ohne Worte – ohne Schweigen, Bern 1976

Reifarth, Q.: Das Enneagramm,

Roberts, J.: Das Seth–Phänomen, München 1991

Roberts, J. Die Natur der persönlichen Realität, Genf 1985

Rocha Chevalley, M. de: Finde deine Ganzheit wieder, Petersberg 2000

Röthlein, B.: Schrödingers Katze, München 2002

Rogers, C. R.: Lernen in Freiheit, München 1974

Rohr, R. und *Ebert*, A.: Das Enneagramm, München 1992

Rose, S.: Gehirn, Gedächtnis und Bewusstsein. Eine Reise zum Mittelpunkt des Menschseins, Bergisch Gladbach 2000

Roth, G.: Aus der Sicht des Gehirns, Frankfurt 2003

Roth, G.: Denken, Fühlen, Handeln,

Roth, G.: Das Gehirn und seine Wirklichkeit. Kognitive Neurobiologie und ihre Philosophischen Konsequenzen, Frankfurt 1999

Rucker, R.: Geometry, Relativity and the Fourth Dimension, New York 1977

Rucker, R.: Infinity and mind, Boston 1982

Rucker, R: Die Wunderwelt der vierten Dimension, Bern 1990

Russell, P.: Der direkte Weg, Bielefeld 2003

Sabetti, S.: Lebensenergie, Reinbek 1987

Sai Baba, S.: Es gibt nur einen Gott,

Sankara: Vivekacudamani. Das Juwel der Unterscheidung, Bielefeld 2004

Sautet, M.: Ein Cafe für Sokrates, Düsseldorf 1997

Searle, J. R.: Geist. Eine Einführung, Frankfurt 2006

Schimmel, A.: Wie universal ist die Mystik?, Freiburg 1996

Schleiermacher, F. D. E.: Hermeneutik und Kritik, Frankfurt 1977

Schleiermacher, F. D. E.: Über die Religion, Hamburg 1970

Schlieter, J.: Buddhismus zur Einführung, Hamburg 1997

Schlippe, A. v. und *Schweitzer*, J.: Lehrbuch der systemischen Therapie und Beratung, Göttingen 1997

Schmidinger, H.: Metaphysik. Ein Grundkurs, Stuttgart 2000

Schmidt-Tanger, M.: Veränderungs-Coaching, Paderborn 1998

Schneiders, W.: Wie viel Philosophie braucht der Mensch?, München 2000

Schönberger, M: Verborgener Schlüssel zum Leben, Bern 1973

Schopenhauer, A.: Sämtliche. Werke. 5 Bde. Stuttgart 1960–65, Taschenbuchausgabe 1986

Schopenhauser, A.: Die Kunst … glücklich zu sein … mit Frauen umzugehen … zu beleidigen, München 2002

Schrödinger, E.: Mein Leben, meine Weltansicht, München 2006

Schrödinger, E.: Was ist Leben?, München 1989

Schrödinger, E.: Was ist ein Naturgesetz?, München 1997

Schrödinger, E.: Geist und Materie, Zürich 1989

Schulte, G.: Schnellkurs PHILOSOPHIE, Köln 2002

Schumann, H. W.: Mahayana-Buddhismus, München 1995

Seneca: Philosophische Schriften, Darmstadt 1969–1989

Segal, L: Das 18. Kamel oder Die Welt als Erfindung, München 1988

Siefer, W./*Weber*, C.: ICH. Wie wir uns selbst erfinden, Frankfurt 2006

Shah, I.: Die fabelhaften Heldentaten des weisen Narren Mulla Nasrudin, Freiburg 2001

Shankara: Unterscheidung zwischen Selbst und Nicht–Selbst, Interlaken 1992

Shanley, W.: Alice zwischen den Welten, Stuttgart 1999

Sharma, A.: Advaita Vedanta. Erfahrung der absoluten Einheit, München 2006

Sheldrake, R./*Fox*, M.: Die Seele ist ein Feld: Der Dialog zwischen Wissenschaft und Spiritualität, München 2001

177

Singh, S.: BIG BANG. Der Ursprung des Kosmos und die Erfindung der modernen Naturwissenschaft, München 2005

Soentgen, J.: Selbstdenken!, Wuppertal 2003

Spinoza, B. de: Sämtl. Werke in sieben Bänden, Hamburg 1965–90

Stein, M.: C. G. Jungs Landkarte der Seele, Düsseldorf 2000

Steiner, R. : Zur Sinneslehre, Stuttgart 1980

Steinwede, D. und *Först*, D.: Schöpfungsmythen der Menschheit, Düsseldorf 2004

Störig, H. J.: Kleine Weltgeschichte der Philosophie, Stuttgart 1990

Strauch, R.: Das Gleichgewicht des Zentauren oder: The Reality Illusion, Paderborn 1994

Suzuki, D. T.: Der westliche und der östliche Weg, Frankfurt 1988

Suzuki, D. T.: Leben aus ZEN, Bern 1987

Talbot, M.: Mystik und neue Physik, München 1989

Talbot, M.: Jenseits der Quanten, München 1990

Talbot, M.: Das holographische Universum, München 1994

Toben, B.: Raum–Zeit und erweitertes Bewusstsein, Frankfurt 1990

Tolle, E.: JETZT, Bielefeld 2002

Tolle, E.: Eine neue Erde. Bewusstseinssprung anstelle von Selbstzerstörung, München 2005

Trefil, J. S.: From Atoms to Quarks, New York 1980

Trungpa, C.: Das Buch vom meditativen Leben, Reinbek 1994

Tulku, T.: Raum, Zeit und Erkenntnis, Reinbek 1986

Upanishaden. Die Geheimlehre der Inder, Köln 1986

Urban, M.: Wie die Welt im Kopf entsteht, Frankfurt 2003

Varga von Kibed, M./*Sparrer*, I.: Ganz im Gegenteil, Heidelberg 2002

Veltheim, E.: Jenseits von Konzepten, Berlin 2002

Vivekananda, S.: Jnana Yoga I, Freiburg 1983

Vollmer, G.: Evolutionäre Erkenntnistheorie, Stuttgart 1987

Vollmer, G.: Was können wir wissen? Band 1, Stuttgart 1985

Vollmer, G.: Was können wir wissen? Band 2, Stuttgart 1986

Vogd, W.: Radikaler Konstruktivismus und Theravada Buddhismus, Ulm 1996

Wahrig: Deutsches Wörterbuch, Gütersloh 1991

Walter, K.: Chaosforschung, I Ging und genetischer Code, München 1992

Wapnick, G. und K.: Der Himmel hat kein Gegenteil, Gutach

Wapnick, K.: Betrachtungen über EIN KURS IN WUNDERN, Gutach 1993

Wapnick, K.: Glossar zu EIN KURS IN WUNDERN, Gutach 1998

Warnke, U.: Gehirn–Magie; Saarbrücken, 1997

Warnke, U.: Die geheime Macht der Psyche, Quantenphilosophie – Die Renaissance der Urmedizin, Saarbrücken 1998

Watts, A.: Das TAO der Philosophie, Berlin 2003

Watzlawick, P.: Die erfundene Wirklichkeit: Wie wissen wir, was wir zu wissen glauben? München 1985

Watzlawick, P.: Wie wirklich ist die Wirklichkeit?, München 1978

Weber, R.: Wissenschaftler und Weise, Reinbek 1992

Weigl, H.: Auf der Suche nach der unsterblichen Seele, München 1999

Weigelt, G.: QuantenCoachingSkript, Hannover 2002

Weigelt, G.: MATRIX und Mensch. QuantenCoaching. Person, Philosophie und Physik, Norderstedt 2004

Weischedel, W.: Die philosophische Hintertreppe, München 1995
Wetering, Janwillem van de: Das Koan, Reinbek 1999
Wetering, Janwillem van de: Reine Leere, Reinbek 2001
Wei Wu Wei: Das offenbare Geheimnis, Freiburg 2002
Weizsäcker, C. F.: Die Einheit der Natur, München 1979
Weizsäcker, C. F.: Ein Blick auf Platon, Stuttgart 1981
Weizsäcker, C. F.: Zeit und Wissen, München 1992
Weltgesundheitsorganisation: ICD–10 Internat. Klassifikation psych. Störungen, Bern 1983
Wilber, K.: Quantum Questions, Boulder und London 1984
Wilber, K.: Wege zum Selbst, München 1991
Wolinsky, S.: Die Essenz der Quantenpsychologie, Freiburg 2001
Wolinsky, S.: Ich bin dieses Eine, Begegnungen mit Sri Nisargadatta Maharaj, Kirchzarten 2002
Wheatley, M. J.: Quantensprung der Führungskunst, Reinbek 1997
Whitehead, A. N.: Prozeß und Realität, Frankfurt 1984
Wiesing, L: (Hrsg.) Philosophie der Wahrnehmung, Frankfurt 2002
Wilber, K.: Das holographische Weltbild, München 1988
Wilber, K.: Die drei Augen der Erkenntnis, München 1988
Wilczek, F. und *Devine*, B.: Longing for the Harmonies, New York 1988
Wit, H. F. de: Buddhistischer und westlicher Geist, Petersberg 2001
Wittgenstein, L.: Tractatus logico–philosophicus, Frankfurt 1979
Wolf, F. A.: Der Quantensprung ist keine Hexerei, Frankfurt 1989
Wolf, F. A.: Die Physik der Träume, München 1997
Wolf, F. A. : Parallele Universen. Die Suche nach anderen Welten, Frankfurt 1998
Wolff, Hellmut: Morgendämmerung der neuen Zeit, Petersberg 1994
Wolinsky, S.: Die Essenz der Quantenpsychologie, Feiburg 2001
Wolinsky, S.: Ich bin diese Eine, Freiburg 2002
Wolz-Gottwald, E.: Yoga-Philosophie-Atlas, Petersberg
Wuketits, F. M.: Evolution, Erkenntnis, Ethik, Darmstadt 1984
Zajonc, A.: Die gemeinsame Geschichte von Licht und Bewusstsein, Reinbek 2001
Zee, A.: Fearful Symmetry, New York 1986
Zeilinger, A.: Einsteins Schleier. Die neue Welt der Quantenphysik, München 2003
Zhi-Chang, L.: Setz dich hin und tue nichts, München 2004
Zimmer, H.: Der Weg zum Selbst. Lehre und Leben des Shri Ramana Maharshi, München 1997
Zukav, G.: Die tanzenden Wu Li Meister, Reinbek 1991
Zulehner, P. M.: (Hrsg.) Spiritualität – mehr als ein Megatrend, Ostfildern 2004

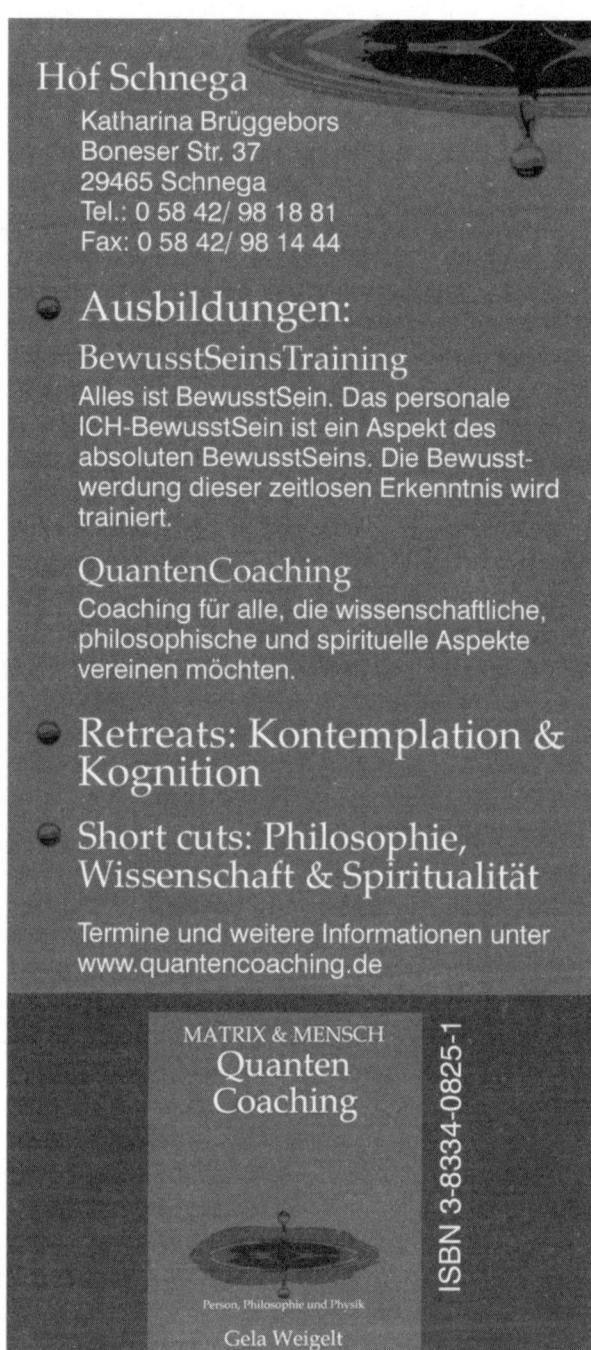

Das Neue Bewusstsein

Entwicklungsmöglichkeiten für alle Menschen

Klaus Engel

Paperback, 160 Seiten, ISBN 978-3-86616-058-3

Das Neue Bewusstsein wird zunächst in einleitenden kurzen Kapiteln in das Gesamtkontinuum der Evolution gestellt: von der kosmischen über die biologische bis zur geistig-seelischen Entwicklung. Für die wesentlichen Vertreter des Neuen Bewusstseins Jean Gebser, Teilhard de Chardin, Sri Aurobindo und Ken Wilber werden die Lebensläufe und zentralen Konzepte herausgearbeitet. Die praktische Realisierung veränderter und erweiterter Bewusstseinserfahrung wird für den indischen Kulturkreis anhand der tiefen Erfahrungen Yoganandas beschrieben, für die Begegnung christlicher Tradition mit dem Zen über das herausragende Leben und Erleben von Hugo Lassalle. Einzelne Kapitel beschreiben Gefahren, Verwechslungen (Außen–Innen; Weg–Ziel) und Forschungsergebnisse zu den meditativen Wegen. Die Stufenfolge des Yoga- und Zen-Weges wird präzisiert, immer mit dem zentralen Anliegen des Buches: gedachte und erlebte Erfahrungen nicht zu verwechseln.

Licht – Quelle des Lebens und der Liebe

Heilung und innere Harmonie mit Licht und Farben

Diethard Stelzl

Hardcover, Großformat, 336 Seiten, 119 farbige Fotos, 179 farbige Grafiken, ISBN 978-3-86616-039-2

Das vorliegende Buch des Erfolgsautors Dr. Diethard Stelzl legt überzeugend und wissenschaftlich fundiert dar, wie jedes Leben seine dynamische Energie, aber auch kosmische Informationen und Ordnungsstrukturen durch das Licht und seine Farben erhält. Es zeigt auf, wie Menschen auf diese Farben und ihre Frequenzen sowie auf farbige Gegenstände (z. B. Pflanzen, Steine, Nahrungsmittel) und unterschiedliche Lichtverhältnisse reagieren. Dieses Buch macht bewusst, dass Lichtenergie sowohl einzelne Zellen, Organe und Lebewesen als auch kosmische Bewegungen und Abläufe beeinflusst. Wissen und Heilmethoden älterer Kulturen werden mit neueren wissenschaftlichen Erkenntnissen verknüpft, damit der Leser diese nutzen kann für seine Orientierung im Alltag, um Störungen zu vermeiden, entsprechende Probleme zu lösen und ganzheitlich eine Atmosphäre des Wohlbefindens, Wohlwollens und der Heilung in sich und in seiner Umwelt zu schaffen.

Vom Urknall zur Erleuchtung

Die Evolution des Bewusstseins als Ausweg aus der Krise

Christian Brehmer

Hardcover, 280 Seiten, Großformat, 140 vierfarbige Fotos, 130 Grafiken ISBN 978-3-86616-064-4

„Du kannst das Problem nicht lösen auf der Ebene, wo das Problem seine Wurzeln hat", sagte Albert Einstein. Es lässt sich nur von einer übergeordneten Ebene aus lösen. In diesem Buch geht es um die Umrisse dieser übergeordneten Ebene, einer neuen Bewusstseins- und Erkenntnisebene. Sie wird uns evolutionär erschlossen. Und um sie besser einzuordnen, befassen wir uns mit der faszinierenden Geschichte der Evolution, mit unserer Stammesgeschichte. Da gab es mehrere Phasenübergänge: nach der Entstehung des Universums mit dem Urknall die kosmische Evolution, dann den Übergang zur biologischen, zur chemischen, zur mentalen und zur technisch-kulturellen Evolution der Gegenwart. Und die Evolution geht weiter. Sie drängt in die Zukunft. Indem wir uns mit der in diesem Buch erstmals erarbeiteten Theorie der Phasenübergänge auseinandersetzen, gewinnen wir Überblick über das, was uns bevorsteht: die supramentale Evolution, die Erleuchtung, und mit ihr die Lösung der individuellen und kollektiven Probleme von der Wurzel her. Aber es bleibt nicht bei der Theorie. Im Buch finden wir konkrete Hinweise zur evolutionären Erweiterung des Bewusstseins und zur praktischen Neugestaltung unseres persönlichen und gesellschaftlichen Lebens.

Es muss einen besseren Weg geben

Ein Handbuch zur „Psychology of Vision"

Chuck und Lency Spezzano

Taschenbuch, 216 Seiten
ISBN 978-3-86616-094-1

Mit diesem Buch schenken Dr. Chuck Spezzano und seine Frau Lency dem Leser eine humanistische Psychologie, die viele Fragen beantwortet und gangbare Wege zu besseren Beziehungen, verantwortungsvollem Handeln und sinnvollem Leben aufzeigt. Chuck Spezzano baut mit seiner „Psychologie der Vision" eine Brücke zwischen psychologischer und geistiger Erkenntnis. Er zeigt uns die Macht der Veränderung, die aus dem Zustand der Liebe heraus möglich ist. Dieses neue, systematisch aufgebaute und dabei übersichtlich-prägnante Handbuch zur Psychologie der Vision

- vermittelt einen Einstieg, um die grundlegenden Prinzipien der „Psychologie der Vision" einer breiten, interessierten Öffentlichkeit zugänglich zu machen;
- vertieft das Verstehen der Bücher von Chuck und Lency Spezzano und begleitet die Leser auf ihrem Weg;
- beschreibt das Wesen und den Wert der „Psychologie der Vision" für Therapeuten und für Menschen, die selber an sich arbeiten möchten;
- fördert die Vertiefung von Prozessen für Teilnehmer/-innen an Vorträgen und Seminaren über die „Psychologie der Vision" und stellt einen Leitfaden für Menschen dar, die sich eine formelle Ausbildung überlegen.

HOLOS – die Welt der neuen Wissenschaften

Ervin Laszlo

Hardcover, 208 Seiten
ISBN 978-3-928632-94-2

In den Wissenschaften findet eine Revolution statt. Es ist keine technologische Revolution – es ist eine Revolution des Weltbildes. Prof. Laszlo verfolgt diese Entwicklung und macht sie jedem zugänglich, der an den neuesten Erkenntnissen darüber teilhaben möchte, wer und was wir sind, was die Welt ist, die uns umgibt, und auf welche Weise wir in Beziehung zueinander und zu dieser Welt stehen. Der Leser erfährt in einfacher Sprache, was Wissenschaftler bereits wissen und vor welchen Rätseln sie im Hinblick auf den Kosmos, das Quantum, den lebenden Organismus und das menschliche Bewusstsein immer noch stehen. Dann erforscht der Verfasser diese Welt, indem er Fragen stellt, auf die er nun zuversichtliche, wenn auch überraschende Antworten geben kann – Fragen, bei denen es um Ursprünge und Bestimmung des Universums und um Ursprung und Evolution des Lebens und des Bewusstseins geht –, um dann die größten der „großen Fragen" zu stellen: Fragen der Unsterblichkeit, zum Bewusstsein im Kosmos und zu einem Bewusstsein, das eine wissenschaftlich basierte Schau als den Geist Gottes erfassen kann.

Mit Buddha auf dem Pfad der Weisheit

Die Übung des Alltags als spirituelle Aufgabe

Max Lang

Paperback, 208 Seiten
ISBN 978-3-86616-100-9

Ist die Lehre des Buddha mit der Rede von Gott vereinbar? Muss, wer sich spirituell zum Osten hin orientiert, auf seine christlichen Wurzeln verzichten? Dieses Buch bietet in der Antwort auf diese Fragen einen völlig neuen Ansatz. Es geht über einen bloßen Vergleich zwischen Jesus und Buddha hinaus. Zunächst erwartet den Leser eine kompakte und profunde Darstellung dessen, was wir mit Gott bezeichnen, und den Lehren der „Fahrzeuge" des Buddha. Daraus kann der Autor die Verbindungslinien der beiden Weisheiten bis hin zu einer gemeinsamen Essenz aufzeigen. In einem eigenen Abschnitt finden sich konkrete Beispiele zur spirituellen Gestaltung und Bewältigung des Alltags. Anstelle trockener Erörterungen hat der Autor das Buch hier mit einer unverwechselbar persönlichen Note versehen.

Leben wie neu geboren

Noch einmal • *ganz anders anfangen*
 • *ganz anders denken*
 • *ganz anders handeln*

Matt Galan Abend

Hardcover, 128 Seiten, 10 Zeichnungen
ISBN 978-3-86616-088-0

Was würden Sie alles anders machen, wenn Sie Ihr Leben noch einmal von
vorne beginnen könnten? Auch Sie können tatsächlich so etwas wie eine
zweite Geburt erleben, Ihr Leben noch einmal ganz neu betrachten, ganz neu
ordnen, ganz andere Schwerpunkte setzen und damit auch zu einer ganz
neuen Beziehung zu sich selbst und zu Ihrem Leben finden. Wie die grundsätzliche Neuorientierung eines Lebens möglich ist, zeigt der Autor am praktischen Beispiel eines
Rechtsanwalts, der seine Ängste und einengenden Prägungen überwinden konnte und damit eine ganz
neue Qualität in sein Leben brachte. Die flüssige, meist humorvolle, z. T. auch ironische Sprache des
Autors und das lebensechte Beispiel garantieren eine spannende Lektüre. Seine direkte Ansprache,
Überlegungen und Empfehlungen überzeugen auf Anhieb. Ein Buch, das auch Ihr Leben verändern
kann.

Die Vision vom göttlichen Menschen

Eine spirituelle Weg-Begleitung in das neue Jahrtausend

Barbara Schenkbier

Paperback, 424 Seiten, 21 ganzseitige Bilder – ISBN 978-3-928632-68-3

Prachtband: Geb., 424 Seiten, Einband Kunstleder mit Goldaufdruck,
21 ganzseitige Bilder, Zweifarbendruck – ISBN 978-3-928632-18-8

Das Buch ist ein umfassendes Standardwerk, das den Durchbruch einer
neuen Evolutionsstufe im Bewusstsein des Menschen vorbereiten hilft. Auf-
bauend auf wissenschaftlichen Erkenntnissen und der mystischen Tradition
aller Religionen führt es zu einem tieferen Wissen über das menschliche
Bewusstsein, um dann den Weg zum göttlichen Menschen zu beleuchten. Alle
wichtigen Schritte werden beschrieben, wesentliche Übungen aus einer
neuen Sicht heraus dargestellt und die Transformationsstufe zu einem neuen Bewusstsein geschildert.
Beim Lesen und Anwenden der beschriebenen Wahrheiten eröffnet sich dem Leser eine neue Sicht
auf den Sinn des Lebens. Alle, die den geistigen Weg beschreiten, werden ihn besser verstehen, ihn
bewusster, mutiger und konsequenter weitergehen. Das Buch ist aus der eigenen spirituellen Erfahrung der Autorin heraus geschrieben und eröffnet den Blick in eine Zukunft, die die evolutionäre
Schöpferkraft selbst schaffen wird.

24 Stunden luzid träumen

Techniken, um den nichtdualistischen träumenden
Hintergrund der Alltagsrealität wahrzunehmen

2. Auflage

Arnold Mindell

Paperback, 274 Seiten, 52 Graphiken
ISBN 978-3-936486-03-2

In seinem Buch *„24 Stunden luzid träumen"* zeigt der innovative Psycho-
therapeut und spirituelle Lehrer Arnold Mindell zum ersten Mal auf, wie
man in die Welt des Träumens eintritt, jene Welt, aus der die sichtbare Realität hervorgeht. Greift man Ereignisse, die die eigene Aufmerksamkeit erre-
gen wie beispielsweise Körpersymptome, Beziehungsmomente, spontane
Gedanken und Phantasien auf und entfaltet deren Signale mit Hilfe der
Methode des 24 Stunden luziden Träumens, tritt man vollkommen wach in die nichtdualistische Welt
des Träumens ein und lernt deren Botschaften zu verstehen und in die Alltagswelt einzubringen. Die
Praxis des 24 Stunden luziden Träumens hilft bei der Lösung persönlicher, körperlicher oder emotio-
naler Probleme. Sie hilft bei der Lösung von Konflikten in Beziehungen, Familien, Großgruppen,
Unternehmen und sogar in der Politik.

Anders von Gott reden

2. Auflage

Willigis Jäger

Hardcover, 120 Seiten, 20 farbige Zenbilder
ISBN 978-3-86616-061-3

Der charismatische Benediktinermönch und Zen-Meister Willigis Jäger interpretiert in seinem Buch „Anders von Gott reden" biblische Texte, Ereignisse und Personen in einer neuen, ungewohnten Sichtweise als symbolische Darstellungen einer kosmisch-göttlichen Botschaft, die Evolution des Seins und des Lebens, den Menschen und die Natur als Manifestationen Gottes: Gott ist für ihn das Urprinzip, die Urkraft, die sich in jedem Augenblick ereignet, seine Schöpfung ist sein Tanz, der Mensch ein Tanzschritt, eine Welle im Meer des Göttlichen. Die christliche Botschaft wird erweitert und vertieft, christliche Feste wie Weihnachten, Erscheinung des Herrn, Ostern, Maria Himmelfahrt, auch Begriffe wie „Reich Gottes" und „Leid" erhalten durch seine Deutung und Erklärung eine mystisch-spirituelle Dimension, werden als Möglichkeiten zur Wiedergeburt, Auferstehung und Erfahrung des Göttlichen im Menschen gesehen und dargelegt. Wer auf der Suche nach einem tieferen und ganzheitlichen Verständnis seines Christseins ist, für den ist dieses Buch eine Offenbarung. Seine Denkanstöße, seine klare, eindringliche Sprache faszinieren und überzeugen.

Willigis Jäger
Anders von Gott reden

Erwachen in die Kraft der Seele

Ein Weg in die Selbstmeisterschaft und göttliche Entfaltung

Roswitha Köhler

Hardcover, 368 Seiten
ISBN 978-3-86616-078-1

Dieses Buch gibt Über- und Einblicke in die verschiedenen Dimensionen der Seele und vermittelt zugleich eine Fülle praktischer Übungen, um die Seele erfahren und entwickeln zu können und im Innern von ihr beglückt zu werden. Aus dem bewussten Kontakt mit den eigenen inneren Quellen erwächst die Kraft, mit verstärktem Engagement die Aufgaben des Lebens zu bewältigen. Zur Klärung psychisch-seelischer Aspekte zeigt die Autorin Methoden tiefer Selbstheilung auf und bietet Herz und Verstand eine Fülle spiritueller Wege zur Reifung des Selbstbewusstseins an. Erwachen geschieht durch Bewusstseins-Erweiterung und -Wandel auf verschiedenen Entwicklungsstufen (Ken Wilber). Zur Zeit ist es notwendig, unsere einseitige intellektuelle Weltsicht ganzheitlich in einen global-kosmischen Zusammenhang zu stellen. In wacher Hingabe an die weisheitsvolle und weise Führung unserer Seele erstarkt unsere Liebesfähigkeit und entfaltet sich letztlich das Göttliche.

Transpersonale Psychologie und Psychotherapie

104 Seiten, zwei Ausgaben: Frühjahr und Herbst
ISSN 0949-3174

Transpersonale Psychologie und Psychotherapie ist eine unabhängige **Zeitschrift,** schulen-, kultur- und religionsübergreifend, verbindet das Wissen spiritueller Wege und der Philosophia perennis mit moderner Psychologie und Psychotherapie, leistet Beiträge zur wissenschaftlichen Fundierung des Transpersonalen.

Transpersonale Psychologie und Psychotherapie ist eine Zeitschrift, die sich an Fachleute und Laien wendet mit Interesse an transpersonalen Themen. Aus einem schulen-, kultur- und religionsübergreifenden Verständnis heraus bietet sie ein Forum der Verbindung von Psychologie und Psychotherapie und deren theoretischen Grundlagen mit spirituellen und transpersonalen Phänomenen, Erfahrungen und Wegen, Welt- und Menschenbildern. Sie dient dem Dialog der verschiedenen Richtungen, fördert integrative Bemühungen und leistet Beiträge zur Forschung und Theoriebildung. Sie bietet Überblick, Orientierung und ein Diskussionsforum auf wissenschaftlichem Niveau.